到達度評価入門

子どもの思考を深める教育方法の開拓へ

小林千枝子　平岡さつき　中内敏夫

昭和堂

到達度評価入門——子どもの思考を深める教育方法の開拓へ

目次

序章◉到達度評価入門 中内敏夫 1

第一節　到達度評価とは何か 1

第二節　「到達度評価の源流は生活綴方だ」という主張をめぐって 2

第三節　小砂丘忠義の転向とその後の可能性 3

第四節　教育目的論の必要 4

第五節　いろいろな人間形成 5

第六節　本書の構成 6

第Ⅰ部　習熟の理論と到達度評価の源流としての生活綴方

第一章◉到達度評価へ 小林千枝子 10

第一節　教育とは何か、何を評価するのか 10

第二節　教育評価の歴史……15
第三節　到達度評価の基本的な考え方……22

第二章◉習熟論再考……小林千枝子　30

第一節　「新しい能力」論から習熟論へ……30
第二節　到達度評価の原点にみられる習熟の考え方——京都府教育委員会……32
第三節　自分づくりとしての習熟の理論——中内敏夫……34
第四節　態度を学力の一要素とする習熟の理論——稲葉宏雄……38
第五節　学力としての習熟へ……42
第六節　逆円錐型学力モデルの提案……44
第七節　内言指導へ……46

第三章◉到達度評価をめぐる論点の再考
——生活綴方との関係に着目して——……平岡さつき　52

第一節　「到達度評価」成立史叙述をめぐる論点……52
第二節　到達度評価をめぐる論点へのアプローチ……55

第三節　小砂丘忠義における生活綴方の目的と転生……65
第四節　生活綴方を引きつぐものとしての到達度評価……67

第四章◉日本における教育評価の源流
——生活綴方を引きつぐものとしての到達度評価——　平岡さつき　71

第一節　日本の教育遺産……71
第二節　生活教育論争における〈教育目標・評定尺度〉問題……72
第三節　綴方教師への批判と反批判——教育目標・評価論をめぐって……73
第四節　方法的な生活教育か目的的な生活教育か……78
第五節　方向目標のゆくえ——「はみ出たもの」の意味とゆくえ……81
第六節　教材論上の一元論の誕生……84
第七節　生活教育論争から到達度評価へ……87

第五章◉到達度評価の実践的可能性を探る
——原点としての生活綴方が意味するもの——　小林千枝子　91

第一節　問題の所在……91
第二節　到達度評価が生活綴方を源流とすることの意味——自立した教師による子どもの自立の推進……93

第三節　到達度評価の成立と展開――到達度評価＝授業づくりという通説の成立へ……96
第四節　到達度評価における制度構想――資格試験型入試へ……100
第五節　到達度評価における歴史研究上の課題……102

第Ⅱ部　京都府における到達度評価実践

第一章◉綴喜郡草内小学校の教育実践
平岡さつき……110
第一節　綴喜地域の地域的特性……110
第二節　到達度評価実践の萌芽……111
第三節　到達度評価実践の展開……113
第四節　通知表改善の経緯……120

第二章◉森雅美のレポート指導実践
平岡さつき……127
第一節　森雅美の教育実践……127
第二節　「到達度評価」以前の状況……129

第三節　概念形成の指導……130
第四節　レポート指導を取り入れた到達度評価実践……135
第五節　innovation としての到達度評価……138

第三章◉綴喜郡八幡小学校の教育実践　平岡さつき　140

第一節　到達度評価実践前史……140
第二節　到達度評価実践研究の過程……141
第三節　通知表の改善……144
第四節　地域の教育計画——綴喜地方小学校教育研究会の活動……147
第五節　その後の展開……148

第四章◉内言指導を促す教育方法の開拓へ　小林千枝子　152

第一節　「目標に準拠した評価」の成立……152
第二節　到達度評価は生活綴方を源流とするという見解をめぐって……153
第三節　内言指導としての生活綴方へ……157

第五章◉奥丹後における「地域に根ざす教育」と到達度評価　小林千枝子　162

第一節　「地域に根ざす教育」から「村を解放する学力」へ　162
第二節　一九六〇～七〇年代日本の社会事情　163
第三節　「地域に根ざす教育」の登場　166
第四節　到達度評価の実践研究　171
第五節　教育内容としての「地域」へ　177

第Ⅲ部　京都自治体における住民の教育要求組織化としての府教委「教育評価」行政
――元京都府教育委員会総括指導主事への公開ヒアリング
小林千枝子・平岡さつき

公開ヒアリング――遠藤光男（元京都府教委総括指導主事）に聞く　184

第一回◉一九九八年一〇月二四日　一橋大学にて　187
教育評価改善のベースとなった遠藤光男の教育実践　187

到達度評価への改善の契機と京都府における「指導・助言」行政の特質 192
一九七〇年代初等の教育現場の実情と到達度評価 197

第二回◉二〇〇〇年四月二二日　中京大学にて 200
到達度評価の可能性——到達度評価で障がい児・障がい者の発達を促す 200
到達度評価への改善を準備する過程 201
「長帳」の教育原理と授業構想 207
指導主事の役割と数量化をめぐって 211

第三回◉二〇〇〇年一〇月二八日　長野県立大学にて 216
「長帳」の作成過程 216
「長帳」が現場に広がっていった経緯 224
到達度評価実践の進展 231

終　章　豊かな子ども、教師、学校へ　小林千枝子 235

あとがき 239

序章

到達度評価入門

中内敏夫

第一節　到達度評価とは何か

この書物は、到達度評価（科学的「評価」とも呼ぶ）の理論と実践を述べたものである。ここに到達度評価と呼ぶのは、一九七〇年代から八〇年代にかけて広がった教育評価論の一つである。ここに教育評価と呼んでいるのは、意図的におこなわれた人間形成（forming）を測定して、その子どもの発達にとっての有効無効を論じる方法である。

この方法が当時の先進国である欧米社会にあらわれてくるのは、二つのルートを通してである。その一つは、実証主義哲学の勢力の拡大によるものである。もう一つは、アメリカにおける測定学の発達である。両者はお互い競い合いながら、教育科学（シアンス・ペダゴジーク）と教育の諸科学（シアンス・ド・レデュカシオン、教育社会学、教育心理学、教育生理学……）に分化する。到達度評価論があらわれてくるのは、前者のルートを通じてである。

到達度評価論に似た主張は、アメリカで、プラグマティストと対立していたエッセンシャリストのかたちをとってあらわれる。このエッセンシャリストの主張は、一九三七年五月、日本で結成された城戸幡太郎《きどまんたろう》、留岡清男らの教育科学研究会の学力の「最低必要量」保障の主張となり、当時全国に散在していた綴方《つづりかた》教師たちの生活綴方と生活教育のあり方批判に使われた。また、戸塚廉らの第二次『生活学校』グループによる生活綴方批判にも使われ、その余波は第二次大戦後にまでおよぶ。教育科学研究会と到達度評価論との直接の関係はないが、無関係とはいえない。

第二節 「到達度評価の源流は生活綴方だ」という主張をめぐって

到達度評価と生活綴方は無関係、むしろ逆関係とする人々が大勢だった。内容からみると前者は系統性を重視するし、後者は必ずしもこれにこだわらないからだ。

生活綴方と切り離せない小砂丘忠義《ささおかただよし》には山と山の文化にあこがれる時代があって、かれが柳田学に近づいたのもそのあらわれである。ついでかれは「社会改造」論をかかげて、高知県下の学校を転々とする時代にはいる。小砂丘がこの教員生活に見切りをつけて上京してくるのは、下中弥三郎の手引きを通してである。このころ下中は、アナ・ボル論争を通して労働者階級に見切りをつけ、農民自治会を結成するなど農民層の社会改造の具体化に希望を見出す動きをとっていた。そのうえでの反ボル派的動きがかれのアナルキズムであった。この立場は、おおよそのところで小砂丘のものでもあった。

大事なことは、このアナルキズムの立場は、社会改造の方法としては教育によるものとしていたことである。一九三〇年代のはじめに、小砂丘は、みずからの主宰する教師、子どもむけ雑誌『綴方生活』『綴方読本』を通して、この方式を不可能なこととして全面否定する。「ほとんど不可能」であるとかれは述べている。そのうえ、だとすれば、われわれに残されているのは、どのような方法かとかれは問いかける。

かれの問いかけは、同時代のものとしては、第二次『生活学校』同人・戸塚廉のものに近い。戸塚は弾圧をうけながらも同時代を生きのびたが、小砂丘は過労にたえきれず、病死した。それゆえ、小砂丘の「生活綴方」が到達度評価の源流のかたちになりえていたかどうかは、直接的なかたちでは示されえなかった。しかし、そうなりうる可能性は、かぎりなく高い。小砂丘や戸塚の連帯については、戸塚廉文庫[1]にそれを思わせるアピールがあるが、確証とはいえない。

ここまで書いてきて、私は考える。小砂丘のような「教師」にとって、たとえば思想の科学研究会が東井義雄をとりあげ、考察した「転向」はどうなるだろうか、と。

ところで、到達度評価論は、上からの教育運動、よって悪であるという評判がある。よって教育にとって悪である――と続く。

俗に「長帳」と呼ばれている京都府教育委員会作の文書（『研究討議のための資料　到達度評価への改善を進めるために』）に、三段階三層モデルとでもよぶべき学力モデル（本書33頁の図1）がのっている。公文書化に近い扱いを受けている態度モデルとくらべるとその優越性は疑うべくもない。それでも、上からのものは上からのものにつき、る、ということだろう。実際、これは一つの試案にすぎぬ旨が「長帳」には明記されている。悪は悪でよいではないか、と私は考える。

第三節　小砂丘忠義の転向とその後の可能性

鶴見俊輔は、ある機会に、生活綴方は日本のプラグマティズムであると断じた。この論断は日本の進歩的教育学者たちの反発を呼んだ。しかし、よく考えてみると、この規定は、生活綴方の本質をついている。プラグマティズムは、政治革命ではなく、教育による社会改造が大切だとの主張をゆずらなかったが、綴方教師たちも、大正、昭和以来のアナ・ボル論争を通して、教育による、ということは、とりもなおさず自分たち教員による社会改造の先進集団をもって任じてきたからである。弾圧はあったが、弾圧は逆にかれらの先進意識をたかめた。

教育と教師のしごとのこの先進性に対して再考の余地ありとしたのが、一九三七年ごろはじまった小砂丘転向の立場であった。これを「転向」を呼ぶべきかどうかという問題はあるが、一つの転換点と呼ぶべきものであった。旧来の綴方教育史はこの点にほとんどふれていない。

問題提起のまま世を去ったかれのあとを、だれが、どうつぐべきだったか。ここに、小砂丘の高知にいたころの仲間のひとりに中村伝喜《でんき》と呼ばれていた教師がいる。他に、岡本弥太、常石喜人（筆名?）など。

中村に、ある機会に知友の間でながら論じられてきた生活詩「とみこ」についてかれの真意を正したことがある。ある小さな駅にかれに出てきてもらってのことだった。

この詩の大切なところは山上憶良以来の日本人の間にひろくあるユートピア思想をどう処理するかである。中村も、岡本も常石も、ほとんど研究されていない。わかっていることは、中村など特別な人間ではなく、子どもに日本語とその文意をていねいに教えてゆく教師だったということである。これが転向後の小砂丘忠義ということか。

第四節　教育目的論の必要

複数の学力モデルがいずれも仮のものとして並ぶということは、これらを対象化して研究する——何を教えるべきかを研究する教育目標論とは区別すべき教育目的論の必要を告げている。

大ざっぱないい方をすると、目的論は、まず哲学者によって拓かれ、おもにドイツ観念論の影響下に「自然の理性化」だとか、「愛の共同体」といったいい方が教員の間でも論じられた。その無力を綴方教師、佐々木昂がうったえている文を読んだことがある。

これに代わって、戦後あらわれたのは、社会学である。社会学は実証的な教育計画論というかたちで、教育目的を論じた。計画するためには、子どもや教員などの実態調査が必要である。膨大な実態調査のペーパーが、教員室に、子どものカバンにあふれることになった。その処理——これが今日、教員の「多忙」化となって教育の世界全体をひきまわしていることのしくみである。世界一多忙な日本の教員、そして心身の病にさいなまれる日本の教員。その「調査」にふりまわされる教育学者。

だれかが手をうたねばならない。到達度評価に入門することである。

第五節　いろいろな人間形成

「教育」とはもともと別ものであった保育、さらには看護、介護の分野などでも、「教育」ということばが使われて「教育」的な取り扱いが求められるようになった。こうなると、当然のことながら、ことばのすれ違いが起こる。これは悲しいことだ。

きっちりと区別し分析できるよう、さしあたって、次のような区別をしておきたい。

a．保育と教育

保育園が教育もする（学会名称は〝care と education〟となっているようである）ようになったので、この区別はとくに必要である。教育といわゆる「ケア」としての人間形成との違い。

b．「形成（forming）」の過程
遺伝的なものも含めて、無意図的なもの。
c．プロパガンダ、宣伝としての人間形成
一九三〇年代の「新興教育」で、アジ・プロの用語で広められた。
d．教化（instruction）あるいは「生活訓練」としての人間形成
宣伝とは異なり、個人が社会集団との関係を維持したり発展させたりする能力をつけること、職業指導もそのひとつ。
e．教育（education）
知や芸の伝達によって「個人」の自立を助けるしごと。近代社会になって特有に成熟。
この点については、英、仏、独などの文献からこれらのことばの使用例をあげて、中内敏夫・小野征夫編著『人間形成論の視野』（大月書店、二〇〇四年）に発表したことがある。参考にしていただきたい。

第六節　本書の構成

本書は全三部で構成される。

第Ⅰ部は理論編であり、到達度評価は生活綴方を源流とするという見解から導かれる到達度評価像を追究した。到達度評価研究の課題についても言及した。

第Ⅱ部は京都府の到達度評価実践の研究である。綴喜郡の草内小学校と八幡小学校に続いて、草内小の森雅美のレポート指導に焦点を当てた。京都府の到達度評価実践をリードし、「地域に根ざす教育」を展開したことでも知られる奥丹後についても取り上げた。

第Ⅲ部は、一九九八年一〇月、二〇〇〇年四月・一〇月と、三回にわたって行われた元京都府教委総括指導主事・遠藤光男への公開ヒアリングのテープおこしである。このうち「第一回」だけは『教育目標・評価学会紀要』第九号（一九九九年）に掲載された。「第二回」、「第三回」では到達度評価を五段階で表した事情なども語られており、証言として重要である。今回、重複部分を整理し、紙数の都合上割愛した部分もある。

註

（1）戸塚廉文庫は、現在、東京大学、一橋大学、和光大学に分散して保管されている。

第Ⅰ部

習熟の理論と到達度評価の源流としての生活綴方

第一章

到達度評価へ

小林千枝子

第一節　教育とは何か、何を評価するのか

到達度評価は生活綴方を引きつぐという見解

到達度評価は生活綴方を源流とするという見解が、一九八二年の『教育』誌上に現れた。こう主張したのは中内敏夫であった。一九九〇年代半ばになると、中内は、生活綴方は教育のようにみえるが、日本社会が内包していた形成過程を学校に持ち込んだものであって、教育ではないという見解を提示した。これらの見解は、中内自身によって繰り返し語られながらも、今日まで広く理解されるには至っていない。筆者も、とくに生活綴方を教育でないとすることに対してかなり抵抗していた。生活綴方は戦前日本の最大の教育遺産といわれ、今日でもその有効性が広く支持されている。中内自身、少なくとも、生活綴方が教育活動において、ある重要な役割を担うということを否定するものではないだろう。

一方、到達度評価は、一九七〇年代後半から一九八〇年代にかけて京都府自治体を中心にした全国的な広がりのなかで実践研究が進んだ。しかし、その後、到達度評価は目標つぶしであるといった批判も生じ、実践・理論と

もに中途段階にとどまってしまった。そうしたなかで、到達度評価と同様に目標準拠の「真正の評価」(authentic assessment) が次第に紹介されるようになり、その具体化であるポートフォリオ評価やパフォーマンス評価が教育関係書籍の一角を確実に占めるようになってきた。「真正の評価」は一九八〇年代後半にアメリカでつくられた評価である。

日本の学校教育は翻訳文化のなかで形づくられてきた面が多いが、教師たちが独自に考案して伝統化してきたことも少なくない。子どもに学ぶことの大切さなどは、よくいわれるが、これもその一つである。生活綴方は、教師たちが子どもや地域社会を思い、自らの啓蒙性を自己批判しながら取り組んだものである。到達度評価にしても、何をこそ子どもたちに伝えるべき教育目標とするかを、教師たちが議論することからはじまった。

到達度評価は生活綴方を源流とするという見解は、日本における在来の教育現実を踏まえた教育評価像を私たちに提示してくれるだろう。本書は、その内実を明らかにすることを課題としている。

本章では、はじめに、生活綴方≠教育の考え方の前提となる、何をもって教育ととらえるかを検討する。続いて、日本における教育評価の歴史を概観する。さらに、生活綴方の性格をとらえるうえで重要な生活教育論争にも言及する。私たちは、戦後日本が取りこぼしてきた問題があることに気づくだろう。最後に、到達度評価の実践研究のなかで確認されてきた、到達度評価の基本的な考え方をあげておく。

教育とは何か

いったい教育とは何なのか。「地域の教育力」や「家庭の教育力」など、教育は人のいるところに必ずあるかのように語られがちである。これを教育の通俗的用法と言おう。なぜか日本では通俗的用法が根強く、地域や家族の「教育力」低下を理由に、学校教師が生徒指導の名のもとに家族や地域社会の子育て環境にも目配りすることが、今や当たり前になっている。「早寝、早起き、朝ご飯」は小学校の定番標語である。帰宅時間（＝門限）や子どもだけのときの行動範囲まで学校が指示するのも珍しくない。そのうえ道徳が「特別の教科」とされたことから、道徳指導は教師の重要な任務となっている。教師個人が望むか否かにかかわりなく、システムとしてこのようになってきた。つまり、教育は人間社会の至るところにあり、それがうまくいかないために教育の専門家たる学校教師が地域や家族にまで乗り出すというシステムである。しかも、その教育の中心に道徳が位置づけられるとなると、教育は人間形成一般に解消されてしまう。

教育は子どもや青年に発達と自立を促す行為である。発達という内面の動きを神にまかせず人間の力で制御しようとする行為は、人間が神や宗教的支配から自由になって、あるいは自らの意思で宗教を選択するようになって、はじめて生じる。つまり、個人意識を伴う、きわめて近代的な行為なのである。自立も、社会に身をまかせてあるがままに生きるのとは異質な、生き方の選択を伴う。このこと自体が近代の産物である。

ところが、日本では教育の通俗的用法が根強い。それだけ教育学が市民権を得ていないのだろうか。あるいは、教育学が西欧社会からの翻訳で形づくられたという、いわば教育学の植民地主義を脱しておらず、教育学を日常的な教育や発達と結びつけようとする動きが弱いのだろうか。西欧諸国では「宗教」や「公民」等の教科はあるが、道徳を教科として学校教育に位置づけてはいない。一方、アジアでは教科としての道徳をおく国が珍しくない。橋本紀子は、その要因として儒教の影響を示唆している。[1] この点は、日本における教育の通俗的用法の根強さと通底しているように思われる。

教育は発達や自立を促すものだが、発達や自立を促すのは教育だけではない。教育的発達とはどのようなものか。よくいわれるのは、意図的・計画的であり、被教育者の心に直接向かっていくということである。直接向かうとはいえ、直球勝負で心に入り込んでいくのではない。科学や芸術、言語といった人類が蓄積してきた文化遺産を、教材を介してわかち伝えることを通して心に向かう。道徳の教科化が実現した今日、危惧されるのは、道徳教育の名のもとに、教師が、教材を用いながらも、直球であるか変化球であるかの違いはあっても、心に直接入り込むことである。そのことは、教材を介して伝えられる科学や言語や芸術の、発達に及ぼす影響を軽視することになりかねない。

教材を介して被教育者の心に向かう、その向かうものは、教師ではなく伝えられようとしている科学や言語や芸術である。よって、科学や言語や芸術がどれだけ心に向かったかで教育の成否が問われることになる。心に向かったかどうかは知識の量よりも質にかかわる。そして、中内敏夫が序章で書いているように、教育は、近代社会になって特有に成熟してきた人間形成の一つであり、知や芸の伝達によって「個人」の自立を助成する作業である。

教育をこのようにとらえることに、今の筆者は何ら抵抗を感じない。しかし、数十年前、instruction ＝知育、education ＝徳育かつ教育、と理解するのが一般的だった。その用法はフランス革命時のものであるようだ。[2] このような理解は、現在でもなお一般的なのだろうか。ここには、西欧の教育学をどう翻訳するかという問題がかかわる。教育（education）概念のヨーロッパ社会における変遷をとらえた寺崎弘昭によれば、education はもともとは産婆や乳母の仕事である産育の意で用いられており、一六世紀には良き習慣の形成といった人間形成的意味合いをもっていた。そして一八世紀を境に学校的、学問的意味合いに収れんされるようになったという。[3] 一八世紀は市民革命を経て人権概念が胎動してきた、いわゆる古典近代期である。日本で education を人間形成全般を伴う意味合いで「教育」と翻訳し、一八世紀以後の学問的意味合いの education 概念が考慮されずにきたのは、どのような事情によるのか。

平岡さつきは、アダム・スミスの『国富論』（一七七六年）と『道徳感情論』（一七五九年）における education や instruction の意味合いについて、原文と日本語翻訳書とを詳細に検討している。それによると、instruction は「身だしなみ」や「教訓的な」ことがらにかかわるものであったという。一方、educationは、訓練や規律とは異なるもので、「訓育」と対をなす行為、知育的なものとして用いられる場合もあったという。[4] スコットランドのグラスゴー大学道徳哲学教授であったアダム・スミスのeducationとinstructionの使い分けはどのような事情によるのか。中内敏夫は、古典近代期の「徳育」と未分化であった「教育」(education)概念を抜け出して、国家が関与する公教育から「訓育」を除外する一つの方策であったとする。そして、ここに、知育を中心とする教育(education)と人間形成全般に及ぶ生活訓練(instruction)の二領域が成立する。その学校教育内での区分けが、教科指導と生活指導あるいは教科外活動、ということになる。[5] 生活指導を目標とする生活綴方は、教育ではなく生活訓練に属するという論法も、このようなeducation理解によるといえよう。

ところで、日本語の「教育」ということばはeducationの訳語としてつくられたわけではない。舘かおるの辞書分析の研究によると、「教」ではなく「教育」という語が意図的な人間形成概念として日本社会に定着したのは近世後期で、一八世紀から一九世紀にかけてのころのようである。一八八九年刊行の辞書では「教育」は「ヲシエソダツルコト。童男女子ヲ導キテ修身・学問ノ事ヲ教へ、智識ヲ開カシムルコト」と説明されている。[6]

日本の「教育」概念は、精神面の育成や習慣形成、そして学問的な発達をも視野に入れたものとして定着してきたのであり、その点は基本的に古典近代期以前のヨーロッパにおけるeducation概念と同じである。ヨーロッパの場合、近代化に伴って法治主義や内心の自由が確認され、国家が関与する教育の範囲とでもいえるものについての議論、すなわち公教育思想が出現した。アダム・スミスのeducation概念もその過程で生じたものなのだろう。日本の場合、明治維新がブルジョア革命であったか否かの議論ともかかわるが、戦前期を通じて、少なくとも法制度上は、内心の自由も人権も保障されない道徳国家であった。[7] 戦後、法的に教育を受ける権利が確立し、戦前日本への反省から学校における訓育(「道徳」)は退けられた。しかし、学習指導要領に法的拘束力が生じたころから、訓育（「道徳」）は次第に学校教育に取り入れられ、戦後七〇年を迎えた現代では、ついに学校教育の中心に位置づけられるまでになった。

教育とeducationは同じでなくてもよいが、日本における教育のあり方にタガをはめることは必要ではないか。中内が一八世紀以後ヨーロッパに出現した、極端にいえば知育としての教育（education）概念に注目するのは、知育は学校教育を通してこそすべての子どもに保障され得るものであることを確認する一つの方策なのではないか。

第二節　教育評価の歴史

戦前型絶対評価から相対評価へ

ここで教育評価の歴史にも触れておこう。

戦前日本においては絶対評価（「戦前型絶対評価」といわれる）が採用されていた。戦後、相対評価が広がり、一九六九年の通信簿論争を経て、一九七〇年代半ばに到達度評価が革新府政下の京都府で、京都府教育委員会、京都府教育研究所、京都教職員組合、各種教育関係研究会等々の協力のもとに成立した。

戦前型絶対評価が成立したのは一九〇〇年代で、次の三点を大きな契機とした。①国定教科書制度の成立により教育内容が天皇制に即して体系づけられたこと、②学制期以来の試験制が廃止されて考査制が成立したことから、子どもの「操行」を含む日常的な学習に対する教師の見方が、子どもの成績に大きく影響するようになったこと、③学籍簿の様式が決まって公簿としての性格をもつようになり、子どもの学業成績だけでなく「性行」や「家庭・環境」まで統一的に教師および学校が把握するようになったこと。総じて戦前型絶対評価は、「国家の決めた目標と教材」を絶対とし、「それに対する子どもの学習や態度を、教師が一方的、恣意的に評価」するものであった。[8] そしてこのころ、義務教育としての小学校教育が定着に向けて舵を切った。

相対評価が広がるのは戦後だが、制度化されたのは戦時下の一九四一年の国民学校発足時であった。また、相対評価の学校教育への影響は、選抜型入試や標準テストの広がりといった形で一九一〇～二〇年代にはすでにみられた。比較して良し悪しを判断する、あるいは平均値を基準にする考え方の教育への影響はこの時点ではじまったといってよい。この時代、義務教育は定着し、産業社会を有利に生き抜くには学力ないし学歴が必要な社会になっていた。産業社会の上層部を担う新中間層の人々を中心にして、中学校や高等女学校への進学熱が広がってきていたのである。

選抜型入試は中等学校への進学競争の緩和のために、いいかえれば入学難問題の対策の一つとして導入された。今日、私たちは、入学試験といえば成績上位者から一定数を合格者とする選抜型入試をすぐにイメージするが、それが導入されたのは一九二〇年代であった。それ以前は、一定の成績を満たした者を入学させるというもので、その一定レベルの成績獲得が容易ではなかったのである。それは、義務教育以後の学習機会を、中等学校に進むエリート青年の場合と、地元の青年会等に頼る大衆青年の場合とを区別して、前者を権威的なものとみなす青年期教育の二重構造の反映でもあったろう。

相対評価の存在を決定的にしたのは教育測定運動であった。この運動はアメリカから導入され、測定の結果は正規分布曲線を描くという考え方を前提にしている。この運動の過程で戦前型絶対評価が主観的で客観性を欠くことも明らかにされた。客観的な評価を示すものとして、各教科の標準テストや知能テストだけでなく性格にかかわる標準テストもつくられ、子どもの「個性」がわかるとされた。[9] おりしもこの時期、新中間層を担い手として、私立の小学校や師範学校附属小学校を舞台として自由教育運動が展開されていた。自由教育運動は新教育運動ともいわれ、子どもの「個性」尊重を旗印とした。教育測定運動はこの動きと連動していた。自由教育運動のなかで能力別学級編成が出てくるのはその一つの現れである。[10] 相対評価はこうしてはじまっていたのだが、その支持基盤は、戦前時点では、階層のうえでは新中間層にとどまっていた。大衆は多くの場合、これとは無縁で、近世以来の地縁・血縁の世界に生きていた。

一九四八年の学籍簿（一九五〇年から指導要録）改訂で、学習の記録を相対評価によって記載することになった。義務教育の学校に相対評価が制度として導入されたのである。相対評価が、戦後初期の時点でどれほど厳密に運用されたかは未詳である。一九四七年四月に全国に創設された新制中学校についていえば、民主主義などの新しい価値の理解と実現が大きな課題としてあり、教師たちは評価法の変化まで視野に入れる余地がなかったのではないかとも思われる。無着成恭の「山びこ学校」の実践[11]に象徴されるように、現実面では子どもたちの多くが学力よりも生活力を要求される時代に生きていたのである。

戦後初期の経験主義教育が学力低下論争を経て批判され、経済復興やアメリカの対日政策の変化を背景として、いわゆる逆コースがはじまる。教員の勤務評定や中学校の全国一斉学力テストがはじまり、学校教師の政治的中立性が強調される。経済成長が至上命題となり、一九六三年に「人的能力開発計画」が経済審議会より出され、中央教育審議会がそれを後押しする。高度成長を経た一九七〇年代半ばには高校進学率が九〇%を超え、高校は準義務教育となってきた。教育のあり方については「現代化」の名のもとに教育内容が高度になり、落ちこぼれ（ないし落ちこぼし）問題が生じた。

相対評価に対する疑問や批判

相対評価はこうした時代に猛威をふるった。高度成長期の高校進学率の上昇は高校教育の多様化と同時進行した。多様化は多様な学科がつくられたことだけではなかった。定時制や通信制の課程を主要な対象にして技能連携が制度化され、各種学校の教育が高校教育として認定された。後期中等教育の名のもとに多様な教育内容が提供されるようになったのである。その「多様」の背後には、多くの場合、学力格差と各家族の経済事情とがあった[12]。そうしてこの時期、学力の相対的位置づけが重視され、その究極の形といえる偏差値による進路指導がなされるようになった。子ども一人ひとりの主体性や自立への志向をないがしろにしたこの進路指導は、予備校などの教育産業が繁栄するなかでみるみる広がった。近世以来の伝統をもつ地域社会の人間形成力も、高度成長期の産業構造の変化と若年労働者の全国的な人口移動のなかで衰退へと向かった[13]。そのしわ寄せは子どもの自立や社会性の遅れとして、学校教師の生活指導上の仕事を増やすことになった。教育が荒廃し、学校は荒れた。

相対評価への疑問は、一九六〇年代から各地で語られるようになり、ついに一九六九年二月、通信簿の相対評価法に対する疑問が、小学生の子どもをもつ父親から、それもTVのモーニングショーの場で提起された。それに対して文部事務次官が相対評価による通信簿には法的根拠がないことを明言したのであった[14]。これが通信簿論争のはじまりである。

到達度評価の成立と広がり

相対評価が課されるのは指導要録であって通信簿はもっと自由であってよい、という文部事務次官の対応は、通信簿改善の広がりをもたらした。通信簿改善からさらに到達度評価成立までには、到達目標を明らかにする必要がある。京都府教育委員会がプロジェクトを立ち上げて、目標分析を行ったうえで、小学校と中学校の教科別・発達段階別の教育目標一覧『研究討議のための資料　到達度評価への改善を進めるために』（「長帳」）を公表したのは、一九七五年二月であった[15]。京都教職員組合はこれに同意して、同年三月、教職員組合としての「見解」を付したうえで『すべての子どもたちに確かな学力を保障しよう』と題して、この「長帳」を増刷した。こうして、到達度評価は京都府全域で実践研究が進められ、全国的にも注目された。到達度評価は相対評価に代わる目標準拠の教育評価としての位置を確立した。

到達度評価の実践研究は京都府に限らず全国的に広がっていった。一九七八年には東京都足立区の青井小学校で到達度評価の実践研究が組織的に始められていた。その成果は『わかる授業づくりと到達度評価』[16]として一九八四年に公刊された。青井小の実践研究に先立つ一九七三年、東京都教職員組合は評価に関する専門委員会を設置して、小学校の到達目標案を作成していた[17]。一九七七年一〇月には東京到達度評価研究会が、続いて一九七九年五月には京都到達度評価研究会が、民間教育研究団体として発足した。両研究会を中心に一九八〇年以後、毎年夏に全国交流集会を開催した。一九八三年八月二一日の交流集会終了後に全国到達度評価研究会が結成された。このときに集会参加者は六〇〇名を超えたと伝えられている[18]。全国到達度評価研究会は一九八四年から一九八八年までに『到達度評価』全一〇号を明治図書から編集・発行した。同紙に紹介された「各地のとりくみ」をみると、一九八四年三月に神奈川到達度評価準備会が発足した[19]。愛知県からは一九八三年八月の交流集会に四一名が参加し、同年一一月に第一回の愛知教育評価研究会を開催した[20]。一九八六年四月には島根到達度評価研究会が発足した[21]。続いて一九八六年六月に徳島到達度評価研究会も発足した[22]。島根でも徳島でも中内敏夫が発会記念講演に赴いた。東京では、中内敏夫が在職していた一橋大学を会場にして国立《くにたち》到達度評価研究会も発足していた[23]。

さて、京都府の到達度評価実践は、一九七八年の府政転換を背景として一九八〇年代後半には、推進役を降りた。全国到達度評価研究会が到達度評価推進の中心となった。一九九一年八月に、この全国到達度評価研究会の関連団体として教育目標・評価学会が創設された。『教育目標・評価学会紀要』創刊号(一九九一年)には、京都府教育委員会総括指導主事として京都府の到達度評価推進を中心的に担った遠藤光男の、同学会第一回大会での基調報告「京都府における到達度評価の回想、その教訓と今後の課題」が掲載された。到達度評価は、同学会創設ならびに教育評価研究の大きな契機の一つとなったのである。

到達度評価は相対評価を批判しながら、平均値ではなく目標を基準にする評価、さらに評価を子どものネブミ（値踏み、ランクづけ）とみなすのではなく、教育を評価する教育評価として登場した。二〇〇一年の指導要録改訂により教育行政上に登場した「目標に準拠した評価」は、なぜか「絶対評価」と表現された。また、「真正の評価」研究の進展に伴って、到達度評価はいわば柔軟性を欠く結果重視の教育評価であるとする見解もみられるようになってきた(24)。

しかし、到達度評価を過去のものとしてしまっていいのだろうか。日本の学校教育関係用語には翻訳語が多い。それだけ日本の学校教育が欧米の教育文化の移入によって形を成してきたからである。しかし、それでも、学校教育が日本社会に根づく過程においては、旧来の慣習に即した日本独自のものを付加してきた(25)。到達度評価についても、これをブルームの教育目標の分類学の日本版ととらえる動きもある(26)。それも到達度評価の一面であろうが、とくに教育現場での展開や教師たちの教育実践に目を向けると、ブルームだけでは説明できない面が多々ある。また、到達度評価成立後、その理論面の研究を中心的に進めたのは、生活綴方成立史を体系化した教育史家、中内敏夫であった。

生活綴方と生活教育論争

到達度評価の源流に位置づく生活綴方についても触れておこう。生活綴方は、日本における文章表現指導史にも位置づくが、文章表現指導の域を超えたところに成立したものである。日常的に使う文章を標準語で書けるという公的な目標論に対して、綴方は「自己を綴る」ものであるとする芦田恵之助の随意選題綴方が提唱されたのは、一九一〇年代だった。その後、子ども自身による文章表現指導が広がるとともに、何をどのように綴るかが問題にされるようになっていった。

生活綴方は、生活を生活語で綴ることにより、生活に立ち向かう心を培うものとして成立した。一九三〇年のことである。その理論的リーダーが『綴方生活』の編集者兼主要な執筆者であった小砂丘忠義《ささおかただよし》であった。世界恐慌下で生活面の苦しさが全国の地方農山漁村に広がるなかで、生活綴方は全国の小学校教育現場に広がった。

生活綴方とはまったく別の動きとして、一九三七年に教育科学研究会（教科研）が教育内容研究をテーマとして成立した。調査と計画を基本姿勢とした同会は、教材作成や授業づくりの面でも成果をあげていた[27]。この教科研と生活綴方との交流が芽生えた。それを促したのが生活教育論争であった[28]。

一九三七年、教科研幹事長の留岡清男は、生活綴方は「鑑賞に始まつて感傷に終る」と書いた[29]。綴方教師たちは反発した。その論争の過程で、戸塚廉編集の第二次『生活学校』同人により、生活綴方は「新しい道徳教育」であるとの指摘がなされた[30]。『生活学校』が廃刊に追い込まれるとき、戸塚廉は依拠する研究会として教科研を教師たちに奨めた。そして綴方教師のなかに、実践研究の場を教科研に移した教師たちが一定数いた。教科研と生活綴方のコラボレーションは、戦時下という特殊事情のもとで、その可能性が十分に開かぬままに終わった[31]。しかし、教科研を代表する教師であった平野婦美子は、生活綴方に深い関心を寄せて多くの綴方教師と交流をもっていたのだが、その実践には、到達度評価の考え方がみられた[32]。

中内は序章で、小砂丘は農民自治会ふうの教育論[33]から転生して、戸塚廉らの第二次『生活学校』同人に近い立場になったと書いている。生活綴方は「修身教育」だという見解は第二次『生活学校』同人の代表的な見解である。小砂丘の転生と到達度評価論的な考え方への接近を筆者は確認しえていない。しかし、平野実践には生活綴方を通過したうえでの到達度評価実践の芽生えをみることができる。生活教育論争については第Ⅰ部第四章および第五章で再度取り上げる。生活綴方が到達度評価の源流であることについては、第Ⅰ部第四章で平岡が詳述する。

生活綴方を通過するとき引き受けるものは何かといえば、まさに子ども一人ひとりが抱える「生活という重い鎖」である。また、生活綴方は「修身教育」であるという見解は、国民教養の最低必要量を子どもたちに保障することを教育として最重要なものとした教科研の立場を示すだけでなく、中内の生活綴方≠教育の見解に通じる。

生活綴方は、戦後、無着成恭編の『山びこ学校』を代表として大きく復活した。小学校の定番宿題である「日記」は生活綴方の名残である。それだけ生活綴方は日本の学校教育に深く根づいている。しかし、生活教育論争によって何が問われたのか、何をこそ戦後社会に引きつぐべきかを、本書を通して改めて考えたい。

第三節　到達度評価の基本的な考え方

教育を評価する到達度評価

戦前の教育測定運動にはじまり、戦後日本で一般化した相対評価は、教育評価ではない。子どもたちの学習能力の比較であって、極端にいえば、テストの成績順に子どもたちを並べて、計算機片手に結果を出すようなものである。到達度評価は、この相対評価の非教育性が指摘されたときに、子どもではなく教育を評価するものとして考案された。そして各教育現場での実践研究が繰り広げられた。

教育は、とても具体的なものである。この子どもにどう教えるかという考察が欠かせない。一人の子どもの背後には、家族があり、地域社会がある。子どもたちはこうした生活を背負って学校に来ている。そして学力は「人間の生活という重い鎖を引きずっている能力である」[34]。この生活という重い鎖に目を向けたのが、生活綴方であり、高度成長期以後では到達度評価だったのではないか。綴方教師たちは子どもの綴方作品をめぐって議論した。それは評価基準さがしでもあったろう。

さて、教育評価は教育を評価するものである。教育とは、先述のように、知識の量よりも質にかかわり、個性的な学力を促していく。この個性的な学力を、到達度評価論では習熟あるいは発展性段階の学力と呼んできた。学力には基本性と発展性があり、基本性をすべての子どもに保障し、そのうえで発展性学力の指導がはじまるようにもいわれてきたが、はたしてそれでいいのか。次章で改めてこの点についても検討する。到達度評価論はまだ完成しておらず、今後も実践を踏まえて理論の精緻化が図られていくべきものなのである。

診断的評価、形成的評価、総括的評価、そして基本性と発展性

到達度評価の実践研究のなかで提起され、その後一般化した評価法に、診断的評価、形成的評価、総括的評価がある。これら三つの評価法は、授業づくりの初歩を示すものでもあり、初任者研修の学習内容になることもある。診断的評価とは、単元の学習がはじまるときに子どもたちの学習の準備状況を把握することである。そのためにテストを行うこともあり、それを診断テストという。その結果により必要に応じて補充学習を施す。形成的評価とは単元学習の途中で子どもたちの理解の具合を把握することで、そのために行うテストを形成テストという。総括的評価は単元終了時に行うもので、この時点ですべての子どもが一定の学力を習得していることが望ましい。

これら三つの評価法のなかでもとくに大切なのが形成的評価である。形成的評価は、教師にとっては、授業改善を進めるべく生徒の理解の具合を把握するために行うものである。形成的評価の方法はペーパーテストふうのものに限らず、集団討議やノート提出などその方法は多様であり、教師の子ども理解を深めることに連動している。

学力の基本性と発展性は、こうしたことがらとともに、到達度評価の実践研究の過程で理論化されてきた、その代表的なものである。基本性は、社会が、具体的にはその任務を担う教師が、すべての子どもに保障する学力内容である。発展性は、基本性を踏まえて子どもたちが身につける学力であり、子ども自身の思いや生活と学校で学ん

だことがらとが呼応しあって生じる学力である。

発展性は学力の「定着力、正確性、総合力」[35]と言われたこともあるが、それらは教師が教えようとしたことがらに含まれる。それを子どもが自分のものにしたとき、教師自身が思い及ばない思考を示す可能性がある。発展性学力はそうした学力の個性化を含む。到達度評価論では、この発展性学力が身につくことを習熟、基本性学力を身につけることを習得と言ってきた。

次章では習熟に焦点を当てて、これまでに提起されてきた到達度評価の理論を検討する。本書を通して、私たちは、到達度評価という固定したものがあるわけでないこと、到達度評価はこれからも実践を踏まえて追究されていくものであることに気づくだろう。また、今日、文部科学省がその必要性を指摘する「活用力」あるいは「活用型学力」、あるいは思考力・判断力・表現力等の高次の学力を、到達度評価実践でめざせることも、本書で示されるだろう。

代行論と子ども観について

到達度評価に付随する理論の一つに代行論がある。その意味するところは、教育目標を設定するのは、本来なら教育を受ける権利の持ち主である子ども自身だが、教育内容の系統性把握を前提とする目標設定を子ども自身が行うのは現実的ではない。そこで教師がこの権利を仮に預かって、子どもの代行として目標を設定するというものである。提唱者は中内敏夫であった。

そもそも子どもの教育目標設定権を教師が代行することが何ゆえに可能なのか。全国到達度評価研究会編著『だれでもできる到達度評価入門』(一九八九年)では、「代行の論理」を次の四点にまとめている。[36]

① 国民の教育権保障とは子どもの発達権・学習権保障である。教師の教育権はそのための親権を付託されたものである。よって、目標と目標づくりは本来的には子ども自身のものだが、専門性が介在するがゆえに教師

が代行している。

② 教育目標は子どもの生活現実、科学・文化の系統性と子どもの発達の順序性の交点で具体的に設定されなければならない。そのためにも教師は子どもたちの実情を深く知り、かつ科学・文化の系統性の研究が必要である。

③ 子どもたちの「つまずき」に対して、子ども、教材、教育方法の三者から接近できることが必要である。

④ 到達目標が子ども自身のめやす、励ましとなるように自覚化され、さらには自ら目標設定できるような授業展開も重要である。

ところで、田中耕治は、この代行論を子どもの「未熟さ、それゆえの無能さ」を前提とするもので、子どもの権利条約以前のものと切り捨てる(37)。しかし、子どもを目標設定権者とする中内の代行論は、子どもの権利条約が国際連合で採択される以前に提案されており、子どもの権利条約を先取りしたものであった。もとより、田中が危惧するように代行の名のもとに目標設定を教師が占有する恐れがないとはいえない。田中は「代行」から「参加」への転換を主張する。具体的には授業のプロセス重視や評価活動への子どもの参加を構想しているようだが、子どもが目標設定する筋道を明確に示しているわけではない。

また、子ども観に関しては、誤解がある。中内は生活綴方の歴史的展開を体系的に論じた生活綴方研究の第一人者である。その中内がとらえた生活綴方の子ども観は、子どもを純粋無垢とみなす自由教育のそれとは対照的で、子どもは幼いながらも叡知を秘めた社会的存在である、というものである(38)。生活綴方にこのような子ども観をみる中内が、子どもを「未熟さ、それゆえの無能さ」ととらえたとは考えがたい。「無能」どころか、逆に、ときに大人顔負けの社会性をもつととらえており、だからこそ子どもの権利条約に先立って子どもを目標設定権者とする発想をもち得たのではないか。

田中は代行論について次も指摘している。すなわち、教師のめざす目標からはみ出す子どもたちの行為を教師が「無視あるいは修正の対象に据えることが多い」現実があり、このような教師の「代行」行為を問い直す契機を読みとる装置が到達度評価にない、と。[39]子どもが教師の意図と異なる発想や対応をしたとき、それを修正しようとする教師は確かに少なくないのだろう。しかし、その一方に、それを新しい授業展開の契機としていく教師も少なからず存在する。子どものまちがいを尊重する教師、古くは、子どもが川で採取した奇形ガエルを機に公害学習に進んだ教師等々がそれである。[40]

代行論は、教育の主体が子ども自身であることを目標設定の面でも貫くべきであることを明示したものである。教師が具体的に目標設定し教材研究に力を尽くしても、それでも教師の仕事は「代行」にすぎないことを明示したといってもよい。

現代日本では教育目標が学習指導要領に示されている。だからといって目標を学習指導要領まかせにして、子どもや教師はせいぜいのところ「本時の目標」や教材研究にかかわるだけでいいはずがない。それでは国民主権の原則に反する。到達度評価論において、目標は自然界の広がりをもつものであり、既存の知識に限られない。だから、子どもが教師の意図しない発想をしたとき、教師は格闘しながらその発想を理解し、新たな探求をしていくことになる。そうしたとき、教師は、仮に預かっている目標設定権を子どもに返すことができるのではないだろうか。

実際、授業には、教師が予想しなかった意外な展開が生じることがある。そうしたとき子どもたちの思考が一段と深まるというダイナミズムが隠れている。田中は、到達度評価は子どもたちが必要事項を習得したかどうかの結果重視で、そうしたダイナミズムを捨象する傾向があるととらえているようである。このような到達度評価理解が生じた理由の一つに、到達度評価における授業づくりの側面のみが強調されてきたことがあるのではないか。それについては第Ⅰ部第五章で検討する。

註

（1）橋本紀子「海外の教育課程から日本の『道徳教育』をとらえ直す」民主教育研究所編『人間と教育』八六号、旬報社、二〇一五年六月。

（2）吉澤昇「知育」『教育学大事典』第五巻、第一法規、一九九〇年。

（3）寺崎弘昭『ヨーロッパ教育関連語彙の系譜に関する基礎的研究』科学研究費補助金研究成果報告書、二〇〇四年三月。

（4）平岡さつき「アダム・スミスにおけるInstructionに関する一考察」『共愛学園前橋国際大学論集』第七号、二〇〇七年三月、同「アダム・スミスにおける道徳哲学論」『共愛学園前橋国際大学論集』第八号、二〇〇八年三月。

（5）中内敏夫「『教科外教育』か『教科外活動』か――友人への手紙」『教科外教育と到達度評価』第一〇号、全国到達度評価研究会教科外教育分科会、二〇〇七年。

（6）舘かおる「日本における『教』意識の展開――辞書にみる『教』『ヲシウ』の歴史」中内敏夫・関啓子・太田素子『人間形成の全体史――比較発達社会史への道』大月書店、一九九八年。

（7）藤田省三『天皇制国家の支配原理』未来社、一九六六年、など参照。

（8）中野新之祐「戦前型絶対評価の成立と教育」『現代教育と評価　一　現代の学校・学級づくりと教育評価』日本標準、一九八四年。

（9）小林千枝子・清水康幸「戦前型絶対評価克服の試み」『現代教育と評価　一　現代の学校・学級づくりと教育評価』日本標準、一九八四年。

（10）中内敏夫「『新学校』の社会史」『叢書　産育と教育の社会史　五　国家の教師・民衆の教師』新評論、一九八五年。

（11）無着成恭編『山びこ学校』岩波書店、一九九五年、初版は、一九五一年刊行。筆者が入手した増補版第一八刷は、青銅社発行、㈱河童書房発売。

（12）橋本三郎「高校多様化による選別」全国進路指導研究会編『選別の教育――中教審答申を批判する』民衆社、一九七一年、小林千枝子「定時制高校からのメッセージ――教育目標・評価論の社会的課題を探る」『作大論集』第三号、二〇一三年、など参照。

（13）橋本紀子・木村元・小林千枝子・中野新之祐編『青年の社会的自立と教育――高度成長期日本における地域・学校・家

族』大月書店、二〇一一年、小林千枝子『戦後日本の地域と教育――京都北奥丹後における教育実践の社会史』学術出版会、二〇一四年、など参照。
(14)「通信簿改善に関する世論」宮原誠一・丸木正臣・李ケ崎暁生・藤岡貞彦『資料　日本現代教育　三』三省堂、一九七四年、二九九～三〇二頁、参照。
(15)この間の事情については本書第Ⅲ部に収録した公開ヒアリングに詳しい。
(16)大津悦夫・滝沢孝一・山口修平『わかる授業づくりと到達度評価』地歴社、一九八四年。
(17)中内敏夫・三井大相編『これからの教育評価――確かな学力と発達を保障する』有斐閣選書、一九八三年、九九～一〇一頁。
(18)稲葉宏雄・大西匡哉・水川隆夫編『基礎からの到達度評価――わかる授業と確かな学力を求めて』あゆみ出版、一九八四年、三一四頁、田中耕治「到達度評価に関する小年表――到達度評価の研究・実践の歩み」全国到達度評価研究会編『到達度評価』第一号、明治図書、一九八四年。
(19)文責・森谷清「各地のとりくみ　神奈川からの報告」『到達度評価』第七号、明治図書、一九八六年。
(20)田中耕治「各地のとりくみ　愛知からの報告」『到達度評価』第二号、明治図書、一九八四年。ここで、愛知県の加藤尚樹の手紙が紹介されている。
(21)井ノ口淳三「各地のとりくみ　島根到達研、正式発足す!」『到達度評価』第八号、明治図書、一九八七年。
(22)小林千枝子「徳島到達度評価研究会発足」全国到達度評価研究会『研究会報』第五号、一九八七年一〇月。一九八六年一一月に「徳島到達度評価研究会会員通信」第一号が発行されており、一九八七年四月例会までの通信やレジュメを小林が保管している。それによると、徳島到達度評価研究会は「より良い授業をつくる会」とも呼ばれていた。
(23)「第三土曜ゼミ」という名称ではじまり、学生ではなく、いわゆる母親の参加もみられるようになった。一九九〇～九二年の月例会報告のレジュメが残されている(平岡さつき保管)。
(24)田中耕治「教育評価の新しい考え方」田中耕治編著『新しい教育評価の理論と方法　Ⅰ　理論編』日本標準、二〇〇二年、一七～二〇頁。田中耕治は「目標に準拠した評価」を「到達度評価」を引きつぐものと位置づける。同『教育評価』岩波書店、二〇〇八年、二一〇頁。
(25)勝田守一・中内敏夫『日本の学校』岩波書店、一九六四年、参照。

(26) 稲葉宏雄「習熟概念と到達度評価の授業論における習熟段階の位置づけ」全国到達度評価研究会『研究会報』第五号、一九八七年、など。近年のものでは西岡加名恵・石井英真・田中耕治編『新しい教育評価入門――人を育てる評価のために』有斐閣、二〇一五年。
(27) 民間教育史料研究会編『教育科学の誕生――教育科学研究会史』大月書店、一九九七年、参照。
(28) 中内敏夫『生活教育論争史の研究』日本標準、一九八五年、参照。
(29) 留岡清男「酪聯と酪農義塾――北海道教育巡礼」『教育』一九三七年一〇月号。
(30) 高山一郎「生活教育の再出発のために」『生活学校』一九三八年八月号。
(31) 教育科学研究会の中心的な担い手が検挙された。綴方教師からも検挙者が続出した。それらの検挙に合理的な根拠はなかった。
(32) 小林千枝子「平野婦美子の教材・教具に注目した学級経営の実際」民間教育史料研究会編『教育科学の誕生――教育科学研究会史』大月書店、一九九七年。
(33) 農民自治会については、小林千枝子『教育と自治の心性史――農村社会における教育・文化運送の研究』(藤原書店、一九九七年)に詳しい。
(34) 中内敏夫『指導過程と学習形態の理論』明治図書、一九八五年、一〇頁。
(35) 稲葉宏雄・大西匡哉・水川隆夫編『基礎からの到達度評価――わかる授業と確かな学力を求めて』あゆみ出版、一九八四年、六九頁。
(36) 全国到達度評価研究会編著『だれでもできる到達度評価入門』あゆみ出版、一九八九年、三六～三七頁。
(37) 田中耕治『教育評価』(前掲(24))、七〇頁。
(38) 中内敏夫『生活綴方成立史研究』明治図書、一九七〇年、五一三～五四八頁、同『生活綴方』国土社、一九七六年、四一～四八頁、など参照。
(39) 田中耕治「教育目標設定の論理」『指導要録の改訂と学力問題――指導要録の改訂と学力問題』三学出版、二〇〇二年。
(40) 今泉博『まちがいや失敗で子どもは育つ』旬報社、二〇〇三年、『中内敏夫著作集 I 「教室」をひらく――新・教育原論』藤原書店、一九九八年、四五八頁、など参照。

第二章

習熟論再考

小林千枝子

第一節　「新しい能力」論から習熟論へ

知識・理解・技能を学力の重要な要素とすることに異論はあるまい。これにさらに、思考力・判断力・表現力や主体的に取り組む態度、さらに知識を実生活に活用できることまで学校教育が子どもたちにつけさせる能力の主要な要素とするのが、文部科学省（文科省）の近年の動向である。従来、こうした能力は高次の学力とされ、習熟論として検討されてきた。しかし、今日、この種の能力ないし学力は「生きる力」、「コンピテンシー」、「活用力」等々と表現され、「新しい能力」と総称される。(1) こうした能力の必要性を、文科省の「育成すべき資質・能力を踏まえた教育目標・内容と評価の在り方に関する検討会」座長の安彦忠彦は、こう述べている。(2)

これからの社会変化を見据えると、新たな能力の位置付けについても検討する必要がある。例えば、「主体性・自律性」「対人関係能力」「持続可能な社会づくりに関わる実践力」などである。

「知識を使って何かをできるようにする」。それには、「基礎的な能力」の確実な習得と活用を通して、「実際生活における実践力」にまで結実するような「思考力等」の育成を教育の中心としていくことが必要である。

こうした「新たな能力」は学力なのか。それとも、学力を超える能力一般に通ずるものなのか。そのあたりの疑問をよそに、こうした能力の育成を進める評価として注目されているのが、ポートフォリオ評価やパフォーマンス評価をその代表とする「真正の評価（authentic assessment）」である。一九八〇年代後半のアメリカに登場したこの評価を日本に紹介したのが田中耕治であった。その教育実践面での有効性や具体的な方法を積極的に提案してきたのが、田中の後輩あるいは教え子である松下佳代や西岡加名恵である。松下も西岡も先の「育成すべき資質・能力を踏まえた教育目標・内容と評価の在り方に関する検討会」の委員であり、パフォーマンス評価もポートフォリオ評価も文科省を通して教育現場に降りてきている。よって、田中耕治グループ[3]は、教育の中央集権化が進みつつある現代において、個々の教師の判断とは別次元で現場への影響力をもつ。

到達度評価論では、「関心・意欲・態度」を、基本性段階の学力を踏まえて形成される発展性学力としてとらえてきた。提唱者は中内敏夫で、知識・理解の延長上に「関心・意欲・態度」を位置づけることから、知的一元論といわれる[4]。

「関心・意欲・態度」は目標化できるのだろうか。この種の疑問は、じつは、早くも一九八七年時点で河原尚武によって提起されていた。河原は、中内のいう「科学的概念を子どもの生活概念へと高めていく思考過程」という論法に対して、生活概念と科学的概念とは二元論にならざるを得ないと、疑問を呈したのである[5]。河原は到達度評価の理論研究を深める立場からこの疑問を呈したのであったが、その後、注目されずにきた。

習熟論は、今日「新しい能力」と総称される諸概念の広がりのなかで、まるで忘れられてしまったかのようにみえる。習熟をめぐる論議は到達度評価論に限られないが、本章は、中内の知的一元論としての習熟論も含めて、到達度評価論を中心に再検討する。それにより、今日、文科省を中心にその必要性が主張されている高次の学力あるいは能力を、習熟論の文脈でとらえ直す手がかりを得ることにしたい。結論として、日本の学校教育に蓄積されてきた教育方法の発掘とともに、翻訳ではない在来の教育評価とその可能性を示唆することになるだろう。

第二節　到達度評価の原点にみられる習熟の考え方――京都府教育委員会

到達度評価論は、一九七〇年代後半から八〇年代にかけて京都府全域で実践が展開されたことから広く知られるようになった。

京都府の到達度評価実践は、京都府教育委員会による一九七五年の提案文書『研究討議のための資料　到達度評価への改善を進めるために』(「長帳」)を大きな契機としてはじまった。この文書の「前文」を詳細に検討してみると、基本性については「各学年の教科の学力を構成する内容ごとに、そのねらいを達成するうえで、欠かすことができない学力の基本的要素のまとまり」と、発展性については「目標に到達した学力の態様、つまり、習得した学力の特徴的な様子のちがい」と、説明されている。発展性は「目標に到達したものについて」「差異性を求める」とも説明されており、個性的な学力と考えられていたようである。また、この基本性と発展性の区分は図1・図2のように示され、両者は「学力の態様のちがい、つまり広狭」あるいは「習得した学力の様子のちがい」とも説明されている。さらに「学力の基本的要素は、その内容に一定の発展的態様を備えているものと考えます。また、目標に到達しなかった場合であっても、態様においては、すでに発展性を示す子どもも実際にはおります」とある。

高次の学力としての習熟の語は「長帳」にはみられないのだが(6)、図2の円筒形の外側に広がる点線で示された表

図1・図2　1975年の京都府教委提案に示された学力の構造図

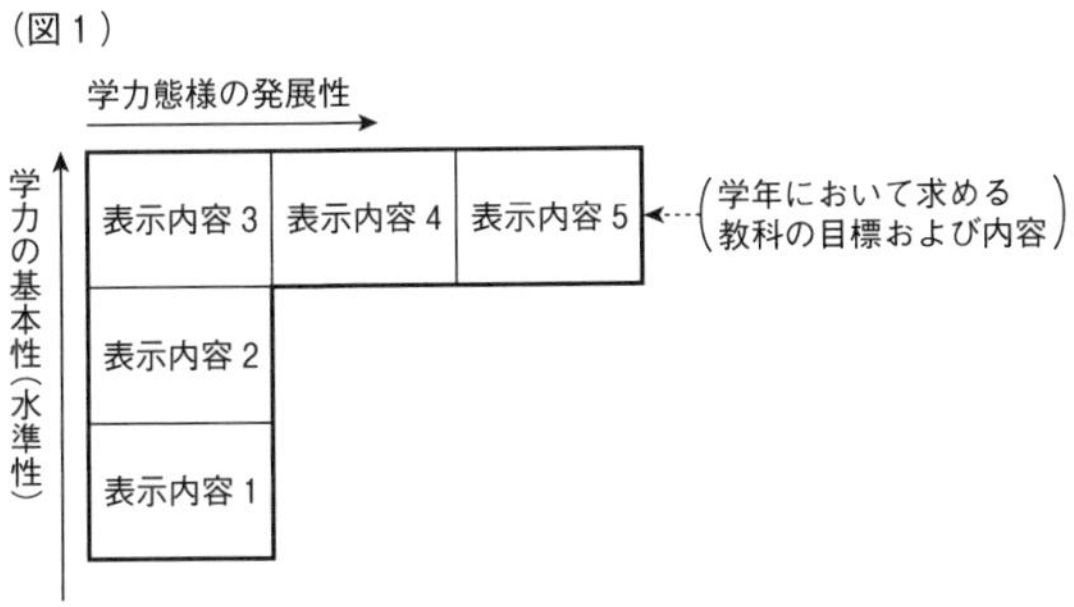

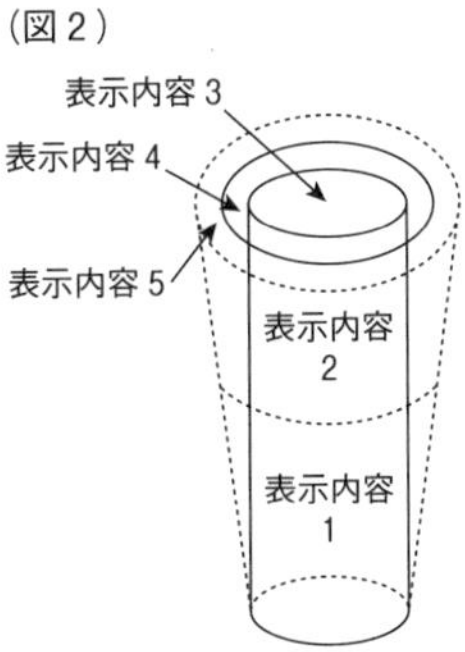

出典：京都府教育委員会『研究討議のための資料 到達度評価への改善のために』1975年、5頁

示内容の4と5が、高次の学力とみられる。ここで次の二点を確認しておきたい。一つは、基本性と発展性は、当初、つまり「長帳」においては連続的なものとされていた点である。もう一つは、発展性の学力は、学力の深みや広がりにとどまらず、個性的で、それぞれの生活を反映する情意的部分をも含むものと考えられていた点である。しかも、それは目標化できるものとされていた。

なお、この府教委提案を機に積極的に到達度評価の実践研究を進めた京都府北部の久美浜町立川上小学校が作成した通信簿は、「到達した」と「到達しない」の二段階に加えて「ふくらみ」の欄を設けている[7]。図2の表示内容4と5、つまり発展性学力をふくらみのある学力と理解したのである。

ところで、「長帳」は学力の諸要素を「知識、理解、概念、技術や思考、判断、態度など」と説明している。「教科の学習を総括するとき、学力の到達度と定着度、学習に対する関心や態度は、重要な評価の観点になります」ともある。関心・態度を学力の中身とするだけでなく、評価のうえでも重要なものと位置づけていたのである。

次に詳述するように、到達度評価論の習熟概念を代表するとされる中内敏夫の習熟概念は、態度概念に代わるものとして導入されてきた。そして中内の習熟の理論が知られるようになるのに伴って、「長帳」にみられた態度に対するこの好意的な受けとめ方はあまりみられなくなっていった。しかし、なくなったわけではない。それどころか、到達度評価論の理論家の一人である稲葉宏雄は、むしろ執拗なほどに態度にこだわっていた。この点については改めて後述する。

第三節　自分づくりとしての習熟の理論――中内敏夫

中内の知的一元論としての習熟の理論の原初形態は、一九六〇年代後半から七〇年代にかけてのころに、広岡亮蔵の三層説を批判的に検討するなかで形成された。三層説は学力を個別的能力、概括的認識、行為的態度の三層でとらえ、態度を高次のものと位置づけるところに特色がある。(8)中内は、この態度概念に含まれる探求力や創造力を「学習主体の心がまえの問題として処理する」のではなく、教師が責任をもって指導すべき認識形成過程の延長に位置づけようとした。そうしたとき、習熟は認識形成の高次の段階を示すものとされ、「内言による形成の段階」、あるいは「思考が思想に気化する段階」と説明されたのである。(9)内言という思考語で習熟を説明している点に注意しておきたい。というのも、そうすることで、学習主体の心がまえなどとは異なる思考領域のものであることが明瞭になるからである。また、「段階」という表現が用いられてはいるが、この時点では学力に基本性と発展性の区分があることは言及されていなかった。

内言とは「具体的な発声を伴わずに個体内部で進行する言語活動(10)」である。書き言葉や話し言葉はコミュニケーションを可能にするものであり、これを外言という。一方、内言は、これらとは異なる内向き、つまり自分向けのことばである。私たちは黙って人の話を聴いているときにも、多くの場合、心のなかであれこれ思いをめぐらす。ブツブツ声に出す以前のことばが内言で、どちらが一人の人間の言語世界で多くを占めるかといえば、いうまでもなく内言であろう。外言は言語世界全体のなかでは氷山の一角であると考えたいところである。しかし、内言は、心の奥深くに存在する感情や雑然と存在する記憶等々そのものではない。心の内奥に雑然と、あるいはどんよりと、あるいは静かに、ときには眠っているようなものを言語世界に引き上げたときに内言が生じる。つまり、内言は思考語であり、思想や思考に深くかかわる。内言と思考のかかわりについては、このテーマを体系的に論じたヴィゴツキーに言及して、改めて後述する。

さて、一九七七年、中内は「生き方や態度などの到達目標論的形態をつくりだすこと」を到達目標・評価論の研究課題として設定した。習熟はこの課題に応える概念として再検討されたのである。中内はこう述べている。「生き方、思考力、態度など、人格価値に属するものの到達目標論的な形態とはなにか。わたくしは科学的概念や各種の芸術的形象、そして方法や知識など到達目標の内容をなしているものが学習主体によって十分にこなされた形態、つまり習熟レベルがそれであると考える」(11)。ここで習熟は、生き方など人格価値に属するものが認識形成を踏まえて学力としてあらわれたものとされたのである。まさに自分づくりとしての習熟概念といえよう。

そして一九八五年刊行の『指導過程と学習形態の理論』で、中内はこう述べた。「学力評価論にいう学力の『基本性』が存在の認識の当否を示すカテゴリーであるのに対して、その同じ学力の『発展性』の段階をあらわしているものが、価値の内容をなす人格性と生活行動ののぞましい在り方を示すカテゴリーであるとする。そして、この『発展性』段階としてあらわれる知の個性的な定着のかたちとしての学力の習熟の形態が、『態度』とか『関心』とよばれているものだ、とするのである」(12)。

こうして習熟は、発展性段階の学力がついたときにあらわれる人格や行動にかかわってくる自分づくりの中核部分であるとされたのである。このように認識と態度や関心とを別々のものとはせず、評価可能な態度を、態度一般ではなく、知の個性的なあり方と限定した点が、三層説にいう態度や関心のとらえ方との違いである。この特色ゆ

図3　指導過程の三次元モデル

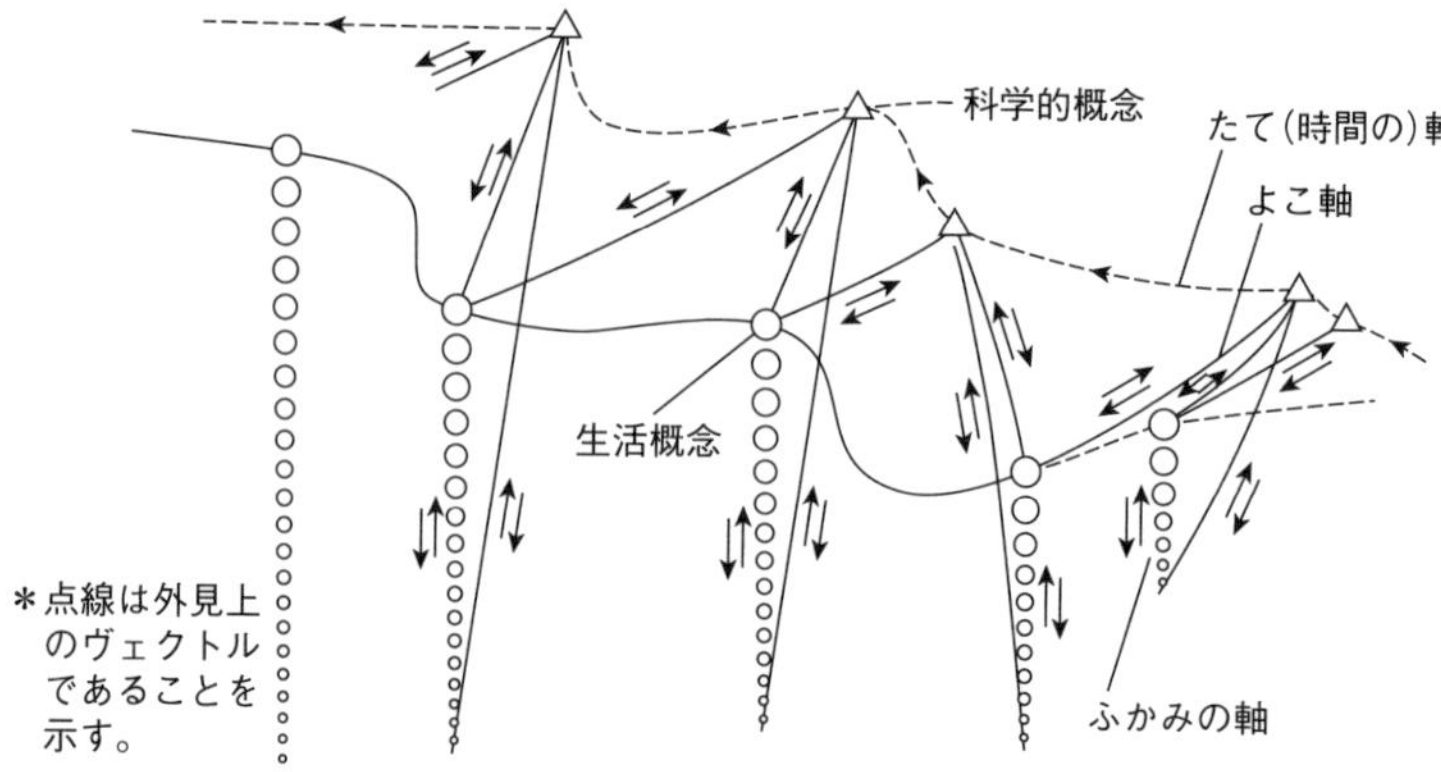

出典：中内敏夫『指導過程と学習形態の理論』明治図書、1985年、23頁

えに、中内の習熟論は知的一元論といわれる。

図3は中内がこうした見解を指導過程の三次元モデルに示したものである。この図の「よこ軸」は、教材や教授活動を通して教育目標である科学的概念や芸術的形象と子どもの生活概念とをつなぐ作業である。「ふかみの軸」については「外言と内言の両界にまたがる」生活概念の各層を通して子どもが科学的概念を理解していくその「深さの軸」と中内は説明する。

科学的概念と生活概念を引き受けてより内奥へ進むこの「ふかみの軸」こそ、発展性学力、つまり習熟を示すものと考えたいところである。田中耕治は「この『深さの軸』こそ、学力における『習熟レベル』に対応する」とした[13]。じつは筆者も「この『ふかみ』を習熟とするのが妥当であろう」ととらえていた[14]。この理解は、図2の円筒形の外側に広がる部分を発展性学力とする府教委の習熟理論と中内の習熟理論を連続的にとらえるものである。

しかし、この理解は、中内の意図をきちんと汲み取ったものとはいいがたい。というのも、中内自身がその後、この指導過程の三次元モデルは習熟の位置づけができていないとして、図4の球形モデルを指導過程モデルとして再提案したからである[15]。図中の○印が科学的概念や芸術的形象などの目標内容であり、左右向きの二つの矢

図4　指導過程モデル

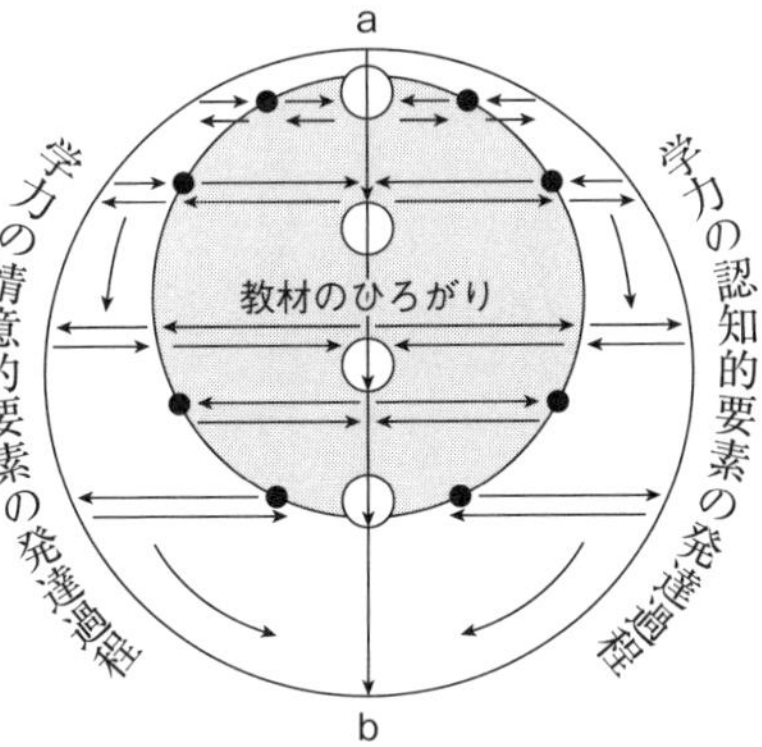

出典：中内敏夫「習熟についての考察」『教育目標・評価学会紀要』第２号、1992年、40頁

印が「よこ軸」すなわち、子どもたちにわからせるための、発問やグループ学習その他、教師が展開するさまざまな工夫に相当する。aからbに向かう直線と曲線の矢印は時間の流れを示す。内側の球が教材によって保障される学力であるのに対して、外側の球は「ふかみ」を示すものと考えてよいだろう。興味深いのは、bを習熟として「概念の思想への気化、即ち習熟の段階を示す」と説明した点である。つまり、習熟は「ふかみ」とは異なるもの、そうでなくとも「ふかみ」の究極に位置づくものであることを中内自身がここで明示したのである。

中内の習熟概念は、学力の深さとは違って、生き方といった人格価値にかかわるものだったのである。つまり、深くわかったことを前提としてその先に拓かれる境地であり、だから二つの球の外側に位置するのである。そして、この習熟のとらえ方に、習熟は発展性段階における「知の個性的な定着のかたち」であるとする中内の段階論的習熟の理論を重ね合わせると、図４の球形モデルは内側の球が基本性段階を、外側に広がる球が発展性段階を示したものであり、習熟は発展性段階を含む教師による指導過程を越えたところに拓かれるものとなる。よって発展性段階の学力を習熟とする中内自身が主張してきた知的一元論までがとらえ直されることになる。習熟は発展性学力の先に拓かれてくるものだからである。

その場合、習熟は、指導されたことがらをもとにしながらも、子ども自身が自ら追究する部分、となる。習熟は子どもによっては限りなく高い思考や探究等にまで進むだろう。したがって到達目標ではなく方向目標になり、めざすものは子どもによって違ってくる。これを評価の対象とすべきかどうかは検討の余地がある。子どもがそのような学力というよりも能力を示しはじめたときは、ほめたりアドバイスしたりして伸ばしていくことが大切である。

第四節　態度を学力の一要素とする習熟の理論――稲葉宏雄

中内の習熟の理論は到達度評価の習熟理論を代表するものとされ、田中耕治によって「段階説」と名づけられた。認知領域と情意領域の双方で基本性段階の学習が学習者のなかで十分にこなされた段階を習熟ととらえるからだと田中は説明する。[16] 田中は、中原克巳が一九八四年の全国到達度評価研究会第一回全国研究集会の「基調報告」で提案した図5を「並行説」とした。

この中原提案（図5）を手がかりの一つにして、中内とは異なる習熟の理論がつくられていった。それが、先にも触れた稲葉宏雄の習熟論であり、態度を学力の重要な要素とするところに特色がある。田中グループによれば、稲葉の学力論は「並行説」とされる。[17]

中内が三次元の指導過程モデル（図3）を発表し、知的一元論としての習熟の理論が到達度評価研究のなかで主流になりつつあった一九八七年、稲葉は中内とは異なる習熟の理論を提案していた。[18] 中内と異なる最大の特色は、態度を学力の一要素とし、「態度としての習熟」をもって「習熟を基盤とした学習的主体性」と説明している点である。

稲葉は、府教委提案の「長帳」、さらに中原が図5で示した「教授 ↓ 指導つき自習 ↓ 独習」という流れをも自ら

図５　教科学習を通じての認識・情意の形成とその評価

	情意	行動様式	授業過程	学習目標・課題	認識	
（情意形成）	受入れ	◦学習への感受性をもっている。 （学習の意志・構え・姿勢）	生活指導←学習の準備状況の判断→補充指導	◦学習前提となる学力が定着している。	受入れ	（認識形成）
		「しっかり学習に取組もう」	→目標設定			
	関心	◦説明をよくきく。 •ききもらしたことを質問する。 •発問にはっきり応答する。	〈教	◦何を学習するのか、どんなやり方で学習するのかがわかる。（未分化な問題意識による対象・目標の直感的な理解）	場面理解	
		「いわれた通りやってみよう」	→指示・発問			
意欲形成	興味	◦指示に従って自分に課された作業をする。 •やり方を自分でみつけて作業をする。 •やり方がわからないときは質問する。 •友だちからきかれたことについて説明する。	授〉	◦操作の仕方をみつけ、みつけた操作で作業することができる。 （具体物・半具体物による対象の変換。分析、総合、計算、操作）	場面操作	概念形成
		「やったことをまとめてみよう」	→巡視・問答→介護→再学習			
	意欲	◦興味をもって進んで学習に取組み、成功・発見をよろこび、感動する。 （模倣の創造） •作業・観察の結果をまとめる（みつけたことを書く、話す、みせ合う）。 •余分なことはしゃべらない。		•事実を発見し、認識し、まとめる。 （概念化） •みつけた事実を言語（用語・記号・式）で表現する。 ◦基本的な用語・記号がわかる。	事実・用語の理解	
		「みんなできたね。 わかったことは何だろう」	→形成テスト→整理→補充指導			
		◦自分から進んで根気よく学習に取組む。 •自分の考え、意見を発表する。 •友だちの考え、意見をもとに自分の考え、意見を修正する。	〈指導つき〉	•みつけた事実をもとに、仕方、求め方の形式（法則）をつくることができる。 •事実から法則を導く分析や総合の仕方（原理）をまとめることができる。 ◦基本的な法則や原理がわかる。	法則・原理の理解	
		「わかったことを使って できるか試してみよう」	→発表・討論・ノート点検→整理→補充指導			
習慣形成	位置づけ	◦数学的に考えて問題を解くことに自信をもって学習に取組む。 （自己の文化の創造） •いろいろ考え、要点をはっきりさせて、工夫して操作する。 •学習したことの要点をノートにまとめる。 •友だちと話し合い、共通の考えや考え方をみつける。 •やり終えたことを喜び、満足する。	〈自習〉	•法則を使って形式的に操作することができる。 •法則を複合して法則を導くことができる。 •法則の適用の仕方を説明することができる。 ◦数学的に構成された問題を数学的手続きに従って解くことができる。 （概念・方法の定着、問題解決力（確実・敏速、能率・計画性）の訓練）	適用操作／法則・原理の応用	習得
		「自分で考えてやってみよう」	→形成テスト→補充学習			
主体性形成	価値の組織化	◦失敗してもくじけず、学習の取組みが安定している。 •教科書・参考書などの資料を調べ、解法を工夫して問題を解く。 •学習したことをレポートにまとめる。 •グループ学習でリーダーシップをとる。 •人に教えられ、学ぶことができる。	〈独習〉	◦事実を数学的にとらえ、論理的に考え、処理することができる。 （問題を数学的手法によって正確にてぎわよく解くことができる。） •与えられた条件に従って問題を作ることができる。 •解釈にいくつかの道があることがわかる。 •問題の要点を友だちに教えることができる。	分析総合　判断・評価／法則・原理の応用	習熟
		「どんなことでも やればできるよ」	→レポート・総括テスト→補充学習			
	個性化	◦どんなむずかしい課題でも自分でひきうけて、一貫性のある学習方法、学習様式に従って、主体的に取組む。 （共通文化創造への参加） •社会における数学の役割を認識し、意欲と研究心をもって学習する。		◦学習した考え方・手法に基づいて、自分で工夫して数学を統合的、発展的に用いることができる。 （洞察力、構想力） •はじめての人に教えることができる。	原理の応用	

出典：全国到達度評価研究会編著『だれでもできる到達度評価入門』あゆみ出版、1989年、111頁

の理論形成に積極的に取り込んでいた。「長帳」が態度を学力の一要素とする点もそのまま継承している。

稲葉は「学力は知識の問題、技能の問題、態度の問題を含み、この三つの複合体が学力である」とする。こう主張する稲葉の語る習熟は、まさに「長帳」にいう発展性学力そのもので、「基本性の習熟と言いかえてもよいし、学力の幅と厚みの形成と考えることも出来」る、というものである。稲葉によれば、学力の基本は認知であるが、さらに技能と、もう一つ「情意的な側面、あるいは人格的特質、情意的性向というもの」がある。この最後のものが態度にかかわるもので、「一般には興味、関心、態度とか意欲とか自己概念と言われているもの」だという。習熟は「知識・概念の習熟、運動技能・労働技能・実験技能の習熟」というように知識、技能それぞれに考えられるとする。注目したいのは、情意的性向の習熟を「習熟としての態度、態度としての習熟という言葉を使えないものか」と提案している点である。こう表現されるものは「習熟を基盤とした学習的主体性」とも表現されており、これにより「批判的精神を備えた子供の確立」を展望できるとする。

中内と同様に、稲葉もまた、習熟を人格形成に深くかかわるとする。しかし、稲葉の場合、めざされる人格像が次のように具体的に語られている。

習熟を内面化しそれを定着させた人格、あるいはそうした子供は、学習的な主体性をもった子供、もっとはっきりいえば、自分なりの勉強のスタイル、学習の方法論を備えた子供、それが態度としての習熟の具体的な表現になるのではないか、そこには子供の方からいえば新しい状況において絶えず問題解決に立ち向かって行く戦術、戦略や方法論、あるいはそうした技術をもった子供の情意的な特質として、態度の習熟を考えられないかという気がします。

ここにおいて、習熟は人格や態度に深くかかわり、問題解決的な学力ということになろう。態度と問題解決学力を最上位におく広岡亮蔵の三層説を髣髴《ほうふつ》とさせる論調である点にも注意したい。

それでは、稲葉の論法において、こうした「態度の習熟」は、認知や技能の習熟とどうかかわるのか。稲葉は、「態度の習熟」は「行動のシステムを内面化する」ことや「批判的思考」とも表現できるとする。そして「概念の習熟と技能の習熟は最後のところで批判的な精神を備えた子供の確立という形で考えていくことはできないか」とも述べていることから、「態度の習熟」を、知識や技能の延長上に位置づくものととらえようとしていたとみられる。その点は中内の知的一元論と共通する。しかし、中内があえて排除した「態度」を、稲葉は逆に強調する。この点は決定的な違いである。

もう一つ、中内との違いで注目されるのは、教科外活動の位置づけである。稲葉は、学力形成と人格形成を「二元的に分離あるいは分裂させる立場を克服する必要」があるとする。学力と人格を一元的に把握しようとしており、その点は中内と同じである。しかし、稲葉は、学力形成を主要に担うのは教科指導であるが、「クラブ活動や部活動は学校教育活動である限り授業の一環として捉えていく必要」があるとする。つまり、「生活指導からの学力形成」があり、それを追求することで生活指導における人格形成を問題にすることができるというのである。

一九八七年時点では明瞭に語られていなかったが、中内は一九九〇年代の前半に、生活綴方は教育ではないとの見解を示すようになる[19]。生活綴方は生活指導のための表現指導である。よって、中内の論法においては「生活指導からの学力形成」はありえないのである。中内は、生活指導が学校で行われているとはいえ、これは教育ではないとする。中内のいう教育は狭義の学力形成を基本とし、中内のいう習熟は、その学力形成から導かれる人格形成なのである。この点を敷衍させると、次のようなことがいえる。人格形成は教育以外の多様な場面で培われるだろう、よって、学力形成の延長上に位置づく人格形成は人格形成全体のごく一部分にすぎないが、それでも、科学的・論理的な思考を踏まえた人格形成であるという点で、人格の骨格に相当するだけの根強さをもつ、と。

第五節　学力としての習熟へ

中内の習熟論は、「態度」は教師が教えるものではないし、評価できないものだということを前提にしている。評価の対象は教師が教えることに限定するのが到達度評価であり、だから到達度評価は何を教えるかという教育目標論を重視する。心がまえとしての「態度」は、心や行動をある方向へ導くもので、普遍的な教育内容とは質を異にするため、教育内容として提示することができないのである。しかし、広岡亮蔵の三層説にいう「態度」は主体性など重要な側面を含んでいる。これを学力に取り入れるために中内が考え出したのが、「内言による形成」である「習熟」であった。内言という思考語で説明したのである。思考語である限り、内言は知識・理解の延長上にある。内言は学校で新しく学ぶ科学的概念を、日常的で身近な生活概念に照らし合わせる部分でもある。だから、内言の外言化と外言の内言化は、図3の指導過程の三次元モデルに示された「よこ軸」の手順の骨格に位置づく。

生活綴方は内言指導を促す[20]。生活を生活語で綴る生活綴方そのものでなくとも、身近なことがらに言及して書くという作業は、子どもの思考を深める有効な教育方法の一つである[21]。

稲葉の習熟論は、態度を学力の重要な部分に据えるものである。稲葉は知育重視論者であり、少なくとも態度万能論者ではない。知識や技能の習熟とともに態度の習熟も必要だと主張するのは、学力は学習者の努力なり主体性を伴ってこそ学習者自身のものになるという考え方によるだろう。

中内と稲葉はともに到達度評価の重要性を主張し、一九七〇年代後半からの到達度評価の実践研究を支えた。中内を会長、稲葉を副会長とした全国到達度評価研究会は、一九八七年一〇月発行の『研究会報』第五号に、稲葉の論考「習熟概念と到達度評価の授業論における習熟段階の位置づけ」を載せている。この論考で稲葉は、ブルームの「自動性」（automaticity）概念や中原克巳提案の図5などに学びながら、「高次の思考の枠組」として、認知や技能の習熟が最後にたどりつく「情意的性向或いは情意的人格特質における習熟、態度としての習熟」を提案している。この論考は、一九八六年二月開催の全国到達度評価研究会第二回全国研究会議のまとめの一つとして掲載されている。中内と稲葉の間で見解の違いをめぐって議論されたようには思われない。

ただ、いえることは、その後、到達度評価の習熟論として知られるようになったのは、中内の知的一元論としての習熟論であるということである。知的一元論は、理論としてわかりやすいし、学力育成における「態度」概念のあいまいさを払拭してくれる。

それでは、稲葉が執拗にといえるほどこだわった「態度としての習熟」は姿を消したかというと、そうではない。稲葉の習熟論に言及してはいないが、「態度」に親和的な傾向が田中グループには顕著である。たとえば、松下佳代の「育成すべき資質・能力を踏まえた教育目標・内容と評価の在り方に関する検討会」第二回（二〇一三年一月二一日）の報告資料「〈新しい能力〉と学習評価の枠組み[22]」には、「新しい能力」のルーツをマクレランドとその弟子たちに求め、そこで提唱された氷山モデルと円形モデルが「学力モデル」と類似していることを示している。その学力モデルとは、梶田叡一の氷山モデルと広岡亮蔵の円形の「学力の三層説」である。既述のように三層説は「態度」を中核におく。松下の学力論における「態度」に対する抵抗感のなさは、稲葉の学力論と地続きである。

中内の習熟論は、極端にいえば教育を知育に限定するものであり、教科外活動についても生活綴方についても、これは教育ではないと言明するところに成立している。とはいえ、教科外活動も生活綴方も、なくていいものではない。しかし、それでもこれを教育でないとするのが中内理論である。内言は、教育の中心に位置づく認識形成と、生活綴方や教科外活動、さらには日常的な形成場面とを、いいかえれば科学的概念と生活概念とを取り結ぶものであり、ここを通過してこそ、知育なり認識なりは学習者の内面の発達を促すものとなる。

河原尚武がいうように、科学的概念と生活概念はまったく別の論法をもっている。これを強引にではなく子どもたちの理解を助けるべくつなぐのが、中内のいう、指導過程における「よこ軸の手順」である。生活綴方に類する作業は、そのための有力な手掛かりを与えてくれるだろう。

中内の知的一元論としての習熟論は、基礎としての認識形成を経て発展的な人格形成に至る、という単純な図式だけで完結するものではない。また、教育ではなくとも、教科外活動や生活綴方が、学力形成面でもある重要な役割を担っていることも間違いない。

確認しておきたいのは、中内の習熟論は、人格価値にかかわるとはいえ、内言を含む思考によって導かれる部分に限られるということである。ここにあるのは、能力一般ではなく、学力としての習熟の理論である。この習熟をより根強いものとして人格に食い込むものにしていくのは子ども自身であり、教師にできるのはその助成に限られる。こう考えると、習熟とは、指導過程の最後に位置づき、子ども自身にとっては学校での勉強のプラス・アルファとでもいえる部分なのではないか。

第六節　逆円錐型学力モデルの提案

図6の逆円錐型学力モデル（学力の構造試案）は、筆者が、中内の球形の指導過程モデル（図4）をもとにして立体化を試みたものである。[23]上が立体図で、下はその断面図である。図中の内側にあるAとBは認知領域であり、教育目標である科学的概念や芸術的形象に即した教材の広がりを示す。その外側に広がるCとDは情意領域あるいは生活面に向ける思いを示す。AとCが基本性段階、BとDが発展性段階である。内言はCとDの一部分をなす。その一部分が大きいか小さいかは子どもにより異なるが、授業においてはより大きくすることを促すことが大切な要

件になってくる。A・BとC・Dの間にある両方向の矢印は、内言の外言化と外言の内言化、あるいは科学的概念と生活概念の往還を示す。逆円錐型にしたのは、学力が大きく広がっていくことを表すためである。

習熟は、この図のBとDの上に広がる認知と情意の世界（E）に相当する、と考える。この考え方は、習熟概念をかなり限定して用いることを要求する。たとえば、算数で計算を素早く正確にできるようになり、文章問題も筋道を立てて解答できるようになることは、学力が図中のAからBに発展したことではあるが、それが直ちに習熟に達したということにはならない。習熟とは、具象を抽象に切り替えたり、生活場面との接点がみえてきたりなどで、もっと高度で個性的な理解に相当するからである。Eの習熟は、教材独自の世界を十分に理解したうえで、その理解が自分自身の生活や内面の問題に触れてきたときに開かれてくる世界、とみるのである。

なお、基本性段階と発展性段階の区分は、さほどはっきりしたものではないと考えている。いわば薄い膜で区分

図6　学力の構造試案

（立体図）

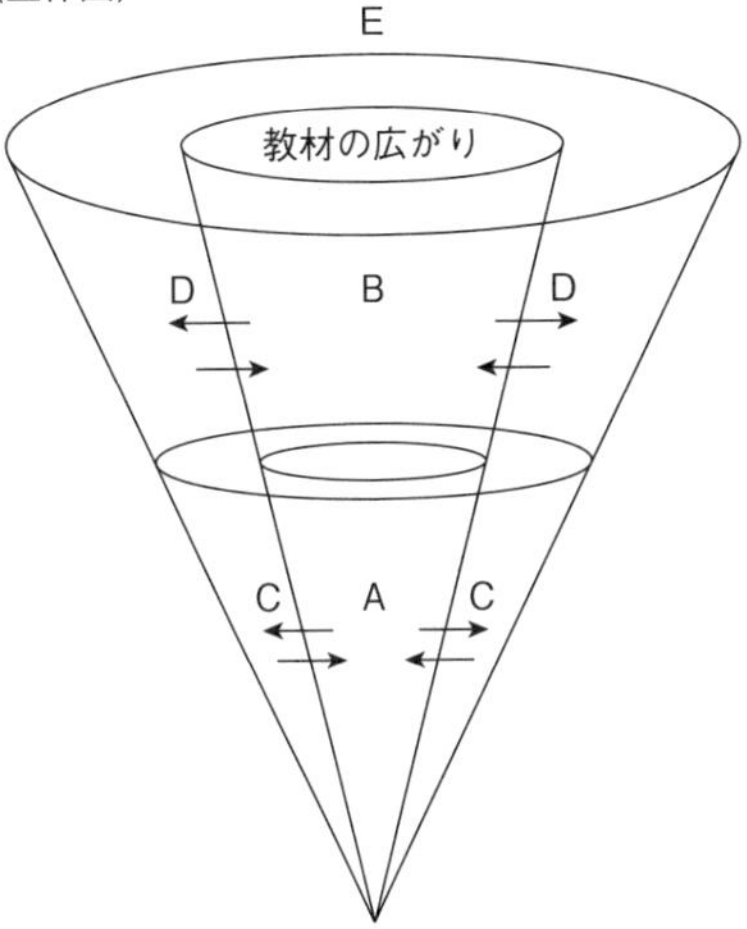

（断面図）

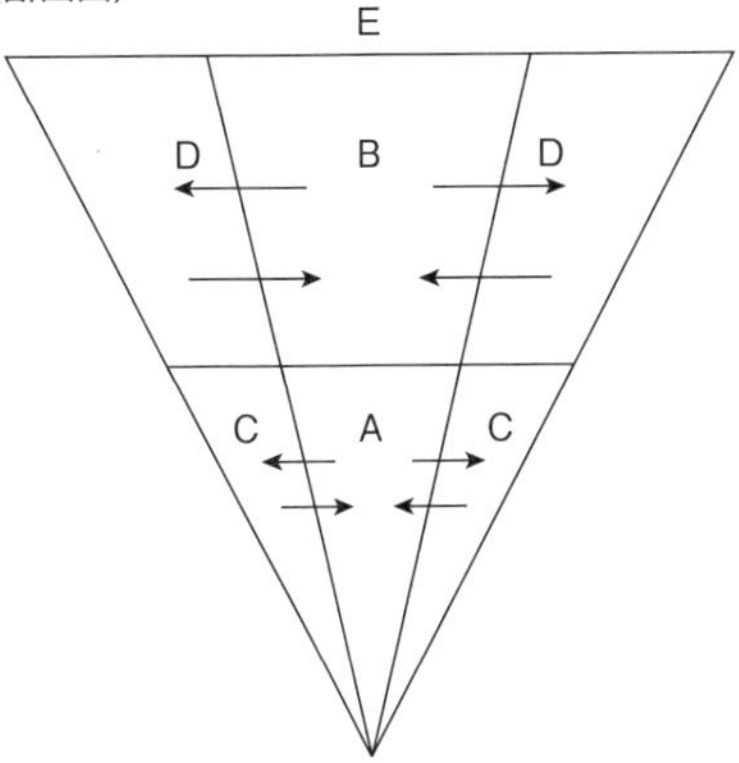

- 内側の円錐は教材の広がりを示す。
- AとBは認知領域を示す。
- CとDは情意領域を示す。
- AとCは基本性段階、BとDが発展性段階を示す。
- Eは習熟を示す。

される程度のもので膜を突き破って基本性から発展性に突き進んだと思ったら逆戻りする、ということも実践場面ではよくあるだろう。

なお、「長帳」に示された円筒形の図2と、逆円錐形の図6との違いも確認しておこう。図2では発展性学力は学力が高まったのちに情意や態度として現れてくるものである。一方、図6では、情意は知識や理解の最初から出てくるとみなす。それを示すのがCである。この情意が知識・理解の深まりに伴って、生活面に対する個性的な理解や思考・判断を促し、さらにそのことを表現する能力をも獲得していくことがEの部分、すなわち習熟である。発展性段階における情意的要素の部分（D）は教師の指導を超えて子ども自身が繰り広げる心の世界であり、指導過程を超えてEに広がる可能性を多分に秘めている。

現在、「新しい能力」としてその育成がめざされている「コンピテンシー」や「活用力」等々の少なくとも学力の部分は、まさにこうした習熟に相当すると考える。

第七節　内言指導へ

到達度評価の源流に位置づく生活綴方は、思想づくりとしての内言指導をいわば骨格とする。そう考えると、内言指導は基本性段階でも重視されねばなるまい。その要点は、内言の外言化と外言の内言化を促すことである。具体的にどうすることなのかというと、子どもに皆の前で発表させる、理科の実験結果を文章でまとめる、何の教科であれわかったことを書いたり発表したりする、グループ討議を取り入れる、新聞をつくるなど、多様に考えられる。子どもたちが安心して、つまり、こういったら笑われないだろうかとか、怒られないだろうかとか、そういうことを考えずに思うままを発表できるような学級経営も、大切な要件となってくる。なお、近年広がってきたパフォーマンス評価も、子どもたちが課題に対して考えて書くことを重視するもので、内言の外言化を促すものとなっている。

日本のとくに小学校教育で伝統的といえるほどに長く広く行われているドリル学習は、基本性段階の指導として必要であろうが、それだけで基礎・基本の指導がなし得るわけではない。考えることの基本は、まさに内言と外言を往還させることの意義を実感として習得することだからである。学習することは新しい知識や技能を身につけることだけでなく、それと同時に、自らの内言を引き出し、思考語の部分をふくらませていくことではないか。そこに学習の楽しさも生じる。

教師としての腕の基本は、いわゆる教育方法および技術である。それは理科であれば仮説実験授業、国語であれば三読法や一読総合法、より一般的には発問や討論など日本の学校教師たちが多様に開発し実践して蓄積してきている。小学校でよくなされる日記指導は、文章指導だけでなく、教師が子どもの生活を知る絶好の方法である。書くこと、発表させることをさまざまな形で取り入れることが、内言指導の第一歩である。また、その腕は授業づくりにとどまらない。学級経営の手腕、教師集団としてのあり方、ひいては地域と学校のかかわり、学校の教育目的なども間接的ながら反映してこよう。

活用力やコンピテンシーといった「新しい能力」は、発展性段階のなかでも高度なものに位置づくだろう。とくにコンピテンシーは、学校で子どもたちに身につけさせる学力以上のものを多分に含んでいる。[24] 学力モデルに位置づけるには、ことさら慎重さが求められよう。

本章のキーワードの一つである内言について、これが子どもの成長・発達のいつごろ出現し、思考にどうかかわっていくのかをここで確認しておこう。この問題を体系的に論じたのが、ロシアの哲学者かつ心理学者であったヴィゴツキー（一八九六―一九二四年）の『思考と言語』（一九三四年）である。同書によれば、思考と言語はまったく別のものとして発生するが、早くは二歳ごろに交差し、一致するようになる。一致するとは、すべてのものに名前があることの発見である。この発見は思考を必要とする。これ以後、子どもの思考は「言語的となり、言語は知能的となる」[25]。ヴィゴツキーによれば、ピアジェのいう自己中心的言語は、外言が内言に移行する中間段階に相当する。そして学齢期にさしかかるころには、自己中心的言語は「内言に移行・成長転化[26]」する。内言は子どもの外言から分岐して生まれるもので、子どもは内言を発達させることで、社会的・文化的経験を思考に組み入れるようになる。ものの名前は社会的・文化的経験を表すものでもあり、子どもがすべてのものに名前があることを発見することは、子どもが社会的・文化的経験とつながる最初の経験といえよう。こうして子どもの発達は「生物的なものから社会的・歴史的なものに変化する[27]」。

子どもは内言によって歴史・社会とつながると同時に、この内言によって自分自身の内奥ともつながる。「内言は自分への言語[28]」だからである。そして「内言では単語は、外言よりもはるかに多くの意味を積みこんでいる[29]」。「内言では、われわれはつねに、すべての思想・感覚、さらには完全に深い判断さえもただ一つの名称で表現することができる[30]」。内言は外言のように文法的な整然さがないだけ、逆に内容面では実に豊穣なのである。「外言が思想のコトバへの転化」を示すのとは逆に、内言は「外から内へ進む過程、言語の思想への気化の過程[31]」へと進む。ここにいう思想は自らの内奥に広がる世界であり、「われわれの意欲や欲求、興味や衝動、情動や感情をおおうわれわれの動機に関係した意識領域から生まれる。思想の背後には情動的・意志的傾向がある[32]」。

以上、ヴィゴツキーの『思考と言語』を引用しながら、内言がどのようなものかを確認してきた。このことから次の諸点が確認されよう。①子どもの関心や意欲、さらにはわかるという知識・理解は、この内言に届くことが、その出発点になる。②教材も教師が子どもたちに語る教授語も、子どもにとっては外言として現れる。これを内言にしたときに子どもがわかるという知的作業をなしとげる。それが内言化であり、「思想への気化」に通ずる。③

本章で述べてきた、授業における「よこ軸の手順」は、外言の内言化と内言の外言化を促すものであり、展望として、知的作業を通して、いわば概念を自らのものとすることにより思想づくりや自分づくりを促すものとなる。

註

(1) 松下佳代編著『〈新しい能力〉は教育を変えるか――学力・リテラシー・コンピテンシー』ミネルヴァ書房、二〇一〇年、参照。

(2) 安彦忠彦「育成すべき力の見直し」『日本教育新聞』二〇一四年三月一七日付。

(3) ここに田中耕治グループと書いたが、詳細をみれば、田中も松下も西岡も、当然ながら、それぞれ固有の研究世界を有しており、決して一色にはなし得ないだろう。しかし、田中耕治は後輩や教え子たちを執筆者とする教育評価に関する編著書を多数刊行しており、そこから表出される論調には特定の傾向がみられる。田中グループの著書としては次がある。田中耕治編著『新しい教育評価の理論と方法［Ⅰ　理論編］［Ⅱ　教科・総合学習編］』日本標準、二〇〇二年、同編著『教育評価の未来を拓く――目標に準拠した評価の現状・課題・展望』ミネルヴァ書房、二〇〇三年、同編『よくわかる教育評価』ミネルヴァ書房、二〇〇五年、同編著『時代を拓いた教師たち――戦後教育実践からのメッセージ』日本標準、二〇〇五年、同編著『人物で綴る戦後教育評価の歴史』三学出版、二〇〇七年、など。

(4) 田中グループによる知的一元論の取り扱い方に関して、佐貫浩が疑問を呈している。佐貫は、田中らの評価論に「現実の『関心・意欲・態度』評価が引き起こしている困難や矛盾を的確に批判できない理論的枠組みが組み込まれて」いることを問題にする。田中らが依拠する「関心・意欲・態度」評価に関する理論のなかでも有力なものとされているのは、中内敏夫の知的一元論（佐貫は「『一元論』的立場」と書く）で、認知の延長上に主体性等を位置づけるものである。しかし佐貫は、中内の学力論と田中らの学力論とは「態度」評価について大きく異なるとする。佐貫によれば、田中グループは、知的一元論の立場から「態度」や「意欲」も「知の習得のある段階のありようとしてカリキュラム化できると把握」し、そうした態度や情意を含む学力育成を促すのが「真正の評価」であるとする。しかし、「人格の自己実現というレベルで発達し、また実現の目標となる目的や価値目標は、あらかじめ設定された『目標』として子ども（学習者）に提示することはできない」、「生きて働く学力」や「態度」は、カリキュラム化すれば立ち上がってくるわけでなく、「子どものなかから」出てくるものだというのである。そうした内側から出てくるという点で真の意味での発達を促す働きかけは、生活綴方のような、「子どもがいまどう生きるかに寄り添い、共感し、支えるという子ども把握と子ども指導の方法を磨くこと」だとする。佐貫浩「『関心・意欲・態度』評価の問題性をどう解くか」『教育』二〇一一年二月号、参照。

(5) 河原尚武「習熟の過程と子どもの『生活概念』」全国到達度評価研究会編『到達度評価』第九号、明治図書、一九八七年。

(6) 「長帳」には「習熟」の語が二カ所使われている。一つは、「能力」概念を「ひとりひとりが習熟し、発達してきた人間性を、『もののごとができる』という観点でとらえた力である」と説明するとき、もう一つは「学習方法の習熟」という表現である。いずれも高次の学力として用いられているのではない。一定の行為や技能を素早くこなすといった意味合いで用いられており、明治期以来の伝統的な習熟概念であるといってよい。山口修平「到達度評価の認知・情意モデルにおける習熟の位置を考える」『到達度評価』第九号、明治図書、一九八七年、参照。なお、筆者は、「長帳」における「習熟」の語は一カ所だけであると認識していた。二カ所あることを遠藤吉郎氏が指摘してくれた。記して感謝する。

(7) 小林千枝子『戦後日本の地域と教育――京都府奥丹後における教育実践の社会史』の第Ⅲ部第二章「川上小学校における到達度評価実践をめぐる模索」学術出版会、二〇一四年、参照。

(8) 広岡亮蔵『基礎学力』一九五三年、金子書房、参照。

(9) 中内敏夫「学力のモデルをどうつくるか」『教育』一九六七年七月号、九～一〇月号。

(10) 内田伸子「内言」『新版 心理学事典』平凡社、一九八一年、六四六頁。

(11) 中内敏夫「教育の目標・評価論の課題」『教育』一九七七年七月号。

(12) 中内敏夫『指導過程と学習形態の理論』一九八五年、明治図書、五〇～五一頁。

(13) 田中耕治「学力モデル再考」『授業の探求』第四号、一九九三年。

(14) 小林千枝子「習熟概念をめぐる論点と課題」『教育目標・評価学会紀要』第一一号、二〇〇一年。

(15) 中内敏夫「習熟についての考察」『教育目標・評価学会紀要』第二号、一九九二年。この図は円形で示されているが、この当時、一橋大学院生であった平岡さつきの記憶によると、中内は「球」と表現したという。

(16) 田中耕治、前掲(13)。

(17) 若林身歌「『知育の復権』と到達度評価――稲葉宏雄の場合」田中耕治編著『人物で綴る戦後教育評価の歴史』三学出版、

二〇〇七年。

（18）稲葉宏雄「技術教育と学力構造」『技術教室』一九八七年一一〜一二月号。

（19）中内敏夫「『児童労働』の時代――〈形成〉の社会史序説」『叢書〈産む・育てる・教える〉四　企業社会と偏差値』藤原書店、一九九四年。その後、中内敏夫『教育評論の奨め』国土社、二〇〇五年、同『生活訓練論第一歩』日本標準、二〇〇八年、などで、同様の見解をより徹底して提唱してきている。

（20）中内敏夫『生活綴方〈増補版〉』国土社、一九七六年、参照。

（21）森雅美のレポート指導の実践記録はそれを象徴している。森雅美「算数・数学科」稲葉宏雄・大西匡哉・水川隆夫編『基礎からの到達度評価――わかる授業と確かな学力を求めて』あゆみ出版、一九八四年、同「Ⅱ－2　算数科の指導における形成的評価の実際」天野正輝ほか編著『授業改善の原点を求めて――形成的評価の理論と実際』日本標準、一九八六年、ほか参照。

（22）文部科学省のホームページ（http://http://www.mext.go.jp/b_menu/shingi/chousa/shotou/095/shiryo/__icsFiles/afieldfile/2013/01/29/1330122_01.pdf）からダウンロードできる。

（23）この図は、小林千枝子「習熟の内実」『教育』二〇〇四年六月号、に示したものを修正して作成した。

（24）松下佳代「リテラシーと学力」『教育』二〇〇六年一〇月号、同「コンピテンシーを中心とする能力概念の検討」教育目標・評価学会編『「評価の時代」を読み解く――教育目標・評価研究の課題と展望（下）』日本標準、二〇一〇年、など参照。

（25）『海外名著選　一八　思考と言語　上（ヴィゴツキー）』柴田義松訳、明治図書、一九六二年、一四六頁。

（26）『海外名著選　一九　思考と言語　上（ヴィゴツキー）』柴田義松訳、明治図書、一九六二年、一八三頁。

（27）前掲（25）、一六三頁。

（28）前掲（26）、一八二頁。

（29）前掲（26）、二二七頁。

（30）前掲（26）、二二九頁。

（31）前掲（26）、二三一頁。

（32）前掲（26）、二三四頁。

第三章

到達度評価をめぐる論点の再考
――生活綴方との関係に着目して――

平岡さつき

第一節　「到達度評価」成立史叙述をめぐる論点

本章では、生活綴方と到達度評価の連動性を探るなかで、到達度評価をめぐる論点について再考することにしよう。生活綴方と「到達度評価」との関係については中内敏夫が、「到達度評価・目標運動を、生活綴方運動の六〇年代以降の段階におけるもっとも正系の嫡子とみる」[1]というモティーフを提示している。到達度評価とは、人権概念を媒介にして教育活動の評価における評定尺度の相対主義を改めることによって学力保障を行う立場であると同時に、「生活」概念とリンクすることによって子どもの側から教育実践をつくるものであることを検証したい。

生活綴方とは、一九三〇年代に日本で成立した、子どもや青年に生活等に取材したひとまとまりの日本語の文章を綴らせ、その綴方作品を読み合うこと等を通して知育や徳育などを行おうとする戦前・戦後にかけて学校内外を舞台に展開された日本独自の人づくりの方法である。[2]中内敏夫は、生活綴方が「教育評価」の日本における原型を創出したと述べている。生活綴方の創始者の一人である小砂丘忠義《ささおかただよし》（一八九七―一九三七）の「全教育合力の上に立つ綴方」や国分一太郎《こくぶんいちたろう》（一九一一―八五）の「文壇的批評と教壇的批評」の論考に「教育評価」概念の誕生をみる。

小砂丘の残した言説のなかでも論考「全教育合力の上に立つ綴方[3]」では、子どもの書く「綴方には、全教育の総量が含まれてゐる」として、批評されるのは子どもではなくて、「地理や修身や国語やの全教科が、校長はじめ各訓導の全教化が、郷土や国家の全感化が、その批評をうくべきである」とした。

また国分の論考「文壇的批評と教壇的批評[4]」では、綴方教師の綴方作品評価に対する立場と『赤い鳥』を主宰した文壇作家鈴木三重吉らの立場を対置させ、それぞれ「教壇的批評」と「文壇的批評」と称した。後者は子どもたちの生活や「表現するに至るまでの学級全体への生活指導」、「表現をどう行動として生かして行くか」、作品を学級の中でどう吟味し、いかに共同生活へ役立てて行くかということにはまったく無関心であると批判した。この腑分けを受けて「教壇的批評」をもって、「子どもが学習しえた知識と子どもの生活世界とのかかわりあいにまで探りをいれる形で評価する[5]」教育評価の日本における原型であると捉えたのである。

筆者は、生活綴方が西欧社会における評価の概念の成立とは関係せずに、「教育評価」の日本における原型を創出し、「評価もまた教育でなければならない」という概念を成立させた[6]とする立場を踏襲発展させ、日本における教育評価成立の歴史的な経緯を明らかにしたいと考えてきた。

日本における「教育評価」は、一九三〇年代の生活綴方に原型をもち一九六〇年代末から七〇年代にかけて相対評価の全盛期に「到達度評価」として日本に本格的に姿を現してきたものであると捉えている。このような「教育評価」概念は、生活綴方の創始者の一人である小砂丘忠義らの言説のほか、一九二〇〜三〇年代にかけて綴方教師と教育科学研究会（以下、教科研、一九三七―四三年）などとの間で展開された生活教育論争[7]のなかからも日本に自生的な脈絡で姿を現してきた。評価論のみをもつ綴方教師から教科研へ参加することによって目標論を視野に収める教師への転生を扱った研究が進められてきている[8]。また一九七〇年代に京都府で実施された教育評価行政[9]や現在に至る全国到達度評価研究会等の実践研究活動に具体的な取り組みをみることができる。

一方、田中耕治らによれば「到達度評価」は、タイラーやブルームの考え方の影響をうけたものであり、相対評価に対する批判を背景に一九七〇年代後半に登場した到達目標を規準とする評価であると捉えられている。相対評価から「目標に準拠した評価」への転換という意味でその後に受け継がれるとはいうものの、グローバル化した現代にあっては、基礎学力とともに、いわゆる発展的な学力の育成においても目標を規準にした評価を実施する立場が求められるとして、到達度評価に対してはもはや過去の遺物であるかのような位置づけがなされている(10)。

このような「到達度評価」についての位置づけが形成される過程にあって、到達度評価をめぐる論点として、「目標準拠とゴール・フリー」、「外的な評価と内的な評価」、「結果の評価と過程の評価」、「量的な評価と質的な評価」があげられていた(11)。田中は、二項は対立するものではなく要素であって到達度評価の弱点を示すものではないというニュアンスのことを書いていたが、実際にその後、「と」で結ばれた前者が「到達度評価」を示すものと固定化され定着化してきたのではないか。田中らは、ポスト「到達度評価」として「真正の評価」(authentic assessment)を提示し、グローバル化した現代にあっては教育評価を行う状況や課題が実生活を映し出す「目標」の高度化が必要であるとしていて、その「目標」は、「活用」レベルに相当するとしている。そこで「妥当」する評価方法がパフォーマンス評価で、その「信頼」を保証する評価基準がルーブリック(評価指標)であるとするのである。

また、評価行為に参加し、共同する権利を保証するため、子どもたちの学習プロセス(生活知と科学知、既知と未知との葛藤)に着目するとともに、その「自己評価」を重視する。そのためポートフォリオ評価とゴール・フリー評価が提示される。前者は、子どもたちのさまざまな「作品」を蓄積し、それらの「作品」を取捨選択する「検討会(conference)」に子どもたちを参加させることで、教師の指導上のねらいと子どもたちの学習上のめあてを練り合わせるとともに、子どもたちの自己評価能力の形成を促そうとするものであるという。後者は、教師の目標にとらわれないで、目標意識から自由な第三者である同僚の教師、地域住民、学習主体である子どもたちによる評価の可能性を示唆したものであるとされている。

ところで、到達度評価への批判は京都府教育評価行政が実施されていた一九七〇年代から、子どもの生きる力に結びつかない「おしつけ」と「つめこみ」の教育である等という言い方でみられた。それに対して中内敏夫は、到達度評価・目標運動が「教師の間に発生した教育運動だったのではなく、まずなによりも、自治体構成員の間に発生した、生活を守り発展させる地域自治体の住民運動だった」と述べ、だからこそ「子どもの能力や親の意識評定だとされて疑われなかった教育評価のしごとを、逆に、教育条件と教師の教育力の測定と評価のしごとへと一八〇度むきをかえる力をもっていた[12]」と反論した。そして、生活綴方には①教師が子どもたちをより深く知り、②知りえたことに基づいて自己および教育課程をつくりかえ、③子どもたちの表現物を大切にし、皆で討論することによって、子どもたちに「生き方」の目標をつかませる、という三つの働きが含まれるのであり、到達度評価論の①診断的評価、②形成的評価、③総括的評価に対応するものと捉えた。その上で、「綴方教師が、三つのしごとでやっていたものは到達度評価へと結集してくる教育評価のしごと」だったのであり、続けて「到達度評価論は、みずからの生まれの源流を自覚し、綴方教育のよき遺産を継承するとき、その弱点のいくつかを克服できるだろう[13]」と述べたのである。

第二節　到達度評価をめぐる論点へのアプローチ

ここでは「到達度評価」が生活綴方を原型とするととらえ、源流の遺産継承という観点から考察をすすめ、到達度評価について指摘された論点について考察しよう。すなわち「目標準拠とゴール・フリー」、「外的な評価と内的な評価」、「結果の評価と過程の評価」、「量的な評価と質的な評価」における二要素はどのような関係になっていたのか、生活綴方の思想と実践の視角から考えていくことにする。

「目標準拠」か「ゴール・フリー」か――生活綴方の目的/目標論と到達度評価

第一の「目標準拠」と「ゴール・フリー」とを問う論点は、目標設定に関わる目的/目標論である。この論点に直接関わる議論は、生活綴方の「目的と方法の非整合性」として一九三〇年代に行われた生活教育論争で問題提起されたことがある。それは、生活綴方が学校教育の内部に到達点の設定できないものを目的としているという生活綴方への批判としてあらわれた[14]。このことに関連して中内は、生活綴方は「教育」ではなく、人格の「形成」に直接かかわるものであるとして次のように述べていた。生活綴方運動は、「厳密には『教育』運動のひとつというふうにみるべきものではなく、このカテゴリーの外側に『はみでた』ところに『形成』過程を対象にして組織された人間形成過程活動とみるべきもの」である。「『教育制度』である小学校の教室空間を組織したために『教育』運動であるかのようにみえたのだが、じつは、一九三〇、四〇年代の日本社会が内包していた子どもの『形成』過程を学校の教室を舞台に選んで教育的に組織しようとしたものであり、そうすることによって、当時の小学校の非教育状況を正常化し、さらには、そこを、歴史的カテゴリーとしての『教育』の場以上のものにしようとしたのだとみるのが論理整合性をもつということになるだろう[15]」。そして中内は、生活綴方を「教育ではなく生活訓練の方法のひとつ[16]」であるともしている。生活訓練の「目的」は、道徳的感情や「対人能力のある子どもを育てること」であり、その「方法」が生活綴方のしごとである、とも述べていたのである。

これらにみえるのは、到達度評価の原型である生活綴方は、近代に西欧で誕生し、才を引き出すものとして近代家族がゆりかごとなった「教育」とも、一九三〇年代にあっては国家の意図と連動した学校「教育」とも異なる、もう一つの人間形成のあり方をめざすものであったということになる。

目標準拠かゴール・フリーかという論点からみれば、地域における人的物的環境を射程とした人間形成という、必ずしも学校教育制度内だけに閉じたゴールをもつものではなかったということになるだろう。ここから後年、子どもたちの側から、その発達課題を教育課題として目標設定し、代行して教育活動を計画する「付託論」というボトムアップ型の授業論が出てくることになると考えられる。また、学習の主体者である子ども、学校制度の枠外の第三者である地域住民による目標の設定／評価の可能性を示唆する立場に連なると考えられるが、歴史的な検証が待たれるところである。

生活綴方の評定尺度論と到達度評価

次に目標論と表裏の関係にある評価論、生活綴方の評定尺度論を手がかりに検討しよう。ここで評定尺度論を考察の対象に用いるのは目標論と評価論を表裏ととらえる教育評価＝到達度評価論に依拠するものである。綴方の作品評価規準には、作品の優劣を競わせる（相対評価的）立場と、あくまでも「自分らしく」を重視し、生活課題に取り組む意欲の強弱を問題として子どもに寄り添い励ます（絶対評価的）立場とがあったが、後者が生活綴方の立場である。小砂丘忠義は主宰する『鑑賞文選』『綴方読本』に投稿してくる子どもたちの綴方から、選んで講評を付して推奨し、さらなる表現を促していた。この作業のさなかに批評の観点をみることができる。

小砂丘忠義の選評には「うつせています」という評語をもって綴方を評価するばあいが多く見られた。「描写している所がよい……だれをもうごかす所をもつた文」（尋六　一九二七年七月号）、「ありのまゝにうつしだしてゆく方が、ずつと人の心にせまつてきます」（尋五　一九二七年九月号）という具合である。

小砂丘は、単に自分のことばで自分の考えたことを綴ることや、話しことばをそのまま書きことばにするという素朴なリアリズムではなく、「自分の一生懸命の心を語る」ことや「肝腎の作者のねらひどころ」（尋四　一九三〇年一月号）を子どもの文章表現に第一に重んじた。次のような選評からも、綴る子ども固有の主体の表現を重んじていたことがわかる。

「みんな、自分らしい文をお書きなさい。自分のふだん使つている言葉でたくさんです。その言葉だけで、自分の感じをぐんぐんとお書きなさい。読本の文や、他人の文にある言葉に、うかうかとだまされないやうにしなさい」（尋六「今月の文について」一九二七年一〇月号）。

「書いてある事柄は、それぞれ珍しいことですが、それを見るのに、あなた方らしくあなた方でなければ考えられないといふ風に見なければいけないと思ひます。でないとい、題材をつまらぬ文にしてしまふのです」（尋五「今月の綴方」一九三〇年七月号）。

このように小砂丘の綴方選評規準は、「ありのままに」写実するという点では鈴木三重吉と同一であったものの、三重吉のそれがアララギ派の写実主義であって、意欲や飾りを排除して客観的に描写する、しかも唯美主義的なものであったことを考え合わせるとそれらとは異質であった。

小砂丘の選評は、子どもが綴ってくる生活の事実とそこに吐露される内面性によりそいながら、どのように子どもが自らの生活や経験に主体的にとりくみ、それらをどのように捉えたかという、内面に潜って表現されたものを求めた。子どもが学校内外にわたる生活のなかで遭遇する事実をありのままに受けとめて書き写すこと、それに加え、その事実に対する自己の内面における吟味や思考、逡巡の過程を表現することを求めたのである。

到達度評価はこの視点を内包する生活綴方の絶対評価的立場を源流とする。今日の学校教育が、「かつてない評価による教育統制と人格支配の進行化(17)」にさらされている状況を思うと、到達度評価論が到達目標と方向目標を腑分けして後者を評定の対象としないことの意味について改めて銘記されなければならない。

方向目標とは意欲や態度、生き方、それらに関わる内面の吟味、思考、逡巡の過程も含まれるであろう。到達目標は、森羅万象の学びの対象のなかでも、悟性（わかる）を中心とした分かち伝え可能な、教材を介して教えられる「学力」という形で設定されシェアーされるものである。そうした力は「知識基盤社会」といわれる現代におけるライフラインであり、特定の領域の知識内容ということに限らず、たえず更新され、知識や情報の入手のしかたやスキルといった転移可能な力の源泉をなすものである。

今日、教育基本法等に規定される普通教育という概念を用いて、誰にも遍く必要な最低限必要な力の養成を語ると、グローバルな視野で「学力」ならぬ能力概念の有効を説く人たちに、ただちにそれは旧学力概念だと冷笑される。各人にとって個別に必要なものであって遍く普遍的な知識などということは成立しないと。ほんとうにそうだろうか。公教育による思想信条、良心の自由への侵害という長い歴史をもつ日本の学校教育にあっては、もろ手をあげて既述の意味での態度概念と能力概念を承認するわけにはいかない。勝田守一《かつたしゅいち》・中内敏夫によって学力概念を限定して設定されてきた理由は、日本の公教育が養成する態度主義への警告だったと認識しているからである[18]。

一九八〇年代末から「関心・意欲・態度」は教科内容に付随する評価観点の一つとされてきた。「関心・意欲・態度」は、生活綴方が自己の内面における吟味や思考、逡巡の過程を表現することを求め、批評／評価の対象にしてきたのだから、見方によっては生活綴方のしごとが取り組もうとした対象と同一もしくは近いものとみなされよう。この方向目標とされるものが、学問、教科の系統・構造とどうリンクするものと捉えられるのかは別に議論されなければならない。今日の教育政策課題となっている思考力・判断力・表現力は本来、生活綴方の仕事が担い培おうとしてきた力であり、一九三〇年代生活教育論争から議論され始め、今日まで模索されてきた力なのである。しかし、ここで確認されるべきは、生活綴方の行う批評行為が、あくまで子どもたちの抑圧された表現を解放し、子どもが主体的に生きることを促すものだったのであり、「教育」の総体を棚に上げて人格や態度の断罪評価を行うものではなかったということである。到達度評価論は、生活綴方がそうであったように、社会生活や学校文化のさなかで、ややもすれば磨滅させられる子どもの感性や主体性を、その手に取り戻し伸ばそうとするところに立脚するのである。

「外的な評価」か「内的な評価」か——生活綴方と到達度評価の指導過程・学習形態論

第二の「外的な評価と内的な評価」についてである。ここにいう外的な評価とは教師による一方的で外在的な評価であり、内的な評価とは学習者の自己評価ということを意味していると思われる。評価論のみならず指導過程・学習形態論に関わる論点である。生活綴方の指導過程・学習形態をたどれば、子どもたちが生活に取材したありのままの生活事実や内面の吐露を綴り、各自の作品を学級の教材として学び合うものであった。すなわち、生活に取材して綴り、推敲するという自己評価と学級における相互の批評／評価活動が展開されていた。子どもたちの自己評価である「内的な評価」が重視され、そのうえで子ども相互、教師と子どもが相互に批評しあう「外的な評価」を同時に行うものであったと捉えられる。

生活綴方の成立を告げた小砂丘らの『綴方生活』第二次同人宣言（『綴方生活』一九三〇年一〇月号）には、「社会の生きた問題、子供達の日々の生活事実、それをじつと観察して、生活に生きて働く原則を吾も摑み、子供達にも摑ませる。本当な自治生活の樹立、それこそ生活教育の理想であり又方法である」とあった。綴方を通して教師が社会の課題や子どもの生活の事実や内面を知ろうとする意思表明であり、教師、子どもの双方が互いを知り自己改革しながら直面する生活や生活原則が有する価値を発展させてゆこうとする宣言であった。

同人の一人であった野村芳兵衛《のむらよしべえ》（一八九六—一九八六）は各教科における「本を読む」授業と生活綴方のしごと＝「本

を作る」学習とを対峙させて次のように述べていた。子どもにとって書物（教科書や大人の書いた児童読み物）は「精神的食物ではなく、精神的消化剤であるとみるべきである」として続けていう。[19]

かの本さえ読ませさえすれば、よい子供が出来るように思つている両親や、そして教師は、丁度、ギアスターゼばかり飲ませていたら、子供が丈夫になると思つているのと同じ誤謬である。……国語読本の任務は、正しく日本語の文字語句を教え、日本人としての思想の中心を示す道標たれば、その使命を果たし得たものである。本当に子供の心に点火するものは、これを他に求めなくてはならない。しこうして、これを他に求めるの道は、一つには良心的な科学者や芸術家の語つてくれる言葉、即ちよき児童読み物でなくてはならぬ。そして今一つは、生活そのものから、子供自身がみつけ、子供自身が味わい、子供自身が考えたところの、子供の声即ち児童文でなくてはならぬ。……この子供達の著述学習は、一面独立した子供文化の建設に役立つと共に、他面、一切の教科を結んで、総合的に、大人文化の正しい理解を深める役割を果たしつつあるのである。

子どもたちの綴方作品は、文集というかたちとなってまとめられ、それを教材として読みあう。合評という指導過程や評価行為への子どもの参加である。このような「本を作る学習」は、野村が述べたように、「一切の教科を結んで、総合的に」学校における学びの「理解を深める役割を果たしつつ」あるもので、子どもたちの自己評価能力や生き方への自覚や意識の形成を促そうとするものだったのである。

到達度評価論では、子どもたちの学びのプロセスが、生活綴方のしごととの連続性をあらわす生活概念と科学的概念の往還と深化、葛藤をともなう既知から未知への認識の過程を表した指導過程の三次元モデル[20]（第Ⅰ部第二章、図3）に表されているのである。また、学校の教育課程再編や入試改革などの制度改革論を持っている。生活綴方の仕事の射程との連続性がさらに検討されなければならない。

「結果の評価」か「過程の評価」か——小砂丘忠義の「調べる綴方」論にみる主体／科学と到達度評価

第三の「結果の評価と過程の評価」については、生活綴方の「調べた綴方」と「調べる綴方」論を手がかりに考察する。生活綴方で小砂丘が重んじていた「科学」や「主体」の視点は、「過程の評価」に連動するとみられるからである。また、到達度評価にあっては「結果の評価」にとどまらず「過程の評価」を重視するものであることを確認したい。

「調べる綴方」・「科学的綴方」は、それまでの綴方観をくつがえす画期的なもので、秋田県の滑川道夫《なめかわみちお》が指導した「通行するものの研究」(「文の研究　工夫してみよ」尋五　一九三一年一月号)という綴方を最初に、その後広がりをみせた。小砂丘は「調べる綴方」・「科学的綴方」の指導過程を基本的に擁護した。ただし、小砂丘にとって、「調べる」主体は「調べる」対象から主体性をもって自立していなければならなかったので、この過程をともなわないものは、「調べた綴方」と称して非難の対象としたのである。「調べた綴方」が、対象に即して主体を埋没させてしまうかのように結果や報告に重点を置くのに対して、「調べる綴方」は、対象から自立し、対象に向かう主体に重きを置くものでなければならなかった。

小砂丘は次のように述べている。[21]

「しらべる」と銘うつてゐるからには、数量的な計算も勿論出てくるには相違ないが、もう一つその上に、それを綜合した作者と対象との交流があつてほしいものである。

物尺をあててみること、秤にのせてみること、そんなことで綴方の作品は生まれては来ない。それには調べた結果、調べる努力等マスターする独自の個が要求される。調べる行為や調べた事実は作者の情意によつて統合されて表現されなければならぬ。物尺や天秤が綴方を書くのではなく、物尺や天秤を使った人間が綴方を書くのである。

小砂丘は、「調べる綴方」を推奨し、子どもの自然認識・社会認識の指導を、子ども自らの生活世界を綴らせることによって行おうとしていた。小砂丘は「一生懸命の心」や「もっとあなたらしい心持」ということを重視していたが、綴方の作者である子どもは綴る対象に対して自立し、固有の主体性をもった表現者であることを求めていた。小砂丘が問題としたのは、子ども固有のフィルターを通した子どもの生活世界であり、その自然認識や社会認識をどうしたら育てられるかということだったのである。

この小砂丘が重んじていた「科学」や「主体」の視点は形成的評価論に継承されていると考えられる。到達度評価が「結果の評価」に終始するなら、授業計画や改善のために行われる形成的評価という考え方や手法は出てこないことになるだろう。目標自体も固定化されたものではなく、改善されるべき形成的評価の対象である。到達度評価を具体化する筋道をあらわす表に、「教科の本質と目標」が「目標分析」の対象とされて描き出されていることからも認識できる。「教科の本質と目標」は「内容区分（文化的価値体系の教育体系への具体化）」という形をとって共有され、「目標分析」の対象とされる。形成的評価の対象には目標設定のあり方の妥当性を問うものまで含まれているのである。[22]

また、「教育過程における評価」という観点についてであるが、生活綴方が、「生活具体の中に動きながらも一貫性をもつ尺度原器」[23]（国分一太郎）を各教科にわたってあきらかにし、作りかえる作業の原型を学校現場につくりだしたこと[24]は重要である。評定尺度の原点は、子どもの心身の発達を保証するための教育的価値であり、教育目標などに具体化される。同様に価値を尺度の原点とする評価は、判定とは違なり、評価の対象である子どもが、目標に対してどのような位置にあるかを判断する機能と、教師およびその背後にあるものを自己判断する機能を有している。後者は教師の専門機能、教員組織の序列、教育過程、教育目的の構造、そして公教育制度と国家政策そのものを評価の俎上にのせる。この論点は到達度評価の制度改革論や形成的評価論に継承されている。

「量的な評価」か「質的な評価」か——生活綴方におけるリアリズムと到達度評価

第四の「量的な評価」か「質的な評価」か、という論点は、数値による評価の是非または単純に点数化できない領域についての評価をどうするかという点にある。到達度評価が測定可能なものを対象として数値による量的な評価しか扱えないのではないかという批判に関わる。また、ヒドゥン・カリキュラムの側面を捉えられないのではないかという批判にも関わるものであると考えられる。

生活綴方は生活教育論争で「鑑賞に始まって感傷に終るに過ぎない」(25)と批判されたのだが、まさにヒドゥン・カリキュラムの側面、すなわち隠された（はみでた）部分から子どものあり方に関わり、その思考し、表現し、判断する力を培おうとしたことを思い起こしたい。

一九三〇年以降の綴方には、不況で疲弊した社会状況を反映した綴方があらわれる。「悲しみ」（北海道尋六一九三一年二月号）は、家の貧乏、借金を心配して母を気遣う綴方だが、小砂丘は評で、「貧乏ははたして幸福であるかどうかよく考へてみる必要があるね。深く考へもしないでたゞ『貧乏は幸福だ、先生もさうおつしやつた』などと思つてゐてはいけない。なぜ貧乏になつたのか、どうしてこれにうちかつてゆくか、よく考へて下さい。その考が《ママ》はつきりきまれば、お母さんを喜ばせることもできるのです」と評している。

小砂丘は、労働や生活の場で真剣に立ち向かっている様子や、社会や自然と格闘する困難さやそこで得た感慨を綴ったものを取り上げ、旺盛な「野性」をもち、生活の事実や自然に直面した際の「意欲の強弱」を問題とした。そして、文章の向こうにいる子どもたちや生活に向き合い寄り添った。文字をもって表現できない部分をも射程に入れたその励まし方は、子どもの意見表明を促し支えることによって、子どもたちが熟慮し、判断力を身に着けて、この社会を自立して生きていける力を養おうとするものだったのである。

第三節　小砂丘忠義における生活綴方の目的と転生

生活綴方を一身に背負って取り組んだ小砂丘であったが、生活綴方から制度改革や学校教育における目標を視野に入れた到達度評価論への転生を思わせる変化を見過ごしてはならない。一九三八年に本格的な生活教育論争が展開されるかなり前の時点で「思ひ出すまゝ」という回想文においてのことである。「教育は無力だ、社会改造が先づ成されなければならぬといふ論陣」をはる者がある、としたうえで小砂丘は次のように述べていた。[26]

のんきものの僕は、やつぱり教育による社会改造の可能性を信じてゐたものだつた。だから、綴方をやるといつても、終始その心組でやつてゐたものだつた。／東京へ来て、鑑賞文選の編集をはじめてからも、やつぱり僕はさう考へてゐたのだつたが、しばらくするうちに教育の無力——社会改造に対して——であることを知つた。全然無力とは言へないが、殆ど無力なものである。／といふことになれば、教育とは一体何をするものであるかといふことが考へられねばならない。それがはつきりしなければ、自分らのする仕事の意義がなくなる。自分らは、何を目あてに仕事をして行けばいゝのか。……今までの教育といふものについて、疑を抱かねばならなくなりそして今までの教育を多分に修正しなければ通用しない世の中を知つて来たのである。

ここにみられるのは生活綴方の目的に関する再考である。小砂丘は生活綴方を「教育による社会改造」に連なるという意識で行なっていたことが分かる。だが語られるのは「教育による社会改造」の無力感である。それをどのように超えようというのか。続いて小砂丘は次のように述べている。

要するに今日の教育は、完全に政治に隷属してゐる。そして、国家の意図する教育作業を行ふより外に、教師としての手の伸ばしやうはない。国家の意図する所は、その国家に順応する人間を作ることに外ならぬ。その国家その時代に順応する人間といふ処に問題がある。

無力感は政治に隷属した教育に起因するとされている。教育ならぬ国家による教化への無力が記されていた。これを越えるには政治的解決か、はたまた生活綴方を一般的に考えられている「教育」または学校教育とは別の行為や枠組みで捉えることになるのか。続けていう。

現代の情勢下に於て、国家ははたして如何なる人間を要求してゐるか、といふ処に教育者はまづ着目しなければならぬ。そして、真に国家が要求してゐる人間を養成する技師となつて働く所に教育の本義がある。要するに時代の情勢に善処して教育を行ふことは国家が許してくれてゐる。そこに我々の仕事があるのである。／といふやうな見地に立つて今は綴方を眺めやうとしてゐる。

「国家が許」す制度内での改革が志向されている。所与の国家肯定論とみるか、直接的に国家社会改造を志向したものとみるか、少なくとも前者ではないだろう。いずれにせよ着目点は、ここでの「見地」が国家という視点で問題が語られていること、「教育による社会改造」とは異質な次元が垣間見えているということである。到達度評価論は、教育課程再編や入試改革などの制度改革論を持っている。小砂丘は生活綴方からの転生の先に何を見ていたのだろうか。

第四節　生活綴方を引きつぐものとしての到達度評価

以上のように今日の到達度評価への印象批判の縺《もつ》れの鍵となっている論点に即して生活綴方と到達度評価を関連づけて、その連続と一部に非連続（転生）について述べてきた。戦前の生活綴方における諸論争や教科研への結集から、戦後七〇年代の到達度評価成立までの経緯には明らかにされなければならない時間が存在する。生活綴方と到達度評価を結ぶミッシング・リンクのさらなる解明が残されている。小砂丘や野村など一九三〇年代の綴方教師たちの言説や実践の転生を読み解く必要がある。また戦後の生活綴方復興といわれた実践も手がかりとなる。なによりも京都府教育委員会・教育研究所、歴史教育者協議会などの民間教育団体で行われた目標・評価研究の蓄積が鍵を握っている。それらに通底していたとみられる「学校カリキュラムに『考える』ことの基礎である科学的概念や形象、言語などを導入しようとした志向」[28]の連続性を検証することである。

国際的な視野でみれば、生活綴方は「日本のプラグマティズム」[29]と位置づけられたことがある。プラグマティズムは経験主義と解され、「はいまわる経験主義」と揶揄される展開があったことも事実である。ただ、プラグマティズムが思想を行動とたえず交流させる状態において、思想に新しい養分をあたえて内容を肥やし、また思想の方法が動脈硬化におちいらぬように、毎日の生活上の応用問題をあたえて、方法をしなやかにする思想流派であると解された点は看過されてはならないだろう。生活綴方とプラグマティズムは行動が思想に先んじるとする考え方と問題解決的方法をとる点に類似点があるとされたのであった。生活綴方は、特定の学説の輸入紹介からはじまったものではなく、地方の子どもとの出会いから生まれた自発的な思想運動として特に重んじられるべきであるとされていた点も重要である。

今日、生活綴方の提示した「生きて働く学力」とブラジルで識字教育を推進したパウロ・フレイレ（Freire, P）の批判的リテラシー[30]との類似を指摘する動向もある。[31] 改めて日本に原型をもつ到達度評価が生活綴方を引きつぐものとして認識されるときではないだろうか。[32] 現代のリテラシー概念は次に謳われている学習権宣言に集約されている。[33]

学習権とは、読み書きの権利であり、問い続け、深く考える権利であり、想像し、創造する権利であり、自分自身の世界を読みとり、歴史をつづる権利であり、あらゆる教育の手だてを得る権利であり、個人的・集団的力量を発達させる権利である。

こうした学習権を保障し、「人間の生存にとって不可欠な」力を育てる実践における教育評価のあり方とはどのようなものかという観点から今後さらに検討される必要がある。

註

（1）中内敏夫「『学力』論争の回顧と展望——生活綴方・到達度評価・公害学習」『教育』一九八二年二月号。
（2）中内敏夫『生活綴方成立史研究』明治図書、一九七〇年。『中内敏夫著作集　V　綴方教師の誕生』藤原書店、二〇〇〇年。

民間教育史料研究会・大田堯・中内敏夫編『民間教育史研究事典』評論社、一九七五年。

（3）小砂丘忠義「全教育合力の上に立つ綴方」『綴方生活』一九三二年一二月号。

（4）国分一太郎「文壇的批評と教壇的批評」『教育・国語教育』一九三六年一〇月号。

（5）『中内敏夫著作集　Ⅰ「教室」をひらく——新・教育原論』藤原書店、一九九八年、一六二頁。

（6）中内敏夫「教育評価」『岩波講座現代教育学　第二巻』岩波書店、一九六〇年。

（7）中内敏夫『生活教育論争史の研究』日本標準、一九八五年。

（8）平岡さつき「〈綴方教師〉師井恒男の誕生と転生——到達度評価成立史研究序説（上）（中）（下）」『〈教育と社会〉研究』第一〜三号、一橋大学〈教育と社会〉研究会、一九九一〜九三年、（上）のみ中内敏夫と共著。民間教育史料研究会編『教育科学の誕生』大月書店、一九九七年、ほか。

（9）佐々木元禧編『到達度評価——その考え方と進め方』（明治図書、一九七九年）、遠藤光男・天野正輝編『到達度評価の理論と実践』（昭和堂、二〇〇二年）など。

（10）田中耕治編著『新しい評価の理論と方法　Ⅰ　理論編』日本標準、二〇〇二年。田中耕治『教育評価』岩波書店、二〇〇八年。教育目標・評価学会編『評価の時代を読み解く（上）』日本標準、二〇一〇年ほか。

（11）田中耕治編著『新しい評価の理論と方法　Ⅰ　理論編』、田中耕治『教育評価』（前掲（10））。

（12）中内敏夫、前掲（1）。

（13）中内敏夫「進路指導・生活綴方・到達度評価」『教育』一九八二年一一月号。

（14）留岡清男「教育に於ける目的と手段の混雑について」『生活学校』一九三七年一〇月号。

（15）中内敏夫「『児童労働』の時代——〈形成〉の社会史序説」『叢書〈産む・育てる・教える〉四　企業社会と偏差値』藤原書店、一九九四年、一〇九〜一一〇頁。

（16）中内敏夫『生活訓練論第一歩』日本標準、二〇〇八年、一一〇頁。

（17）佐貫浩「『関心・意欲・態度』評価の問題性をどう解くか——評価の『権力化』『肥大化』のメカニズム」『教育』二〇一一年一二月号。

（18）勝田守一『能力と発達と学習』（国土社、一九六四年）および中内敏夫『学習と評価の理論』（国土社、一九七一年）を参照のこと。

(19) 野村芳兵衞「教科組織と綴方科の位置」『綴方学校』一九三八年二月号。
(20) 中内敏夫『指導過程と学習形態の理論』明治図書、一九八五年、二三頁。
(21) 小砂丘忠義「生活指導と綴方指導（二）」『綴方生活』一九三三年一〇月号、同「調べた綴方の位置と役割」『綴方生活』一九三四年九月号。
(22) 京都府教育委員会『研究討議資料 第Ⅱ集 到達度評価への改善の第2年次の実践研究を進めるために』（一九七六年）、全国到達度評価研究会編著『だれでもできる到達度評価入門』（あゆみ出版、一九八九年）所収。
(23) 国分一太郎「私の描く綴方指導系統案」『作文と教育』一九五九年二月号（初出『国語教育研究』一九三五年四月号）、『国分一太郎文集5 生活綴方とともにⅠ』新評論、一九八四年所収。
(24) 前掲（5）、一六二頁。
(25) 留岡清男「酪聯と酪農義塾――北海道教育巡礼」『教育』一九三七年一〇月号。
(26) 小砂丘忠義「思ひ出すまゝ」『綴方生活』一九三一年八月号。
(27) 前掲（9）および（22）などを参照のこと。
(28) 中内敏夫『綴ると解くの弁証法――教育目的論を考える』渓水社、二〇一二年。
(29) 久野収・鶴見俊輔『現代日本の思想――その五つの渦』岩波書店、一九五六年。
(30) 里見実『パウロ・フレイレ「被抑圧者の教育学」を読む』太郎次郎社エディタス、二〇一〇年。
(31) 田中耕治・井ノ口淳三編著『学力を育てる教育学』八千代出版、二〇〇八年。
(32) Hiraoka, Satsuki, The Ideology and Practices of "Seikatsu-Tsuzurikata" Education by Teaching of Expressive Writing, *Educational Studies in Japan International Yearbook* No. 6, 2011. 11.
(33)「学習権」宣言、ユネスコ第四回国際成人教育会議採択、一九八五年。

第四章

日本における教育評価の源流
――生活綴方を引きつぐものとしての到達度評価――

平岡さつき

第一節　日本の教育遺産

グローバル化のなか学校現場のみならず社会全体に評価流行りの大きな風が吹いている昨今である。そこで評価の対象とされるのは、「学力」ならぬ「○○リテラシー」、評価とは「教育評価」ならぬ「学習評価」であり、各界のいうところの○○力を対象とした「能力評価」ということのようだ。ＰＤＣＡサイクル（Plan - Do - Check - Act Cycle）という世界を意識したリテラシー向上の授業改善の考え方やあり方は教育現場に何をもたらしているのだろうか。管見の限りでは、表向きはどうあれ、教えられることなく評価される従来からのあり方が根づよく存在するように思えてならない。また、学力はＯＥＣＤの○○リテラシーの風を受けて、「基礎・基本」と「活用」の二セットで構成され、とりわけ後者は、実生活の文脈で課題解決をはかる目標の高度化が要請されている。しかし、教科の系統・構造、目標の分析と一元的に展開される「活用」でなければ、課題解決も「はいまわる経験主義」に堕してしまうだろう。「総合的な学習の時間」の展開や「生涯学習社会」・「知識基盤社会」の到来に、まだそんな議論をしているのかと問われるとすれば、これは社会認識の問題で、現場を訪問するなどして耳を澄ませば、さまざまな現状が見え聞こえてくるのである。六人に一人といわれる「子どもの貧困」を考え合わせるに、現状の政策下で学力格差がさらに広がりをみせてしまうことを危惧する。

本章では、一九三〇年代日本で展開された論争の論点や経緯、引きつがれる日本の教育遺産を確認したい。論争の内容をたどるのは、今日いわゆる学力の高度化、「思考力・判断力・表現力」育成の取り組みがなされているが、いつか来た道に転落せずに上述の危惧をどう打開できるか、その糸口を探るという課題意識による。

「教育評価」概念は、すでに第三章で述べた小砂丘や国分の言説のほか、一九二〇〜三〇年代にかけて綴方教師と教育科学研究会（以下、教科研、一九三七—四三）などとの間で展開された生活教育論争[1]のなかから日本に自生的な脈略で姿を現してきた。いわば評価論のみをもつ綴方教師から教科研へ参加することによって目標論を視野に収める教師への転生過程を扱った研究には一定の蓄積がある[2]。

ところで、ここでいう「教育評価」は、まだ解明されなければならない空白な経過があるとは言うものの、生活綴方に原型をもち、一九六〇年代末から七〇年代にかけて相対評価の全盛期に「到達度評価」として日本に本格的に姿を現してきたものである。かつて中内は、生活綴方と「到達度評価」との関係について次のように述べた。「到達度評価・目標運動を、生活綴方運動の六〇年代以降の段階におけるもっとも正系の嫡子とみる」[3]と。「到達度評価」については京都府で実施された教育評価行政[4]や現在に至る全国到達度評価研究会等の実践研究活動に具体的な取り組みをみることができる。

第二節　生活教育論争における〈教育目標・評定尺度〉問題

生活教育論争は、一九三〇年代と戦後にさまざまな論点を内に含みつつ展開された論争である。なかでも、その本質が赤裸々に表れた一九三八年論争に焦点をあて、日本における〈教育目標・評定尺度〉問題の処理のありようを探りたい。教育実践の主題である生活と文化、生活と表現の問題を基本問題とする同論争の論点は、人間形成の原理をどのように捉えるのか、教育改革をどのように構想するのかといった現代性のあるものと考えるからである。

この論争は、生活綴方という生活教育運動が、学校教育の枠のなかに収れんされかかったことに対するリアクションとして発生したものと位置づけられてきた。その後、この位置づけを発展させ、運動の底に姿を現した実践のカテゴリーについての分析がおこなわれた(5)。そこでは、一九三〇年代の生活教育論争の論点が次の二つに整理されている。

第一は、日本の「教育の病症」を解消することができるのは、知育の強化であり知育を通しての生活指導なのか、それとも訓育を通してのもう一つの教養（綴方教師の用語によれば「生活知性」）の獲得なのかという問題。

第二は、日本における文化・教育運動の拠点は学校内部にあるのか、それとも地域や家族の側にあるのかという問題。

ここでは、これらの論点整理を教育目標・評価論という新しい論点を付加することによって別の角度から発展させ、日本における教育評価論の原初形態を明らかにできたらと考えている。そのための素材として、『生活学校』誌における教科研の城戸幡太郎《きどまんたろう》や留岡清男と綴方教師との論争や、『教育』誌上の「『生活教育』座談会」（一九三八年五月号）における議論の内容を吟味する。

第三節　綴方教師への批判と反批判——教育目標・評価論をめぐって

一九三七年五月に教科研を発足させた当時法政大学の城戸幡太郎（一八九三—一九八五）は、「綴方教育は児童の生活を理解し、生活態度を自覚せしむることはできるが、彼等の生活力を涵養することはできぬ。児童の生活力を涵養するには彼等の生活問題を解決することのできる生活方法を教へねばならぬ。それには生活教育は労作主義或は生産主義の教育による生活指導でなければならぬ[6]」と述べた。

また、同大学の元教員だった留岡清男（一八九八―一九七七）は、次のように述べている[7]。

今日の教育は……最小限度を保障されざる生活の事実から遊離して、最大限度の観念に満足する一般論を教へてゐる……同連盟〔北海道綴方連盟〕の人々は、生活主義の教育を標榜し、これを綴方によつて果させようとしてゐる……児童に実際の生活の記録を書かせ、偽らざる生活の感想を綴らせる、すると、なかなか佳い作品が出来る、之を読んできかせると、生徒同士が又感銘をうける、といふのである。そしてそれだけなのである。私はいづれそれ位のことだらうと予想してゐたから、別に驚きもしなかったが、そんな生活主義の教育は、教育社会でこそ通ずるかも知れないが、恐らく教育社会以外の如何なる社会に於ても絶対に通ずることはないだらうし、それどころか、却って徒らに軽蔑の対象とされるに過ぎないだらう。このやうな生活主義の綴方教育は、畢竟、綴方教師の鑑賞に始まつて感傷に終るに過ぎないといふ以外に、最早何も言ふべきことはないのである。生活主義の教育とは、端的に言へば、最小限度を保障されざる生活の事実を照準として思考する思考能力を涵養することである。

これらの論稿は、一九三七年一〇月号の『教育』誌に掲載されたもので、必ずしも生活綴方を批判する目的で書かれたものではなかった。にもかかわらず『生活学校』誌の編集が戸塚廉の手に移ると、戸塚は生活綴方への批判に関わる部分をとりだし、同誌を舞台に論争を組織したのである。

戸塚が特段に取り上げた城戸と留岡による生活綴方への批判を要約すれば、教育の目的は、「生活力を涵養」するための「生活方法」、すなわち生活技術の習得と、実際の生活に生きて働く思考能力の養成とされるべきであるという点であった。

この論点における綴方教師たちの反論をきこう。かれらは綴方を通して何をおこなおうとしてきたのか、なぜ取り組んでいるのか次のように述べている。

北海道の坂本礒穂は、「僕たちは……子供を知ることなしに、子供の上になされる仕事が多くの場合無意味であると信じ、その子供を知る最上の方策として綴方を認めてきた。……子供さへ家の生産場面に参加させられる事実に着目して、先づその労働の場面を綴方に書かせ……子供は子供として、作業や家の経済を理解させ、忍苦の中に立ち上がる彼等の気力を奨励した。……僕たちは綴方をやるために綴方に執着してゐるのではなく、僕たちの念願とする教育が、綴方に於いて最も手近かに果されると信ずるゆゑに綴方に努力をうち込めてきた[8]」と述べる。また、岩手の高橋啓吾は、子どもの生活をこそ問題にすべきだとして、「留岡の主張は、生活教育の一部であり、それも大人の生活の一部分……であり、児童にそつくりとあてはめることは、出来がたいといつてもよいと思ふ[9]」としている。

秋田の加藤周四郎は次のように述べる[10]。

チグザグな教室の行程は、子供たちの表現によつてますます複雑な混乱を増して行くだらう。その表現が、うそでない生活事実の、生活感情の火花であればあるほど、教師の指導意識は「灰色の壁」につきあたるにちがいない。それでいゝのだと思ふ。混迷する生活の中で子供教師ともにもがく。それが指導意識となつて行くものであらう。……表現教科は、かかる生活探求の自主性を色濃く出すことが出来る条件にあるし、文章をもつて綴る「綴方」は殆んど全く断腸場といつていゝ。……協働性も明朗も健康性も、生活感情を同じくする児童群の行動された仕事で、じりじりと獲得されて行くべきものなのであつて、観念として与へるべきでなかつた。……かぼそくも執拗に生きた丶かつてゐる人間の抵抗の姿を見せる。訳を考へさせる。自然と抵抗し、社会と抵抗するいたましい現実を、見抜く「眼」の工作が、僕の仕事だ。その「眼」に能力としての、「技術」が訓練されて、構へとなり得る。その「技術」の文字表現能力を結びつけるのが綴方の仕事だと思ふ。

山口の師井恒男は、「私は許された教室内で綴方をみつけ出したのである。……此の綴方運動に私の情熱を注ぎこみ、精力をすりへらすのに最も気持の近さを感じたのだ。……自己汚辱に陥りつつあつた私、教師に不信の唾をはきかけてゐた私に、教師の歓喜を知らされ、誇りを感じ、歓喜をもつて『綴方』の中へはいつていつた。……今にして気付く。私は周囲への抵抗として綴方への努力をして居たのだ。教員会、訓話の『子供に関する内容』は何としても肯定し得ぬことが余りに多すぎる。……極端な云ひ方かも知れないが『学校』そのものへの反抗と云つてもよい[11]」と述べた。

このような綴方教師たちの語りからわかることは、生活綴方を通して子どもたちに、「忍苦の中に立ち上がる気力を奨励し」、「生活探求の自主性」、「協働性」、「明朗」、「健康性」を獲得させようとしていたことである。加藤の言葉によれば、綴方は自然や社会事象と格闘する人間の営みの現実を見抜く「眼」に文字表現能力という「技術」を結びつけるしごとである。

綴方教師が主張するのは、○○性といった、いわゆる〈方向目標〉である。一方、城戸や留岡にとって教育の目的は、「生活力を涵養」するための「生活方法」、すなわち生活技術の習得や「思考能力の涵養」であって、それらが〈到達目標〉として設定可能であると考えれば、両者にはおおきな隔たりがあったことは否めない。

しかし、ここで気づかされるのは、綴方教師らが自らの生活綴方への思いや取り組みをさまざまに語るなかに、本来、教育評価が備えていなければならない行為が表れているということである。それは、第一に、坂本の「子供を知ることなしに、子供の上になされる仕事が多くの場合無意味である」、「子供を知る最上の方策として」の綴方というとらえ方は、〈診断的評価〉に通じるであろう。第二に、加藤の「子供教師ともにもがく。それが指導意識となつて行く」とは、子どもの状態を日常的に把握して、みずからの指導過程を調整する〈形成的評価〉の別名ではないだろうか。こうみると留岡の「鑑賞」「感傷」云々という批判は、教育実践や教育評価の手続きを無視した発言にも思えてくる。

その後、留岡は綴方教師への疑問を次の二つに整理している。第一に、坂本の「忍苦の中に立ち上がる彼等の気力」の奨励が、どのような方法と手続きによってどの程度に可能であるか、第二に、生活を指導する方法や手段として綴方を利用するのか、それとも綴方を指導する方法や手段として生活と生活の指導とを利用するのかという点であった。

続けて留岡は、自己の理論を展開させて、カリキュラム改革論にまで言及する。「現行教科課程を大前提として出発し、一教科としての綴方に於て辛じて生活指導に対する鬱積せる熱意を飛散させることよりも、現行教科課程そのものについての根本的検討」を行うべきであって、綴方教師の理論や実践は、「教育の目的と手段とが混雑してゐて、それぞれが正しい位置に安定してゐない(12)」と。

この留岡の反論は、生活綴方の目的と方法のあいだに存在する非整合性を衝くものである。留岡は、生活綴方のしごとの目的の到達点を問題として、そもそも学校教育の内部に到達点の設定できないものを目的としていると指摘した。そして、目的・方法関係、すなわち生活指導のための綴方指導なのか、綴方指導のための生活指導なのかを問うた。留岡は、綴方を「文を綴ること即ち文表現を教育することを目的とする」ものととらえており、「生活指導は副次的にすぎない」と考えていた。「一教科としての綴方」に生活指導の荷重な負担を負わせることなく、「現行教科課程そのものについての根本的検討」を行うべきであるとした。そこから同時に逆説的だが、綴方教師のしごとをカリキュラムのなかに位置づけるべきであるとの論法が出てくることになるのである。

第四節　方法的な生活教育か目的的な生活教育か

『生活学校』誌上における既述の議論を受け、『教育』誌は、一九三八年五月号を「『生活教育』特集号」と銘打って「『生活教育』座談会」を掲載した。そのテーマ内容には、「生活教育とは何か、生活綴方の方法と技術、生活綴方の功罪、はみ出た教育、綴方教師解消論、生活教育の限界」などが挙げられていた。

最初の論点は、生活教育とは何か、その目的と方法をめぐる石山・城戸論争である。まず、石山脩平は、生活と言われているものを概念上二つの層に分けて考えた。一つは「教科前の未分化的領域の日常生活」。二つは「教育的な形に依つて整頓されて」できた「所謂教科生活」。そして、「日常生活を教科生活に高めて、それが又日常生活に還ることに依つて、教科生活前の出発点であつた日常生活よりももつと高められた日常生活になる」とした。

これを受けて城戸は、「日常生活と教科生活とは初めから並行して居るやうにも思ひます。寧ろ教科生活といふものは日常生活の中から発達しなければならないだらうし、教科の種類が子供の日常生活に応じて、又その必要に応じて分化して行かなくちやならんのぢやないか。さうすると生活教育の場合には果して現在の教科が実際に生活を指導し得るかどうか、又それに足りないものがあるなら新たに教科を設けなくちやならんのぢやないか」と反論する。

石山は、既存の教科を前提として子どもの生活を配分するが、城戸は、教科は子どもの生活に応じ、その必要に応じて分化していくべきと説く。現在の教科が実際に生活を指導し得るかを問題とした。

このような両者の議論に、即座に留岡が介入する。「生活教育と言ふものには、算術型と綴方型とがある」とし、「生活教育には方法的な生活教育と目的的な生活教育とがあるやうに思ふ」と述べている。方法的な生活教育については算術教育を例にとり、教授法、教材などを子どもの生活に近づけ、どのように直観的に教えるかに重点が置かれているとする。そこではただ、「算術の生活性は取残されて居る」と述べていた。他方、「目的的な生活教育」については、それとは逆で、生活によって綴方を指導するというよりも、綴方によって生活を指導することが目的であるとしたのである。

留岡のいう「方法的な生活教育」は、教科と子どもの生活とを並行的に捉えるものであり、教科内容自体のもつ「生活性」についての分析がなされているわけではない。一方、留岡が算術型とは逆であるとした綴方のほうは、綴方によって生活を指導するもの、つまり生活そのものを教育の目的とするもので、この立場は、のちに教科＝目標内容そのものに生活性があるとする、教科と生活の教材論上の一元的な把握を生み出していくことになる。すなわち、後者の延長上に、科学や言語、数量などの体系と子どもの生活や発達段階とを並行して教材を選びとるのではなく、科学や数学といった「普遍的な教材がもつ生活性を特殊化する工夫」こそ生活教育の課題であるとする教材論上の一元論の立場が出てくる。これはこの座談会から生まれた重要な論点の一つである。

座談会は次に「生活綴方の功罪」に論点を移して進められていった。まず、石山は、綴方が「方言を以て表現することに依つて生活を深めることを強調した結果、綴方の本質が表現を離れて、何か生活を調べることになつたり、グラフに書いて見たりするやうになつてしまつた。文章とは凡そ縁の遠いものになり、理科みたいな、算術みたいなことが綴方の名に於てなされるやうになつたのは欠点だと思ふ」と述べた。ここには、石山の、国家のつくった枠組みに沿った「国語科綴方」こそが綴方教育の本来像であるとする立場が明瞭に表現されている。

それに対して秋田の佐々木昂は、生活綴方を提唱したころ横行していた知能テストや環境調査と対比することによって、生活綴方を提唱するにいたる経緯やその存在理由を次のように述べる。

子供をグルグルに取巻いて調べ上げて、帳簿を作る教育が一世を風靡して居つたのです。子供がどういふ気持を持つて居るのか、どういふ関心が子供に一番大事かといふことは全然顧みられないで、グルグル巻いて綿密に調査して居つた。そこで僕等はどうしても子供の書いたものを中心にして行かなければ駄目だと思つたのです。（中略）私の方の東北で生活教育が必要とされた形から見れば、何か個人的な子供達の生活を教科的に何とかしなければならないといふ前に、子供達の生活を何とかしてやらなければならないといふやうな問題が、実際的には中心になつてきた。

続いて宮城の鈴木道太は、「東北地方の綴方教育のなりたちは、日常生活を端的に表現することを最初非常に重要視したことは確かです。それをやつて居る中に凶作になつて、北方性といふ問題が出てきたのです。そこで吾々は成るべくはみ出て来た所を知らうとした。所がそれは綴方では解決がつかないから、いつの間にか綴方教師は生産的の仕事に従事しはじめた」と語る。

ここで佐々木に続いて鈴木の語りでいっそうはっきりするのは、石山の考える「国語科綴方」にはおさまらない綴方教師らの考える生活綴方のしごとの中身である。佐々木のいう「子供達の生活を何とかしてやらなければならないといふやうな問題」、鈴木において「はみ出て来た所」とされた生活綴方の実践とは何か、この点にさらに検討されるべき論点がみえているのである。

第五節　方向目標のゆくえ――「はみ出たもの」の意味とゆくえ

最後に、「『生活教育』座談会」をもとに前項の末尾に引いた鈴木の発言にある「はみ出たもの」をめぐって考察したい。

佐々木は、「職業」と題して、卒業期に臨んで自分がどうしてよいかわからないという苦悩を書いてきた高等科二年の佐藤サキという子どもの綴方をとりあげ、「これは綴方では解決が出来ないから、皆で相談して、どういふ職業に就けてやるか、その子供を何とかしてやらなければならないといつたやうな、綴方以外にはみ出した問題が起つたのです。斯ういふ『本質』でないやうな所に、生活綴方の根本があるのではないかと思ふ」、「綴方がある以上、独自の目的があるが、その結果はみ出して行くものこそが本当の教育だと思ふ」、「はみ出すことは必然である。だからといつて、はみ出したものが生活綴方の本質であるとは考へてゐない」と述べている。

この議論は、はみ出たものを誰がどう処理するかという論点――「綴方教師解消論」としてさらに展開されていくことになった。佐々木は、「子供達を何とかしなければならぬといふ生活台の問題を考へた時に、綴方教師が一番生活を守つたし、生活を発展させたのです。それで僕は生活を何とかしなければならないといふ所に綴方教師の使命を考へた……綴方教師が綴方でなければ生活指導が出来ないかの如く感じて来たし、それに依つてまた、綴方だけが生活教育をするものだといふ大変な見解が生じて来た……生活教育は生活綴方といふもののみでは出来るものでない。さういふことから、綴方教師といふものを解消しなければならん、といふことになつた」、「綴方を廃したのではない、生活全面に対する、発展的解消をした訳です」とその経緯を述べている。

また鈴木は、村落部の指導に足を踏み入れたとして、眼病に罹っている子どもや紙代を納められない子どもが非常に多い村落の子どもたちの指導をどうしたかについて報告している。低学年での治療や栄養食への改善、中学年での学科の力をつけること、高学年では村の経済更生に携わったことが報告されている。

これらを受けて城戸は、子どもの社会生活を保障させることが問題になるとして、「言語生活は社会生活の一つだから、正しい綴方の教育に依つてその子供の社会生活を保障しなくてはいけない……社会生活を保障する綴方教育と、社会生活といふものをどうしようかといふ生活指導との二つがあると思ふ。社会生活を保障させる点に国語教育との関連がなくてはならん」とした。そして、「先生を矢鱈に社会教育の方に動員することが間違つて居ることと思ふ。先生は学校に引込んで、学校を通じて子供を社会に出すことを考へて教育すればいいのではないかと思ふ」と述べている。

続いて留岡も、「綴方による生活教育」よりも「社会教育施設などの、当然あつて然るべき、而も事実は欠除（ママ）してゐるものについてその確立を考へるべきではないだらうか」、「生活教育の実践の現実は、政策史的に考へる心構が熟さない為に、無理な悩みを敢へてしてゐるのではないか……不完全な現行学科課程の埒内でもがいてばかりゐて、まだ特設されないものの特設に目を注ぐことが怠られる」と述べた。

このような教育課程改革を志向する留岡の発言に対して佐々木は、『生活学校』誌が特集した「生活教育の問題(三)」に、「これまでの生活教育の歴史を考えて見て単にカリキュラムの改造だけで成績をあげて功を奏するものとはどうしても考えられない。それは一つには、客観的に充分必要に迫られていながらも綴方人以外の教師はなかなか本格的に腰を入れることを欲していないのである。だから、せつぱ詰まつた職業指導乃至職業紹介の場に臨めば只単に産業の奴隷になるやうな、志向を子供たちに叩き込むとゆう（ママ）段取になるより外道はなくなるのである[13]」と述べる。

ここでの議論は、綴方以外に「はみ出して行くものこそが本当の教育」とする綴方教師と、この問題を教育制度改革や教育課程編成論として展開しようとする城戸や留岡とのやり取りとなっている。この議論の深部には、人間形成の原理をどのように捉えるかをめぐる確執が横たわっていたと考えられる。人間形成の過程を社会的、自然的環境、個人の生得的性質といった無意図的な自然成長力によると考えるのか、それとも人間形成の過程は望ましい方向に向かって意図的、計画的に組織しうるのか。日本では宮原誠一が前者の論客であったことは知られている。今日の概念でいえば、「形成」(forming)によると考えるか、それとも「教育」(education)に立脚するのか、これらの相違といえなくもない。だが既述のように綴方教師らが、人間形成の過程をまったく無意図的なものによると考えていたのではなく、詳細に子どもたちの語りに耳を傾け、村落共同体などの社会の一員として生きるための生活訓練を「生活教育」としていたことに鑑みると、人間形成の過程を「教化」(edification)によるとみる立場にあったとみえてくる。(14)

以上にみてきたことから、既存の教育制度の枠内での綴方論に立脚した石山ら「自由教育系」の立場とは異なり、綴方教師が志向した立場からは、既存の公教育の枠組みやその組織のありようを根底から捉えなおそうとする視点が出てくることに着目したい。それは、同様に既存の公教育の枠組みやその制度のありようを相対化する視点をもつもののようにみえて、制度改革や教育課程編成改革を志向した教科研の城戸、留岡とも上述の語りの展開にみられるような違和感をもつものであった。そうしたものが生じたのは、城戸らが人間形成の原理を、個人の自立を目的とした「教育」に求めていたのに対して、少なくともこの時点でこの論争に参加した綴方教師らは、それを既述の意味での「教化」に立脚するものと捉えていたことによると考えられる。

第六節　教材論上の一元論の誕生

『生活学校』誌は、終刊号（一九三八年八月号）を「生活教育検討（四）」とし、高山一郎（増田貫一の筆名）の「生活教育の再出発のために」と題する提案を掲載し、それに対する賛否とその理由を編集部に送るよう読者に求めた。

高山は、「小学校教育の任務は、社会人・職業人たるに必須な、基礎的な知識と技能と道徳とをやしなうことにある。……新しい教育観がどんなによい『心構え』や『生き方』を教えたところで、実質的な知識・技能に欠けているならば、社会に於て生きることはできず、社会・国家の正しい発展を担当することもできない。……よい『心構え』や『生き方』も、国語・算術・国史・地理・理科および生産技術等の、実質的な知識・技能の陶冶の中に織り込まれてこそ、効果的に学ばせることができるのである」としている。

高山がこのようにいう根拠には、かれには農村から都市への激しい人口移動を背景に、農村に育った子どもが必ずしも将来農民として生活するわけではないという認識がある。次にみられるように、地域の生活を重んじても、それにこだわりすぎてはならず、国民生活の全体にとって必須な基礎的な知識・技能は、都市の子どもと農村の子どもであるとを問わず一様に習得させる必要があることを強く打ち出すものとなっていた。したがって教材論についての論究に及ぶ。

教材は児童の実際生活の中から取られ、これが児童の直接経験に即して導かれねばならぬ。……児童の生活・地域の生活の特殊性に応じて、特殊化して取扱うよう工夫されねばならぬ。だが、私たちは、一方で、あまりに地域の生活の実際にこだわり、児童の直観的生活に追従することに反対する。……普遍的教材を中心として、これを教え、覚えさせるといふ手段も必要であることを否定することはできない。そして、普遍的な教材には、それ自身普遍的な生活性があるのである。教材の生活化とは、岩礁に附着する牡蠣のように、普遍に特殊を追加することではなく、普遍的な教材がもつ生活性を特殊化する工夫でなければならぬ。……私たちは国民生活のための基礎能力の涵養をその目的とし、地域の生活・児童の生活の活用をその方法とする。目的に於ける生活の重視、方法に於ける生活の重視、この二面からして、私たちの教育主張を「生活教育」と名づけるのである。

先の議論で留岡によって、「方法的な生活教育」と「目的的な生活教育」のあることが説かれ、教科＝目標内容そのものに生活性のあること、すなわち教科と生活の一元的な把握のありかたが残された課題として指摘されたことはすでに述べた。ここでの高山の言説は、この課題に答えるものとなっている。ここで高山が説くのは、教材が子どもの生活や地域の生活の特殊性に応じて、特殊化して取り扱うよう工夫されなければならないのは、ほとんどすべての生活教育論者の一致するところであるとしても、それに終始してはならないということである。だからといって、科学や言語、数量などの体系と子どもの生活や発達段階とを並列して、後者に即して教材を選び取るというのでもない。高山によれば、「方法的な生活教育」でも「目的的な生活教育」でもなく、両者が止揚された生活教育のあり方を、科学や言語といった「普遍的な教材がもつ生活性を特殊化する工夫」として提唱するのである。すなわち、あらゆる科学・芸術がもつ生活性を特殊化することが求められている。ここに、官許が牛耳ってきたため日本教育史上に議論の余地さえなかった教材論上の一元論の誕生をみることができるのである。逆に、科学や芸術の普遍性自体を問い直すことは時代の制約性があったとはいえ、この視点は、現代の到達度評価の理論と実践に引きつがれているものである。

高山はそのうえで生活綴方に次のような再検討を迫った。

なるほど、生活主義の綴方によつて、子供たちは自分らの生活を反省し、生きるための「心構え」や「態度」を学んだことと思う。さらにまた、これに導かれて自分らの生活関係から生ずる個々の問題を実際に処理し得たこともあるかと思う。……貧しいもの・働くものの子供としての日常生活に即したモラルを学んだことであろう。私は、これはすばらしい修身教育であると思う。……生活主義の綴方とゆう(ママ、以下略)が、実は生活主義の修身であつたのである。現行の教科目からハミ出た、子供たちの実生活の具体的指導とゆう仕事が、その実施の方法として綴方とゆう形式をとつたのである。これは修身教育と呼ぶのが不自然なほど新しい修身教育である。(或いはこれを人生科と呼んでもよい。)しかし、それは「心構え」「態度」「生き方」を学ばせようとした点で、本質的にはやはり一種の修身教育である。そして、それが一種の修身教育であるとゆう点で、修身教育一般が持つ限界性から脱することはできなかつたのである。いかに正しく生きるための心的態度を学んだところで、それはそのまま現実的な生活力に転化することはできない。現実的な生活力は、読・書・算その他にわたる知識の拡充、生活技術その他の技術の練成ならびにこれにおりこまれてやしなわれる人間関係・社会関係への洞察力――これらによつて構成されるものでなければならぬ。

高山によれば、生活綴方は「心構え」や「態度」、「生き方」を養う「修身教育」であって、現実的な生活力に転化するものではなく、知識の拡充や生活技術の習得とそれに織り込まれて養われる人間関係・社会関係への洞察力こそが、現実的な生活力を構成するものである。

この提案に対して加藤周四郎は、「子供の生活能力を大事にすればするほど、国民の基礎陶冶として課題とされてゐる各教科各教材の生活的処理が大事になつてくるし、各教科教材の生活血肉化を求めれば求めるほど『綴方』と云う仕事が使用価値を持つて来たと、僕はやつてゐる仕事の上で、考へてゐる」と述べている[15]。綴方こそが各教科教材の「生活性を特殊化する工夫」だというのである。また、師井恒男は、「『将来の生活のため』とばかり云へない気がする。国民生活の内容が変化するものならば『将来』の大人となつた時には変化してゐる。その見とほしを如何にしてつけるか」と述べて、[16]「普遍的な教材」の社会展望との結合を問題にしたことは注目される。

この論争を組織した『生活学校』誌は、一九三八年八月号に戸塚廉が、城戸らの教科研への参加を呼びかけて廃刊となった。その後、綴方教師たちは教科研へ参加していった。生活教育論争は、『教育・国語教育』、『綴方学校』、『教育科学研究』などを舞台に、知育強化や「綴方の教科性」などを論点に展開されていった。しかし、一九四一年から四二年にかけて綴方教師は検挙され、教科研は解散を余儀なくされた。

第七節　生活教育論争から到達度評価へ

生活教育論争は、「生活教育」と呼ばれる教育実践の概念であり、広く一般に教育実践の主題である生活と文化、生活と表現の問題を基本問題とするものである。これまで述べてきたように、そこでの論点は、人間形成の原理を「教育」、「形成」、「教化」のどのような概念にもとづくものと捉えるか、教育の目的・方法関係、目標・評価関係のあり方、教育改革をどう構想するか、教材論は二元論か一元論か、などをめぐるものだったのである。

ここでは、教育目標・評価論の角度から一九三八年論争を中心に扱ったが、これを中核とする広義の生活教育論争は、今日の教育実践においても日常的に存在するのであって、きわめて現代性のある論点を内に含むものと考えられる。

これまでみてきたように、この論争は、〈教育目標・評定尺度〉問題の処理のありようをめぐる論争として整理すると、教育評価論、なかんずく到達度評価論[17]の骨格を形づくるためには経なければならなかったものであり、現代の教育学理論と実践を読み解く鍵を与えてくれるものである。

教材論について中内は次のように述べている。[18]

その法則や主題のもっている一般的・普遍的な生活性の方を子どもそれぞれの生活の論理の特質にあわせて屈折させ、特殊化していくとするのが教材つくりの妥当な論法であるとの日本の三〇年代「生活教育」論者たちの主張を支持したい。よい教材つくりの「内的連関」をこのように理論化することによってはじめて、わたくしたちは、子どもの発達段階を考慮するとか、教育的配慮と称して教材を発達の情報源である文化遺産から切り離し、代わりになにか教育的価値以外に属するものをもちこむ似而非教材つくりの途からみずからをわかつことができる。

続いて、この「リアリズム一元論」の立場からの教材つくりについて次のように言う。[19]

子どもの発達の源流であり、かつ教育目標が科学的法則や芸術的主題のかたちで範囲を限定してあらわしている現実の構造の方を、その法則や主題を動員して探求し、分析と総合、直観と表象によって現実のなかから教材をつくりあげることである。

本章では日本における教育評価論の原初形態を描いてきたが、現代に引きつがれる到達度評価実践については第Ⅱ部で扱いたい。

註

（1）中内敏夫『生活教育論争史の研究』日本標準、一九八五年。本章は中内の「生活教育」「自由教育」「国語科綴方」の概念に立脚している。
（2）平岡さつき「〈綴方教師〉師井恒男の誕生と転生——到達度評価成立史研究序説（上）（中）（下）」『〈教育と社会〉研究』第一～三号、一橋大学〈教育と社会〉研究会、一九九一～九三年、（上）のみ中内敏夫と共著、ほか。
（3）中内敏夫「『学力』論争の回顧と展望——生活綴方・到達度評価・公害学習」『教育』一九八二年二月号。
（4）佐々木元禧編『到達度評価——その考え方と進め方』（明治図書、一九七九年）、遠藤光男・天野正輝編『到達度評価の理論と実践』（昭和堂、二〇〇二年）などを参照のこと。
（5）中内敏夫『生活教育論争史の研究』日本標準、一九八五年。その他に同論争を扱った研究には、横須賀薫「〈生活教育論争〉における教育実践の論理」『国民教育研究所年報』一九六七年、志摩陽伍「生活綴方における生活の認識と生活の組織（一）～（三）」日本作文の会編『作文と教育』百合出版、一九七二年七・八・十二月号、などがある。志摩は、同論争の主要なテーマの一つを「日本近代学校制度とその教科教育の現実と、生活綴方の思想・内容・方法との関係」として定型化できるとしていた。
（6）城戸幡太郎「生活学校巡礼」『教育』一九三七年一〇月号。
（7）留岡清男「酪聯と酪農義塾——北海道教育巡礼」『教育』一九三七年一〇月号。
（8）坂本磯穂「生活教育獲得の拠点」『生活学校』一九三八年一月号。
（9）高橋啓吾「生活指導の正しい軌道へ」『生活学校』一九三八年一月号。
（10）加藤周四郎「教室的良心の行方——ひとつの自己吟味として」『生活学校』一九三八年一月号。
（11）師井恒男「綴方指導と若い教師の一面」『生活学校』一九三八年一月号。
（12）留岡清男「教育に於ける目的と手段との混雑について——生活綴方人の批判に答へる——」『生活学校』一九三八年二月号。
（13）佐々木昂「生活・産業・教育——生活教育の問題を考え——」『生活学校』一九三八年六月号。
（14）これらの概念については、拙稿所収、中内敏夫・小野征夫編『人間形成論の視野』大月書店、二〇〇四年、を参照のこと。
（15）加藤周四郎「やはり今までの道を」『生活学校』一九三八年八月号。

(16) 師井恒男　無題、『生活学校』一九三八年八月号。
(17) 拙稿所収、遠藤光男・天野正輝編『到達度評価の理論と実践』(前掲(4))などを参照のこと。
(18) 中内敏夫『教材と教具の理論』あゆみ出版、一九九〇年、一二一頁。
(19) 中内敏夫『教材と教具の理論』(前掲(18))、一二八頁。

第五章

到達度評価の実践的可能性を探る
――原点としての生活綴方が意味するもの――

小林千枝子

第一節　問題の所在

二一世紀を迎えたころから、学力論ならぬ能力論が教育学の重要なテーマとして浮上してきた。従来、学力の中身とされたのは、知識・理解・技能を中心とするもので、教育内容としては国民教養の最低必要量、つまりミニマム・エッセンシャルズであった。近年、浮上してきた能力は、これに行動力や態度や人間関係面の対応能力、情報操作能力等を含み、「新しい能力」と総称される。[1]それは、コンピテンシーとも、活用力ともいわれ、日本の場合、そうした能力概念が教育政策上に登場する直接的な契機は、国際的な学力テストであるＰＩＳＡにあった。

ＰＩＳＡの結果で文部科学省（文科省）が重くとらえたことの一つに、日本の子どもたちが活用力を問う問題で無答率が高かったことがある。日本の子どもたちはドリル的な計算力は優れている。しかし、自ら筋道を立てて考え、それを表現していく力に欠けるというだけでなく、考えようともしない子どもが多いのである。

こうした動向を改善して思考力といった高度な学力を育成する評価として、一九八〇年代アメリカでウィギンズらにより提唱された「真正の評価」が紹介され、到達度評価は「目標に準拠した評価」とともに過去のものととらえられている。[2]「真正の評価」は、子どもが評価過程に参加する、ゴール・フリー（目標にとらわれない）、結果よりも過程を重視する、「永続的な理解」等々を特色とする。この「真正の評価」を促す評価法として、ポートフォリオ評価やパフォーマンス評価が文科省より推奨され、学校現場に広がりつつある。

小学校現場では、年度末に子どもたちが当該学年のそれぞれの絵や作文等々の作品を大きな袋に入れて持ち帰ることが広がっている。作品を袋に入れること自体はポートフォリオといえよう。しかし、ポートフォリオ評価は、作品を子ども、教師、保護者らで評価し、そうすることで子ども自身が自らの発達を確認していく、というものである。この評価作業がどれほど行われているかは疑問である。袋を利用することで形だけ整えるところに、これを販売する教材会社と日本の教師たちのしたたかさが垣間みえるようにも思われる。

パフォーマンス評価は、その特徴を単純化して示すなら、パフォーマンス課題といわれる文章問題を提示して、白紙の答案用紙に、考える過程も含めて記入させるというものである。その際、ルーブリックと称される評価指標を教師たちが共同で作成するのも特徴の一つである。[3] パフォーマンス評価については、具体的な事実に子どもたちがどの程度向き合っているのか、相互の学び合いはあるのか、といった疑問も出されている。[4]

パフォーマンス評価における、考える過程も含めて子どもたちが書き込んでいくという点は、思考力を培ううえで有効である。この点にだけ注目するなら、日本の、とくに小学校の教師たちは、多様な方法や技術を蓄積してきている。たとえば、理科の実験でわかったことをまとめること、新聞づくり、小学校の定番宿題ともいえる日記や作文など、子どもたちは書くことを日常的に行っている。社会科見学にしても地域探検にしても、子どもたちは手ぶらでは出かけない。画板のようなもの（「探検セット」ともいう）を持参して、立ったままでも何か書くのが定石となっている。こうしたことを自覚的に積極的に取り入れることで、思考力や表現力は確実についていくのではないか。さらに発表し合うことは、学び合いや思考の発展を促す。

中学校や高等学校でも、パフォーマンス評価などの新種の評価に心身を労しなくとも、在来の教育方法の良さに目を向ける方が、子どもたちも教師たちも取り組みやすいのではないか。こうしたことを積極的に行うようにするだけで、状況は変わってくるだろう。

なお、文章表現は、内言という思考語を外言というコミュニケーション用の書き言葉にしていくことである。一方、討論したり他者の発表に耳を傾けることは、話し言葉という外言を内言化することを伴う。この内言の外言化と外言の内言化を繰り返すことで、思考は深みを増していく。内言を鍛えることは、さらに思想づくりをもたらす。こうした特色を強くもつものとして注目されたのが、じつは生活綴方なのである。

以下、本章では、到達度評価の成立過程、特色、制度構想、課題などを論じていく。

第二節　到達度評価が生活綴方を源流とすることの意味
――自立した教師による子どもの自立の推進

中内敏夫が、到達度評価が生活綴方を源流とするという考え方を提起したのは、『教育』一九八二年二月号においてであった。同誌同年一一月号ではこれを詳しく論じて、到達度評価と生活綴方の指導サイクル上の共通点に注目して、こうまとめた。到達度評価における診断的評価、形成的評価、総括的評価は、生活綴方における、生活文を書くこと、それを文集にして読むこと、皆で討論することに、それぞれ対応する、と。(5)

到達度評価における形成的評価は、授業改善を促すうえで重要である。教師は形成的評価を通して自らの教材研究やら発問の仕方やらをとらえ直す。一方、生活綴方においては、教師は読む作業を通して、教室のなかだけでは見えにくい子どもの生活を知るのであり、それを通して子どもの生活や学習状況をとらえ直したり、自分自身の子ども把握の不十分さに気づいたりする。つまり、到達度評価における形成的評価と、生活綴方における読む作業は、ともに、教師が子どもたちの学習や生活と正面から向き合い、格闘することを促す。ここでの格闘には、教師が自分の心と頭で悩み考えぬくことを伴う。これを繰り返して、教師としての深み、人間としての深みが出てくる。

もとより、学校という集団のなかでは必要に応じて同僚や管理職教員に相談することも大切である。何もかも自分で抱え込むのはかえってよくない。仲間の支えのなかで考え抜くことを通してこそ自己変革も可能となり、自立した教師となっていく。生活綴方と到達度評価の共通点には、このように自立した教師像を内包していることもある。

中内が生活綴方に教育評価上の重要な点があることを公表したのは、一九六〇年のことだった[6]。中内は到達度評価の理論構築を中心的に担ってきたが、到達度評価が成立してから、生活綴方に目を向けたのではなかった。生活綴方研究のなかで、ここに教育評価をめぐる重要な議論がなされていたことを発見し、そこから教育評価研究も積極的に手がけてきた。その過程で京都府の到達度評価への改善の取り組みと出合ったのである。

中内は、小砂丘忠義や国分一太郎ら戦前の代表的な綴方教師の言説のなかに「全人評価の日本における原型」を見出した。「全人評価」とは「知識だけでなく、それが行動化される場面も測定と評価の対象としなければならない」、あるいは「教育の結果を、子どもが学習した知識と子ども自体とのかかわりあいにまで探りをいれる形で評価する」というものである。ここに中内は、評価を教育活動としてとらえる観念、「教育の質についての教化とは違った新しい観念」の成立をみたのである。何がどう新しいかというと、「全人評価」は内面や行動を統制しようとする思想からではなく、「慣習化し、制度化した知識の枠組から自由な行動の主体を解放しようとする思想」から出てきた評価である点である。統制と解放を分かつのは、評価を行う主体が統治と管理から自由であるかどうかである。綴方教師たちによって生活綴方の作品評価が論じられるなかで、統治と管理が教育界を覆っていたファシズム期に、この解放への視点が提起されたのである。小砂丘はこう述べたのだという。「地理や修身や国語やの全教科が、校長はじめ各訓導の全教化が、郷土や国家の全感化が、その批評をうくべきである」と。[7] 国家意図をも対象化するこのラディカルさゆえに綴方教師たちは弾圧されたのかもしれない。

大田堯は、生活綴方が「自分の頭で考え、自分のことばで話をする」こと、つまり「自我をはぐくむ」ものであり、それは「国家にとって具合が悪」かったのだと述べている。[8] いずれにしても、生活綴方が、子どもではなく、「全教科」や「全教化」、現代ふうにいえば、各教科の目標や内容、各教師の教育技術、教育課程、学校のあり方等々の方を、さらに地域社会や国家の動向まで評価の対象とすることを、志向していたということは確認できよう。

到達度評価の源流に生活綴方をおくことは、到達度評価が、単なる評価技術や手順を示すだけのものではなく、子どもを自立させるという、近代的な人権概念を踏まえるものであることを再確認させてくれる。自立した教師による自立した子どもの育成は、到達度評価の真髄とさえいえよう。つまり、日本に自生した近代的な教育評価概念が生活綴方のなかに生成し、到達度評価はそれを受けついでいる、ということなのである。

ところで、中内は、生活綴方が、学校教育の場で行われはしても、これは教育ではないとする。[9] これについては反論も多いかと思うが、よくよく考えてみると、決して意外な提案ではない。生活綴方は、学校教育ではなく生活のなかでの見聞なり体験なりを文章表現するものである。生活綴方の基盤は、学校教育ではなく、学校を含む子どもたちの生活なのである。生活綴方は表現指導を通しての生活指導であり、その生活指導の効果が生かされる場は、学校を含む子どもを取りまく生活全般である。そう考えると、生活綴方がめざすものは教育よりはるかに広い。あえていうなら中内がいうように、やはり生活訓練というべきだろう。

到達度評価が、その教育ならぬ生活綴方を源流とするとはどういうことか。到達度評価は教育ならぬものとのかかわりをもっているということか。筆者は、そうなのだろうと考えている。その教育ならぬものとは、生活である。子どもの個々の知識や体力、諸技能だけでなく、その全体像や行動面、人格面にまで教育評価の手を伸ばそうとすれば、生活との接点を考えざるを得なくなる。また、そこの部分は実にナイーブであり、ことさら慎重に対応しなければなるまい。それが、到達度評価においては習熟として研究されてきた部分なのである。

第三節　到達度評価の成立と展開——到達度評価＝授業づくりという通説の成立へ

相対評価から到達度評価へ

到達度評価を子どもや教師の自立と結びつけることは必ずしも一般的ではない。今日、到達度評価は授業づくりに有効であるととらえられている。全国到達度評価研究会編集・発行の年刊誌のタイトルは「今日からはじめる楽しい授業づくり」である。確かに、子どものでき・ふできの原因を、子ども側ではなく教材や教育技術、教育目標など教育過程の側に求める到達度評価は、授業づくりのうえで有効である。

しかし、教師の仕事は授業だけではない。生活指導もあるし、学校の生活集団としてのあり方は、子どもたちの学力形成や人格形成に、微妙に、だが意外に大きく影響する。ヒドゥン・カリキュラムの一面である。こうしたことに到達度評価はかかわらないのか。否、かかわる。到達度評価は授業づくりにとどまるものではない。

本書では、到達度評価を授業づくりにとどめる考え方を通説としてとらえる。この通説がどのような状況下で成立してきたのかを、確認しよう。

到達度評価は相対評価を批判しながら形づくられてきた。その大きな契機となったのが、一九六九年二月の通信簿論争[10]であった。ここで、戦後の学校教育を彩ってきた五段階相対評価の非教育性が暴露されたことに加えて、相対評価型通信簿に法的根拠のないことが周知されたのである。

相対評価は集団準拠、つまり集団の平均値を基準にするのに対して、到達度評価は目標準拠である。目標準拠とは、教師が子どもたちに教えようとする目標ないし内容を、子どもたちが習得したかどうかで評価するというものである。したがって、ここまでは習得させたいとみなすその教育内容の発達段階別到達目標を明らかにすることが、到達度評価の前提となる。この到達目標を、正確には基準(norm)ではなく規準(criterion)という。この際、単に到達目標を子どもが習得したかどうかをみるのではなく、目標獲得を子どもの権利であると考えるのが到達度評価である。到達度評価は、できない子をできるようにするのが教育であるととらえる。選別ではなく、教育の立場に立っている。

この到達度評価への改善を自治体ぐるみで展開したのが、革新自治体の京都府であった。一九七五年二月、京都府教育委員会(府教委)は十分な準備過程を経て『研究討議のための資料　到達度評価への改善を進めるために』(「長帳」)を発行し、府下全域に配布した。京都教職員組合はこれを支持して増刷し、結果的に府下公立小中学校のほぼ全教職員がこれを手にすることができるようになった。その内容は、「まえがき」「前文」に続いて小中学校の各教科の到達目標一覧を示すものであった。B4判横置きで両面印刷されたもののため、開くと横長になることから、この資料は「長帳」と呼ばれて到達度評価のバイブルのように扱われた。とはいえ、「長帳」はあくまで「研究討議のための資料」で、各地で到達度評価プランをつくっていくことが期待された。そうして、北桑田プランや丹後プランなどがつくられていった。

到達度評価は瞬く間に府下全域に広がった。教師たちがここに見出した到達度評価の魅力は、決して授業づくりに集約されるものではなかった。たとえば、京都府の動きをリードした奥丹後地域の川上小学校では、同校が進めてきていた「地域にねざした教育」の延長上に到達度評価を位置づけようとした。同じく奥丹後地域の峰山中学校教師で同地域の教職員組合運動のリーダーであった川戸利一は、到達度評価は現行の入試制度をも覆すものとみた(11)。各地、各校で研究会がもたれて、教師たちはじつに研究熱心であった。

教師たちをとらえた到達度評価の真髄を推察すると、大枠として次の諸点が考えられる。

① 教師自身が教育内容の精選や教材作成、子どもの生活把握などを通して、授業づくりをはじめとする教育づくりに積極的にかかわれる。

② 教師の仕事は子どもたちがわかる・できるようにすること、つまり子どもの学習権保障であるという教師本来の役割を明確にした。

③ 試験の合否は一定の教育内容を習得しているかどうかで決まるため、入学試験の資格試験化、さらには資格重視の社会構想を促す。

以上を集約すると、到達度評価は、学力形成においても進路指導においても、選別と決別するものであり、その点こそが教師たちの心をとらえたのではないか。筆者は一九七三年に高校を卒業したが、このころを境に「受験戦争」という言葉が広がり、偏差値が猛威をふるうようになっていった。大学進学率の高まりとともに、学歴社会を越えて学校歴社会になっていった。どの大学を出るかが人生を決定するかのように思われた時代だった。

学歴獲得競争下での到達度評価

久冨善之《くどみよしゆき》は、戦後日本の教育史を「競争激化への道」という視点から時期区分した。それによると、第Ⅰ期の一九五九年までは新学制の定着期で、競争は抑制されていた。第Ⅱ期の一九六〇〜一九七四年は、高校進学・大学進学がともに急増した教育機会拡大期である。久冨はこの時期を「開かれた競争の時代」とする。進学競争が国民の全階層に開かれたのである。高校も大学も間口が拡大したことから「勉強すれば上の学校へ入れるという見通しがもてた」という点でも開かれていた。第Ⅲ期は一九七五〜一九九〇年で「閉じられた競争の時代」である。久冨によれば、この時期には、学力・学歴獲得競争は高まるばかりなのに間口は拡大しなかったため、進学率の上昇は抑えられた。「拡大しない目標間口へ向かってひしめき合う競争は、競争者間相互の関係を著しく対立的にし、ただでさえ激しい競争をいっそう激化させ」、閉塞的状況が深まった。「落ちこぼれ」、学力格差、子どもの生活リズムの崩れ、非行、中学校を中心とする「荒れ」や校内暴力、いじめ、不登校、残虐な少年犯罪など、子どもと教育をめぐる諸問題が噴出した[12]。

筆者が高校を卒業したころは、「開かれた競争」の最後の時代だったようだ。父を高校一年のときに亡くした筆者は、高校生ながら家事もこなしていた。当時をふりかえると、大学進学への思いは、夢を与えてくれたし、若い身体を酷使しての受験勉強の成果も確かにあった。大学受験が全階層に開かれ、塾や家庭教師などと縁のない者でも、頑張れば学費の安い国立大学への進学が、かろうじて、まだ開かれていたのだ。余談だが、筆者の受験勉強の中心はラジオ講座だった。当時、国立大学の学費が三倍に値上がりしたのだが、それでも年三万六〇〇〇円だった。さて、「長帳」は久冨の時期区分によれば「閉じられた競争」がはじまったころに出された。学力・学歴獲得競争激化の中心に位置づいていたのは、偏差値に代表される徹底した相対評価と選別だった。到達度評価は、こうした時代に、選別ならぬ教育の本質を教師たちに気づかせてくれたのである。その本質とは次のようなことといえよう。――子どもを偏差値が高いがゆえに良いといわれる高校や大学に進学させることが教育のめざすところではない。子どもがこの社会で自立し、一市民として恥じることなく生きていけるようにすることが教育のめざすところである。そのためには判断力や思考力なども必要であり、その基礎として一定の学力が不可欠となる。

到達度評価は、通信簿改善を伴って、全国に広がっていった。到達度評価の場合、通信簿は、各教科の学期別到達目標を習得したかどうかが記載されることになる。そのため通信簿の内容は各学年各学期によって異なるものとなるため、通信簿改善は必然だったのである。

京都府における到達度評価の実践研究の成果は、書物となって次々と公刊された。『小学校の到達度評価[13]』に続いて、教科別の教育実践記録も次々と公刊された[14]。こうして教科指導における到達度評価の有効性が広く知られるようになっていった。その一方で、到達度評価に内在していた資格型入学試験や資格重視の社会構想については、現実的な展開がみられなかった。そればかりか、選抜型入学試験と学力・学歴獲得競争はより徹底されていった。

到達度評価は確かに授業づくりに有効である。しかし、到達度評価を授業づくりにとどめることは、そこに付随した学習権保障や資格型入学試験の構想など、重要な面を捨象することになる。しかし、授業づくりとしての到達度評価像は、到達度評価に内在していたこれら重要な面の実現が抑えられるなかで、到達度評価を推進しようとする側からも最後の砦として取り込まれていったように思われる。

第四節　到達度評価における制度構想——資格試験型入試へ

到達度評価は日本社会に根強い相対評価を批判するなかで形づくられ、評価が教育実践に必然的に内在することを明示してきた。その点で、目標準拠という評価手法を示すだけのものではない。到達度評価のこうした積極面のなかでも制度構想の面に注目したのが淀川雅也の研究[15]である。

京都府教委によって提案され、京都教職員組合も大きく後押しした京都府の「到達度評価への改善」は、地域別の教育実践研究を積み上げていくことを計画するものであった。その制度的根拠となったのが、戦後の高校三原則の一つであった小学区制であった。しかし、小学区制は一九六〇年代以降の学校選択の自由を求める学校教育大衆化時代にあってはリアリティを欠くため、府教委の計画は現実味を帯びたものではなかった、と淀川は指摘する。教育権保障を基本とする到達度評価は、習得主義の教育課程と、その結果としての高校入試の資格試験化を促す。これを実現しうるだけの小学区制とは異なる学校制度の地域的編成が必要だったにもかかわらず、京都府自治体はこれをなしえなかったというのである。これを淀川は「未完の課題」と表現する。

到達度評価の実践研究が進められる過程で、高校三原則ではなく高校四原則を主張する動きがあった。四原則とは、小学区制、総合制、男女共学、そして到達度評価である。[16]この主張に小学区制に対する疑いは皆無である。行政の立場で到達度評価を推進した府教委総括指導主事の遠藤光男も、「京都の教育条件として守り育ててきた学校の『地域制』を基盤として、地域毎に、保幼―小学校―中学校―高校の連携をすすめ、『到達度評価』をこなしていくようにしたい[17]」と述べていた。小学区制は当時「地域制」とも呼ばれていた。遠藤はのちに、淀川の指摘を受けて、こう述べるようになる。[18]

「小学区制」を徹底するという実践構図は、高等学校教育の大衆化の現実の中にあって学校選択の自由を奪い、公立高等学校の画一化と平等化を促進して、学校の特色を衰微させ、創造的、実践的な活力のある学校運営を阻害する要因になってきた。(中略)「小学区制」の制度理念は、公立と私立の高等学校の適切かつ適性な成立関係の確立を課題にしない限り、もはやリアリティを欠く問題になってきていた。

実際、現実の日本社会は、中学―高校の「つなぎ」を偏差値に、つまり徹底した相対評価に求め、選抜型入試を定着させてきた。現実味を失いつつあった小学区制にこだわる限り、到達度評価に選抜型入試を打開する余地はなくなっていかざるを得なかったのだろう。先述の到達度評価＝授業づくりという通説の成立過程は、到達度評価に内在していた制度構想の側面を、その射程から切り離していく過程でもあった。

淀川は、京都府自治体がこの「未完の課題」を残した理由として、到達度評価が「狭義の教育課程における学力保障の課題に限定的に焦点づけていった」こと、それを支えた理論が「教授の側から訓育をも一元的に捉えようとする仮説的アプローチ」であったことをあげている。そしてさらに、各教科の発達段階に即した具体的な到達目標として示される教育目標とは位相の異なる教育目的への着眼を促している。ここにいう教育目的とは、こんなふうになってほしいというようなめざす人間像を示すもので、訓育面も含むものである。「本校の教育目標」として各学校が掲げるものは、この教育目的に相当する。

総じて淀川は、京都府自治体の到達度評価行政は、概して各教科の教育目標段階の探求にとどまり、理論的・制度構想的限界が生じたと問題提起する。つまり教育目標ならぬ教育目的を捨象させてきたために、めざす人間像や社会像をめぐる議論が不十分であったとする。

教育目的をめぐる議論においては、先述の自立の思想は重要なポイントとなろう。また、到達度評価が志向する入学試験は、選抜型入試でなく資格試験型入試である。この点については、二〇二〇年度の実現に向けて、近年、大学の入試制度の検討がはじめられてきている。到達度評価の推進を妨げた選抜型入試から資格試験型入試へと改革が進みつつある今、到達度評価の再評価が望まれる。

京都府全域に広がった到達度評価実践のすべてが、教育目的に着眼することなく授業づくりのみに限定して力を入れていたわけではない。制度構想にしても、小学区制がなお盤石、そうでなくとも現実味を帯びていた郡部と、これが揺らいでいた市部とでは、小学区制がもっていた意味が違ったであろう。そうしたなかでの実践研究には、教育内容の地域別構想だけでなく、地域の現実や課題と学校教育とをつなぐ可能性が求められる。(19)

第五節　到達度評価に関する歴史研究上の課題

生活綴方から到達度評価へという流れが、史実に即して明確に論証されたわけではない。生活綴方の作品評価という形で自生的な教育評価の原型がつくられた一九三〇年代の動きと、一九七〇年代の到達度評価成立とをつなぐ努力が求められるのである。

生活綴方が教育を大きくはみ出すものであること、中内ふうにいえば教育ではなく生活訓練であることが明確に指摘されたのは、じつは一九三八年の生活教育論争においてであった。ここで教育科学研究会（教科研）幹事長の留岡清男は、「綴方による生活指導といふものは、たとえば一升徳利に四斗酒を入れるやうな無理がある[20]」と述べた。生活綴方が扱うテーマは教育の守備範囲を大きく超えているというわけである。留岡は、生活綴方は「綴方教師の鑑賞に始まつて感傷に終るに過ぎない[21]」という名言も残しており、綴方教師らは留岡に反発しながらも次第に教科研で実践研究を行うようになっていった。生活教育論争のなかで、生活綴方は「修身教育と呼ぶのが不自然なほど新しい修身教育である[22]」という問題提起もなされた。生活綴方を教育ではないとする見解はこの時点ですでに表明されていたのである。

その教科研は、国民教養の最低必要量を決定する「規準」を「子供の心理」ではなく「明日の社会」においていた[23]。ここにいう「明日の社会」とは、社会を形づくっていく事実というようなもので、基本的には言語や科学、歴史、芸術その他のいわゆる国民教養の最低必要量になる。しかも、それは全国一律のものではなかった。移住者が多いため「各地方言が錯乱混乱」していた北海道函館支部では『コトバノオケイコ読本』がつくられるなど[24]、地域の課題にも取り組んでいたのである。

綴方教師たちは教科研の数ある部会のなかでも学級経営部会や修身教育部会に所属して実践研究を続けた。こうして生活綴方における実践的模索が、そのすべてではないにしても教科研に流れていったのである。また、学級経営部会の常連で教科研を代表する教師であった平野婦美子の実践には、自らの指導力を評価の対象とする発想があり、ここに到達度評価実践の一つの原型をみることができる[25]。

教科研は教育を科学としてとらえる教育科学を主張し、教育における調査と計画を重視した。また、教育目標ならぬ教育目的として大切にしていたのは「民生の慶福」であった。これは教科研の会長であった城戸幡太郎の表現である。社会全体の安寧というような意味と考えられるが、戦後日本であれば、民主主義や平和と表現されるのではないだろうか。

教科研はさらに、大衆青年の教育を中心にすえた単線型教育制度構想も提案していた。それは、一二歳から一八歳までを国民教育の完成期とするもので、青年学校を「パートタイムによる中学校」(26)にすることを含んでいた。この発想は、戦後の高等学校定時制課程に受けつがれている。

これら教科研における模索は、戦前の教育実践と教育学の成果を集約するものとなったといってよい。それが戦後、どのように受けつがれていったのか。そうした戦前の営みの成果を確認することなく、戦後教育の模索がはじまったのではないだろうか。無着成恭《むちゃくせいきょう》の『山びこ学校』をはじめとする生活綴方実践は、戦後教育の大きな出発点の一つとなり、広く注目された。そうしたとき、生活教育論争や教科研の教育構想は果たして参照されたであろうか。戦後初期の教育実践としてカリキュラムづくりや地域教育計画もよく取り上げられる。こうした動きは戦前教科研と連続する面があるのかないのか。

筆者は、戦前教科研と到達度評価を結ぶ教育研究集団の一つに郷土教育全国協議会（郷土全協）があることだけは確認できた。郷土全協は桑原正雄が発足させた教育研究集団だが、戦前教科研で道徳教育部会を担当していた周郷博《すごうひろし》が研究者としてかかわっていた。また、郷土全協の代表的実践家が、京都府・奥丹後で到達度評価を推進した教師の一人である渋谷忠男だったのである。(27)少なくとも、ここに戦前教科研と到達度評価との人的連続性は認められる。

郷土全協がかかわりをもっていた歴史教育者研究協議会の成立に戦前教科研の関係者はかかわらなかったのだろ

うか。数学教育の分野ではどうなのか。仮説実験授業の創始者の一人である板倉聖宣《きよのぶ》が「到達目標」の語をはじめて用いた[28]ことはよく知られているが、戦後の理科教育の研究集団はどのような経緯で成立してきたのか。

制度構想については、戦前の教科研の構想は、中等教育の大衆化という点では戦後の高校教育三原則、全定一元化、そして希望者全入に受けつがれたのではないだろうか。しかし、それらは、三原則の一つである男女共学を除いて長くは続かなかった。全定一元化とは、高校の全日制と定時制は教員も教育内容も「同一基準」であるというものである。[29]あまり知られてないが、高校教育を多くの青少年に保障するうえで、とくに高度成長期までは定時制高校の果たした役割が大きかった。定時制高校を英語で a part-time high school というが、先述のように教科研は「パートタイムによる中学校」も提案していた。

到達度評価に内在する高校入試の資格試験化とは、どういうものになるのか。戦後初期の教育制度構想にその片鱗がみられるように思うが、この構想が長く続かなかったのはどのような理由によるのか。小学区制とは異なる地域的編成として果たしてどのようなものが考えられるのか。

制度構想にしても教育構想にしても、戦前の模索と戦後初期のあり方、そしてその後の変容のあり方をまずは丁寧に考察していくことが、到達度評価の、教育目的を含む教育構想や制度構想の現実的可能性を拓いていくことになる。

これらの課題に取り組むことは、日本社会に内在してきた教育実践的模索を掘り起こすこととともに、到達度評価を過去のものとするのではなく、逆にその可能性を大きく引き出していくことを促すだろう。

註

（1）松下佳代編著『〈新しい能力〉は教育を変えるか――学力・リテラシー・コンピテンシー』ミネルヴァ書房、二〇一〇年、参照。

(2) 田中耕治『教育評価』岩波書店、二〇〇八年、西岡加名恵「学力評価」『「評価の時代」を読み解く――教育目標・評価研究の課題と展望（上）』日本標準、二〇一〇年、など。
(3) 松下佳代『パフォーマンス評価――子どもの思考と表現を評価する』日本標準、二〇〇七年、三藤あさみ・西岡加名恵『パフォーマンス評価にどう取り組むか――中学校社会科のカリキュラムと授業づくり』日本標準、二〇一〇年、ほか参照。
(4) 山崎雄介「子どもが学びあう授業づくり――『思考・判断・表現』重視の陰で」『学校経営』二〇一一年一月号。
(5) 中内敏夫「進路指導・生活綴方・到達度評価」『教育』一九八二年一一月号。
(6) 中内敏夫「教育評価」『岩波講座現代教育学　第二巻』岩波書店、一九六〇年。この論文はのちに中内敏夫『学力と評価の理論』国土社、一九七一年、に収録される。
(7) 中内敏夫『学力と評価の理論』（前掲（6））一三五～一六八頁。
(8)「教育研究者大田堯先生に聞く生活綴方教育への期待」日本作文の会編『作文と教育』本の泉社、二〇一三年四月号。
(9) 中内敏夫「『児童労働』の時代――〈形成〉の社会史序説」『叢書〈産む・育てる・教える〉四　企業社会と偏差値』藤原書店、一九九四年、同『教育評論の奨め』国土社、二〇〇五年、同『生活訓練論第一歩』日本標準、二〇〇八年、ほか。
(10) 一九六九年二月、テレビのモーニングショーを舞台にして、父母たちが、五段階相対評価は義務教育なのに落第点をつけるようなもので、あらかじめ五が何人、一が何人と決めるのはおかしいと声を上げた。これに対して文部事務次官が、通信簿と指導要録は異なるもので、通信簿は各学校の判断で評価すると明言した。これは一つの事件というべきものとなり、以後、通信簿改善が全国的な広がりを見せた。
(11) 小林千枝子『戦後日本の地域と教育――京都府奥丹後における教育実践の社会史』学術出版会、二〇一四年、で詳細を論じている。
(12) 久冨善之『競争の教育――なぜ受験競争はかくも激化するのか』労働旬報社、一九九三年、参照。
(13) 京都府小学校研究会編『小学校の到達度評価――わかる授業の実践・実践集録　第Ⅰ集』地歴社、一九七七年。一九八〇年には、『小学校の到達度評価――新教育課程版・わかる授業の実践』が地歴社より、一・二年用、三・四年用、五・六年用の三巻本で刊行された。
(14) 京都歴史教育者協議会編『社会科到達度評価の実践――京都からの報告』地歴社、一九七七年、京都理科到達度評価研究会

編『理科到達度評価の実践――京都からの報告』地歴社、一九七八年、京都英語科到達度評価研究会編『英語科到達度評価の実践――中学・高校編』地歴社、一九八〇年、稲葉宏雄・大西匡哉・水川隆夫編著『基礎からの到達度評価――わかる授業とたしかな学力を求めて』あゆみ出版、一九八四年、など。

(15) 淀川雅也「教育評価の立場と教育制度の理論」『教育学年報 四 個性という幻想』世織書房、一九九五年。

(16) 中原克巳が生前、全国到達度評価研究会の全国大会や同会の研究会議の折などに高校四原則が本来のあり方だと語っていたのを筆者も記憶している。中内敏夫も、京都府教委の到達度評価への改善の提案文書にみられる哲学は、「すべての子どもに『わかる授業』を保証するための普通教育四原則(小学区制、総合制、男女共学、到達度評価)というべきものであった」と述べている(中内敏夫・長谷川裕・平岡さつき「2章 京都府における新しい教育評価行政」『首都機能と地域』一橋大学社会学部、一九九一年)。

(17) 佐々木元禧編『到達度評価――その考え方と進め方』明治図書、一九七九年、一四七頁。

(18) 遠藤光男・天野正輝『到達度評価の理論と実践』昭和堂、二〇〇二年、二九八頁。

(19) たとえば、京都府・奥丹後の川上小学校は「地域にねざした教育」のなかに到達度評価を位置づけていた。小林千枝子『戦後日本の地域と教育』(前掲(11))、第Ⅲ部第二章で詳細を述べている。

(20)「『生活教育』座談会」『教育』一九三八年五月号。

(21) 留岡清男「酪聯と酪農義塾」『教育』一九三七年一〇月号。

(22) 高山一郎「生活教育の再出発のために」『生活学校』一九三八年八月号。

(23) 小林千枝子『教育と自治の心性史――農村社会における教育・文化運動の研究』藤原書店、一九九七年、四三一〜四四五頁。

(24) 清水康幸「開拓地北海道の子どもたちと教師」民間教育史料研究会編『教育科学の誕生――教育科学研究会史』大月書店、一九九七年。戦前教科研については同書を参照されたい。

(25) 小林千枝子『教育と自治の心性史』(前掲(23))、四六六〜四七九頁。

(26) 編輯部「教育改革案」『教育』一九三七年二月号。

(27) 桑原正雄『郷土教育運動小史――土着の思想と行動』たいまつ社、一九七六年、参照。

(28) 板倉聖宣「教育課程の設定の立場から」『教育心理学年報』一九六七年。

(29) 高校の全日制と定時制は教員も教育内容も同一であるという原則。板倉文夫・板倉孝幸『勤労青少年の終焉——学校教育と社会教育の狭間で』随想社、二〇〇七年、小林千枝子「定時制高校からのメッセージ——教育目標・評価論の社会的課題を探る」作新学院大学・作新学院大学女子短期大学部『作大論集』第三号、二〇一三年、参照。

第Ⅱ部　京都府における到達度評価実践

第一章

綴喜郡草内小学校の教育実践

平岡さつき

第一節　綴喜地域の地域的特性

京都府南部のいわゆる山城のなかにあって、木津川流域にひろがる田辺町（現在の京田辺市）と井出町、山間部の宇治田原町からなる現在の綴喜《つづき》郡と八幡《やわた》市とがここで取り扱う綴喜とよばれる地域である。

この地域は、それまで米や茶を中心とする農業を主な産業としてきたが、京都と大阪の中間地点に位置することから、一九七〇年代になると京都や大阪のベッドタウンとして宅地化が進んだ。一〇年間に三倍近くも急激に人口が増加した綴喜郡八幡町は一九七七年に市制が施行されている。田辺町でも児童数が一九七三年からの六年間で二・五倍に急増した。このような児童数の急増に伴い、旧村の形態をとどめた地区を除き、他地域からの流入によって人口増加をつづける地区、とりわけ八幡町のような都市部では八幡小学校から橋本小学校が分離・独立（一九七五年）したことにみられるような学校分離が繰り返される事態がおこっていた(1)。

このような都市化の波が学校に少なからぬ影響をおよぼし始めたのが、一九七〇年代以降のこの地域における特性といえる。都市部の小・中学校では典型的な過密地の問題をかかえていた。児童数二〇〇〇名近くにおよぶマンモス校では、年間に一四〇名から一五〇名の児童が増加し、毎年、全児童の一割近くが転出入児といった状態があったという。[2]親の多くはサラリーマンで、早朝出勤し深夜帰宅することから、低学年児童では一週間父親と顔を合わせないのもめずらしくなく、母親が教師との会話のなかで「母子家庭と同じようなもの」と語るいわゆる父親不在の家庭が多いのも特徴であった。兼業農家が大半をしめる農家にあっては、その日常の労働力を老人や母親に頼らなければならなかった。同時期、水田にかこまれたこの地域の学校のひとつである草内小学校においても、農家の子どもの占める割合は二割程度になってきていたといわれる。[3]子どもの塾通いも盛んであり、都市部では七〇年代末に全児童の七〇％が何らかの習いごとや学習塾に通っていたと報告されている。[4]他方、万引きなどの非行の問題、借金やサラ金などを理由とした両親の別居や離婚、それに伴う児童の仮転入の問題も子どもをとりまく環境の一部をなし、学校にこうした問題がもちこまれるようになるのも同時期のこの地域の特色といわねばならない。

このような地域の階層構成および生活様式の変化によって、父母の学校教育への関心は質的変化をきたした。それまで、子どものことは学校にまかせるといる傾向がつよく、成績についてもゆったりとした受けとめ方をしていた父母が、「せめて高校だけは卒業させたい」という切実な願いをもつようになる。これらは地域の学力問題についての関心の高まりをもたらす。このころ学校現場では、そうした地域の教育要求を正しくうけとめ、すべての子どもたちにしっかりとした学力をつけ、「落ちこぼれ」をつくらないということが父母・教師の共通の願いと認識されるようになってきていた。[5]

第二節　到達度評価実践の萌芽

一九七五年二月に京都府教育委員会（府教委）から『研究討議のための資料　到達度評価への改善を進めるために』（「長帳」）が出される前段階にあって綴喜地域における研究活動の実態がいかなるものであったのか、また「長帳」の内実である到達度評価実践をすすめるうえでその前哨戦ともいうべき相対評価方式の見直しの動きがこの地域でどのように進んでいたのかをみてみたい。

新しい評価行政システムを学校現場におろすパイプ役ともいうべきこの地域の小、中学校教育研究会は、それまで、山城地方小、中学校教育研究会の傘下に組織づけられ、おもに山城を中心に研究活動が続けられてきており、この地域独自の研究活動は従的存在であったとされている。(6) 地方教育委員会(地教委)が強い権限をもっていたことに加え、学校数や教職員数などの点からもこの地域独自の活動に困難があったものとみられる。一九七三年には、主任会や授業研究会をするのに金はいらないという地教委側の主張が通って、綴喜地域の小、中学校教育研究会は資金なしの研究に追い込まれていたといわれ、一部の教科で授業研究会がもたれても、他は主任会が多く、研究組織はあっても実質的な研究活動は進められていないというのが実情であった。

こうした研究活動の状況下にあって注目すべきは、京都府下における他の地域の研究活動と連動した綴喜教職員組合(綴喜教組)と同和教育研究会をはじめとする民間教育団体の動きであった。

一九五〇年代にこの地域でも結成された綴喜教組が行う年一回の綴喜郡教育研究会(郡教研)は年々活発さを増し、「午後の授業カットという形まで進んで」(7)きていた。本来、こうした組合の教研と、文部省が日教組に対抗する組織として位置づけていた小、中学校教育研究会の行う教研活動とは対立関係にあるのが常であったが、この地域における小、中学校教育研究会の形骸化は、両者の行う教研活動の「協調が大きな課題」(8)であるとの自覚を後者の側につくりだしていたという事実があった。

また、一九七〇年代に結成され、府下で地域をこえて強力に推進された同和教育研究会の活動は、とくに大きな同和地区をかかえていた八幡地区をはじめ各町独自でとりくまれ、小・中学校一本で定着しつつあった。同会は、人権教育を中心にした道徳の研究や「遅れた」子どもの学力をどう高めるかという観点からの各教科研究を進めており、そこでの研究は、相対評価の評定尺度に疑問をなげかけるものになっていかざるをえなかった。これらの活動はこの地域にあっても、のちに到達度評価実践が展開されるうえでその中核をなす学力保障の理念に連動するものであった点は見過ごせない。

学校の次元での相対評価方式の見直しの動きにも看過できないものがある。テレビでのある親の「五段階相対評価は不合理ではないか」という質問から端を発し、全国的に議論をよんだ一九六九年のいわゆる通信簿論争をうけて、のちに強力な到達度評価実践の推進校となる草内小学校では、一九七一年に通知表改善のとりくみがなされている。これは、五段階相対評価を廃止し、「学習目標」に対して◎○△という標示をする三段階（「できる」を三割、「ふつう」を四割、「もう少し」を三割）による評価を採用するものであった。つまり、三段階相対評価に教育目標への達成度を加味した方法で、機械的な配分をせず、「すれすれのところは、子どものでき具合（他との比較）を加味して判定[9]」しようとするものであった。これは、「絶対的相対評価」といわれる不完全な形態でトラブルもあったといわれるが、教育評価改善の具体化の動きのひとつであったことは事実である。こうした新しい「通知表づくり」は、この学校では、後述する到達度評価実践によって教育課程の一部として位置づけられ、その後さらに改善されていくこととなる。

第三節　到達度評価実践の展開

綴喜地域における到達度評価実践は、各学校の行う校内研究会や地区ごとに教科研究部をもつ小、中学校教育研究会を舞台に展開される形態をとった。ここでは、綴喜地域において到達度評価推進の中心校となった草内小学校を取り上げ、新しい教育実践が「到達度評価」を核にしてどのように展開されていったのか、そして、それらがどのようにして「綴喜地方小学校教育研究会」へ結集していったのかを明らかにしたい。

綴喜における到達度評価実践の舞台の形成過程

形式的には府下同一に府教委の「長帳」をうけ、地教委、校長会、組合の合意のもとに開始された到達度評価実践であったとはいうものの、この地域で校内研究会や小学校教育研究会が到達度評価実践の舞台になるというときに、この地域独自の特色があった点をまず考慮にいれておかなければならないだろう。それは、それまで組織はあってもほとんど活動のなされていない小学校教育研究会をどのように実践の舞台として活性化するかに関わる問題でもあった。

この地域では、他の地域にみられたように組合やサークルの教師たちが小、中学校教育研究会の規約を改正したり、役員層を占めたりといった「民主化」の動きはなかった。教師たちは、小学校教育研究会の集会で町の教育長から「到達度評価」開始宣言を聞いたときには、むしろこの「訳の分からぬ」実践に否定的でさえあったのである[10]。また、この地域の地教委は中央政府・文部省の方針に忠実であることを固持する傾向が強かったともいわれていた。こうした事情にあったこの地域に、府教委・総括指導主事を歴任し、府教委内に設置された「評価検討委員会」のメンバーの一人でもあった遠藤光男が一九七七年に草内小学校の校長として着任し、翌年に綴喜地方教育研究会会長になるのは、府下全土で「到達度評価」行政を推進するために偶然の措置ではなかったものと思われる。

草内小学校における到達度評価実践の展開

(a) 草内小学校における到達度評価実践前史

一九七五年に府教委から「長帳」がだされた翌年に草内小学校では、事前研究会・授業研究会・研究部会を設立するなど、授業研究充実のきざしがみえていた。授業研究は、算数科を重点教科とし、研究領域を「数と計算」に限定し、つまずきの多い学習事項に関して授業研究会をもち、その後に、事前研究会において授業案の問題点や授業研究会で設定された課題を明らかにして授業に臨むという計画がたてられた。

ところが、事はそう簡単にはいかなかったらしい。教師集団に、学校の教育目標や、教科目標、到達目標、子どもの学力の実態、指導過程を明らかにしながら教科教育の全体構造をとらえ直していくという合意が成立していなかったため、研究会は「自主教材重視か教科書中心主義か」、「数概念作りか教え主義か」といった個人の考えや方法の相違点が浮き彫りにされただけという傾向がぬぐいきれなかったという。[11]

（b）到達度評価実践研究の過程

一九七七年に、遠藤光男が校長に着任し、さらに田辺町小学校教育研究会会長となった。指導助言者として府教委から指導主事の奈良崎茂が、共同研究者として府教育研究所から平林弘・水川隆夫・高木一郎・上田博之らが就き、府教委長期研究生の田中香代子が訪れていた。

まず実施された全校でのとりくみとして注目されるのが「計算つまずき実態調査」である。これは、各学年で既習事項について、どのような学習事項に関する「つまずき」が多いのかを把握しようとするものであった。ところが、それによって明らかにされたことは、第一に、どのような方法で指導したとしても、つまずく子どもが必ず一定数いるということ、第二に、各学習事項は、その系統の前段階の学習事項を前提として成立しており、その前提となる学力がついていないことが次のつまずきを連鎖的につくるということ、第三に、つまずきは教師の「力量」によってもたらされるのではなく、教育課程や授業構造の問題によってもたらされるということ、第四に、すべての子どもにわかる授業をつくりあげていくには、教師集団に教材論や指導過程論に関する共通理解とそれにもとづく取り組みが不可欠である、ということであった。この調査によって得られた発見は、単なるつまずき傾向や指導法の問題点の指摘にとどまらず、教育課程改善や「わかる授業づくり」の観点とつなぎあわされ、「学校ぐるみ」のとりくみの原点となっていったのである。

次の教師のことばは、学校ぐるみで評価の問題を教育課程の一環として認識するにいたったこの間の認識過程を吐露するものである。(12)

（すべての子どもにわかる授業をつくりあげていくための——引用者注）基本の道筋は、それぞれ学年、教科でつけたい学力を明確にし、到達目標に基づき、教材を適切に選択・配列する。子どもの認識形成の道筋に沿って授業を構成し、評価によって、それらに修正を加えながら授業をすすめていくという、いわゆるわかる授業づくりのなかでこそ生み出されるものです。従って、わかる授業づくりを全体の課題として、すべての教師の協力によって、真に子どもにも教師にも意味のある実践研究を積み重ねていこうという立場に立った時、今まで遠い存在であるかのように感じていた、到達度評価とわかる授業づくりという課題が、日常の授業として、私達に急速に接近をしてきたように思えてなりませんでした。

草内小学校の到達度評価実践研究第一年次にあたる一九七七年度の学校教育目標は、「憲法・教育基本法に基づき、人格の完成をめざし、民主的・文化的な社会の形成者として、心身ともに健康な子どもの育成に務める」と定められた。また指導の重点を、一、わかる授業づくりを進め、基礎学力をしっかりつける、二、子どもの自発的で、創造的な生活力、実践力を伸ばす、三、保健養護の教育諸活動を充実する、四、障害児に対する理解を深め、障害児教育を推進すると掲げた。そして、研究課題を、「基礎学力の充実をめざし、子どもの主体的学習活動を育成しつつ、到達目標の設定、教材の精選を授業実践の研究を通して明確にし、わかる授業の道筋を追及する」と設定したうえで、実践研究の共通課題を次のように決めたのである。

①　学力の最小の単位としてのまとまりを示す内容（基本的指導事項）をとらえ、その学力をつける上で、すべての子どもがわかり、できるようにならなければならない内容を到達目標として設定する。
②　基本的指導事項を構成する教材群を精選し、子どもがわかっていく道筋に沿って配列する。
③　子どもは、直観的な思考や具体的な操作活動による分析・総合の思考操作を通して、法則・原理がわかり、それを実際の場合に用いることができるようになる。そういう子どもの認識発達の道筋に沿って、授業過程のどこで、何がわかり、できるようになっていくのかを明らかにした、わかる授業の基本構造を明確にする。
④　評価法を点数と序列による相対評価から、到達目標に対する到達度を評価する到達度評価とする。また、評価を「以後の指導に役立てる」という評価本来の在り方に立ち、授業と評価を一体のものとして進める。

このような共通課題の確認ののち、算数科・国語科を各教科の学習を成り立たせる土台となる学力を培う重点教科ととらえ、到達度評価実践研究の第一年次には算数科を、第二年次には国語科を、三年次には算数科と国語科を重点教科として研究にとりくむものとした。その間のとりくみの経過と成果は、『わかる授業の実践的研究　昭和五二年度』（一九七八年二月）、『わかる授業の実践的研究　昭和五三年度』（一九七九年二月）にまとめられている。

さらに、草内小学校で「到達度評価」実践が実質的に開始される第一年次の一九七七年度には、全校あげて「実践研究を進める三つの基本の立場」が合意、確立されていった。その第一は、組織研究としての性格を明確にして研究を進める立場すなわち「学校ぐるみ」である。それは、わかる授業づくりと充実した子どものくらしづくりを、学校単位の教育課程づくりとして組織的・計画的に進めようとするもので、「学校目標 - 教科目標 - 教材（基本的指導事項）計画 - 授業計画 - 評価計画を常に洗い直し、問題点を明らかにし、それがカリキュラム改善、授業改善、評価改善に繋がっていくものでなければ」ならないという課題意識にささえられたものであった。

第二は、全領域研究を進める「教材精選」の立場である。それは、教科の一領域に範囲を限定した「微視的」な研究ではなく、教科構造、授業構造をとらえ直し、基礎学力を全内容区分にわたり保障していく授業づくりをめざす立場を表明したものであった。教科書教材を中心とする教材の量と時間数の不均衡によってもたらされる「詰め込み」や「新幹線的授業」の克服には、「わかる授業づくり」を観点とした教材精選の推進が重要課題であるとした。その際の教材精選とは、学習指導要領にみられるような一部の学習事項の「移行」をさすのではなく、学習事項全体を分類したうえで、それぞれ必要な時間数が配当されるものでなければならないとした。こうした実践の集約は、のちに「授業実践の裏付けを持った科学的な」学校プランとしての「草内プラン」に結実していったのである。

第三は、日常の授業実践を記録化しつつ、それをもとにして研究を整理しつつ進めるという実践研究の立場である。実践の記録化は、基本的指導事項ごとに、教材解釈、到達目標－教材計画、授業展開計画、評価計画、実践の反省といった点について行うものとされていた。

このような実践研究は、具体的には、教科書をたたき台として仮説 → 実践 → 仮説の検証・修正という方法を繰り返すもので、以下の手順で進めていくものとされた。

① ひとまとまりの学力として成り立つと考えられる指導内容のまとまりを基本的指導事項として仮説する。
② 基本的指導事項ごとの到達目標を仮説する。
③ 基本的指導事項を構成する教材群を配列する。
④ 教材目標を設定する。
⑤ 毎時の目標とそれが達成されていく道筋を子どもの認識形成の道筋に沿ってとらえ授業展開計画を設定する。

こうして授業を行い、その結果、次の点を検証する。

⑤′ 授業展開上の問題点は何か。
④′ 教材の目標は正しかったか。

③´ 教材の順次性は正しかったか。

②´ 到達目標と教材目標の関係は明確であったか。また、仮説した到達目標は妥当であったか。

①´ 基本的指導事項としてのくくりはどうか。

このようにして、「計算つまずき実態調査」の成果に学んだ草内小学校教師集団は、教材構造と教材の系統をとらえ直し、授業構造をすべての子どもがわかっていく道筋に沿って再構成することを学校ぐるみの実践研究課題としていったのである。

そこで「教材の系統」を明確にすることを目的に行ったのが、教科書における「教材の系統調査」であった。その調査からは、教科書の問題点として、第一に、単元のくくりがひとまとまりの学力としてくくられていないこと、第二に、学年内の教材配当の順次性に問題があることが明らかにされていった。それらの結果をもとに、一、教科書の単元を学力としてのひとまとまりにくくり、それを基本的指導事項として仮説する、二、その順次性を再構成しつつ、年間計画を作成し、それにもとづいて授業計画をたてる、という課題に着手していった。

そして、年間授業計画作成後には、「教材解釈」を重視した授業づくりのとりくみが進められていった。それは、「徹底して教材論から出発して、授業論に至る」ことを原則とするものであった。すなわち、教師自身がまず教える内容を、その背後にある科学や技術の論理に従って、自身のものとして把握しきること、そして、子どもがわかり、できるようになる道筋を明らかにした「わかる授業づくり」へと繋げようとするものだったのである。

そうした「教材解釈」を重視した授業づくりの道筋は次のようなものとされていた。

① 教材に対する立場を明確にする。

② 教える内容がわかり、つけたい学力を明確にする。

③ 教える内容が子どもにわかっていく順序、方法を明らかにする。

④　子どもの多様な反応に予想を持ち、教材を整える。

このような「わかる授業づくり」を進めるためには、指導書による時間数の一・五〜二倍の時間が必要であるという認識のもとに、全教材を、基本的指導事項と体験教材（第一年次・一九七七年度）、中心事項と関連事項（第三年次・一九七九年度）に分類することによる「教材精選」のしごとも行われた。

こうした授業構造の明確化の試みから、次のような内容で構成される草内小プラン（算数科・一九七七年度、国語科・一九七八年度、算数科・国語科一九七九年度）が作成されていったのである。

①　基本的指導事項一覧
②　基本的指導事項の月別配当表
③　基本的指導事項ごとの到達目標一覧
④　基本的指導事項を構成する教材群一覧
⑤　全基本的指導事項の教材解釈、授業展開計画

以上のような学校ぐるみの到達度評価実践の推進がはかられるなかで、同校では同時に、研究や授業の打合せの時間を確保する学校運営や時間割構成の改善も進められたという。「学校裁量の時間」の計画として、水曜日の午後を研究会に月三回、職員会議に一回、木曜日を教師や子ども同士による回復指導・学習や各部会に、金曜日を学年会にそれぞれ充て、それらの活動を優先的に行うものとしていたのである。

第四節　通知表改善の経緯

草内小学校では、到達度評価実践研究第一年次（一九七七年度）とその翌年度の二回、「わかる授業づくり」の成

表1　1977年度改訂通知表（一部）

算　数	知識理解	技能	応用
線対称、点対称の意味がわかり、対称な図形を書くことができる。			
底辺と高さの関係がわかり、公式を使って面積を求めることができる。			
直径と円周の関係がわかり、公式を使って円の面積を求めることができる。			／
「（　）＝ax（整数倍、少数倍、分数倍）の意味がわかり求めることができる。	／	／	
倍の三用法（入力、出力、働き）の求め方がわかり求めることができる。			
歩合、百分率の意味がわかり、求めることができる。			
文字式がわかり、Xを求めることができる。			

出典：『わかる授業の実践的研究　昭和52年度』、1978年

果をふまえて通知表改善が行われている。一九七七年六月に、教師集団において、「授業で教えた内容を家庭に伝えたい。それにどこでつまずきがあるのかも正しく伝えたい」という要望を内容とする通知表改善の必要性が合意されるようになり、前述した三段階相対評価による通知表から表示内容を「学力要素」に示す到達度評価型の通知表へ改善されることになったのである。一九七七年度改訂通知表は表1のようなものであった。

「学力要素」とは、通知表の「知識理解」、「技能」、「応用」に示されるものである。

「知識理解」とは、物事や事実・現象などがわかり、用語や記号の意味、法則や原理のしくみ、その成り立ちやわけがわかるという学力の様態である。「技能」とは、物をつくったり、取り扱ったりする手段や方法を身につけ、実際に作業や行動を通して表す力である。「応用」とは、知識や技術、考え方を実際の場合に当てはめて用いる力、それらを他の事柄や新しい問題の解決に使っていく力とされた。

一九七七年七月には、「『通知票』をお渡しするにあたって」という文章を作成し、育友会懇談会を開催して、親たちに新しい通知表の目的と観点を説明している。そこでは、「到達度評価」にもとづく通知表の性格について次のように述べ、親たちに理解を促した[13]。なお当時、草

内小学校では「通知表」ではなく「通知票」の語を用いていた。

学習評価は、二つの役割を持っていると考えています。

一つは、教師が自らの教育活動（授業）に対して行うもので、その評価の結果によって、以後の指導計画等に修正を加え、よりよい指導をつくり出していく役割です。

もう一つは、子ども自身が自分の学習をふり返って、何ができるようになり、どこでつまずいたかをはっきりして、以後の回復学習や発展的学習の見通しや計画を立て、学習意欲を高めていくことができるようにする役割です。（中略）ですから評価は、学習目標に照らし合わせて、一人一人の児童の学力がどのようについたかをとらえることによって、授業そのものを評価することになります。

また、評価は、児童を成績順に序列づけするためのものではなく、あくまで一人一人の児童が豊かで確かな学力を身につけていくために、その発達の過程を把握するもので、それを表示した通知票も、あくまで児童を発達する過程にあるものとしてとらえ、その途中の様子を表したものです。

この通知表は、京都新聞紙上で、「全国で初」の「一歩進んだ『通知票』」として紹介され反響をよんだ。新聞紙上では育友会懇談会席上での親たちの声が紹介されている。それは、「これで、今までどこができないのか、わかりにくかったかが、これでよくわかるようになる。」「夏休みには、通知票をみて、わかっていないところを勉強させて、わかるようにしてやれる(14)」というものであった。学校にはそれ以外にも次のような意見が寄せられたという(15)。

「到達目標に到達したのは嬉しいが、到達した学力の様子を知りたい。」

表2　1978年度改訂通知表（一部）

算　数	知識理解	技能	応用	発展性
整数、少数、分数の成り立ちとその相互関係がわかり、変換できる。また、整数、少数、分数の混合された式に計算ができる。				
分割量、連続量、外延量、内包量（度・率）がわかり、量を表す単位の成り立ちがわかる。また、単位の換算ができ、実際の場合に用いることができる。				
二量の同時連続一様変化をとらえ、その間に規則的な働き（比例）のあることがわかる。また、式や表、グラフに表したり、それを実際の場合に用いることができる。			／	／

出典：『わかる授業の実践的研究　昭和53年度』、1979年

「漢字の学習が○になっているが、通知票を受け取った段階ではあまりよく書けなかった。評価が甘くないか。」

「全部○であったが、もう課題はないのか。」

これらの親たちの感想や意見、教師集団の課題意識をもとに、翌年度にはさらに、学力を基本性と発展性とに分けて表示する通知表へと改訂が行われている。これは、「わかる授業づくり」の成果をふまえ、目標欄の改善を伴うものであった。一九七八年度改訂通知表は表2のようなものである。

この通知表における「発展性」の学力とは、基本性に到達した場合に評価の対象になるもので、定着性（一定期間が経過しても忘れず、学力が身についている）、正確性（いつもミスをせず、正確である）、総合性（ふたつ以上の学習事項で習得した学力を総合させ、課題を解決したり、新しい概念・考えをつくったりする力）といった学力の定着度や発揮のされ方の様子をさすものとされている。

草内小学校において一定の到達点を示すものと思われる一九七九年度の通知表を表3にあげておくこととする。

このように草内小学校の通知表改善は、指導計画等の修正を目的とした本来の教育評価と児童の学力保障という考えにもとづき、親たちの要

表3　1979年度改訂通知表

第3学年	児童氏名		○ねらいに達している △なお課題を残している			

各教科の主な学習内容	学力のようす			
	基本性			発展性
国　語	言語の理解	作品の理解	表現	
漢字の成り立ちと組み合わせがわかり、新出漢字（　字）を語として読み、意味に合わせて書くことができる。				
話の内容を順序たてたり、要点をまとめて話すことができる。				
説明文について書かれている事象や要点を正しく読みとることができる。				
描写のすぐれている個所を見つけて、そのことを基にし、人物の気持や性格、場面の情景を読み取ることができる。				
ある日の遊びや工作などでいっしょうけんめいやったことや新しく工夫したことをよく思い出してまとめて書ける。				
社　会	知識理解	技能	応用	発展性
地域の人たちの生活と関係づけて地域の自然条件や社会的な特色をとらえることができる。				
地形、河川、公共物など目じるしになるものを考えて、校区や家の付近の絵地図を書くことができる。またそれを生かして地域の人々の生活の様子について考えることができる。				
田辺町における生産活動や消費生活の実態を知るとともに、それらが地形や気候、交通や市場などの条件と深く結びついていることがわかる。				
算　数	知識理解	技能	応用	発展性
千万までの数について十進構造がわかり、たし算、ひき算ができる。また、実際の場合に用いることができる。				
角や角度の意味がわかり測定、作図計算ができる。				
多角形のでき方やそれらの辺、頂点、角や二等辺三角形、正三角形の性質がわかり、三角形が作図できる。				
理　科	知識理解	技能	科学的思考	発展性
植物の各部のつくりとその働きがわかる。（あぶらな）				
もんしろちょうのように動物によって成長の途中で形を変えるもののあることがわかる。				
土や水の温度は、日射しの様子によって変わることがわかる。				
砂と粘土とでは、性質に違いのあることがわかり土には、砂の多いものや粘土の多いもののあることがわかる。				

音　楽	知識理解	技能	発展性
次の音符、記号など（v（息つぎ）・五線と加線の線及び間の名称）について理解することができる。			
歌詞の内容を理解し、曲想を生かして気持ちをこめて歌うことができる。			
ハ長調の簡単な旋律の階名唱ができる。			
他の声部をよく聞いてひびきあう声で輪唱ができる。			
たて笛の基礎的な取り扱いを理解し簡単な旋律奏ができる。			
旋律の移り変わりに気をつけて聴き曲全体の構成を理解し感想がのべられる。			
図画工作	知識理解	技能	発展性
寒色、暖色に分類して、色の性質を知り、それを生かして絵を描くことができる。			
体の形や動きの特徴をとらえ、大たんな線で描くことができる。			
画用紙とわりばしを使ってよくとぶものを工夫して作ることができる。			
どこから見ても、塔の感じがよくでるように、粘土で作ることができる。			
体　育	知識理解	技能	発展性
鉄棒でさか上がりの方法がわかる。			
回旋リレーの規則がわかり小回りで早く回旋リレーができる。			
両足でふみ切る方法がわかり巾とびができる。			
フォームを考えながら、80m を全力で走り抜くことができる。			
ドッチボールの方法がわかり、投・捕を確実にして、ゲームができる。			
身のまわりから題材を選び、その特徴をとらえて表現できる。また、グスタフスコールなどのフォークダンスができる。			
所見（教科学習に関する特徴的な事実）			

出典：森雅美『到達度評価とわかる授業づくりを生かした学校を基礎とする教育課程の編成』、1980 年

求にも耳を傾けて進められたものであった。

註

(1) 池添廣志『学校ぐるみの到達度評価　実践「工場ではたらく人々」をどうとらえどう教えたか』(日教組第三〇次教育研究全国集会報告書)、一九八〇年。
(2) 池添廣志、前掲(1)。
(3) 森雅美『到達度評価とわかる授業づくりを生かした学校を基礎とする教育課程の編成』(京都府教育研究所一九七九年度研修員報告書)、一九八〇年。
(4) 池添廣志、前掲(1)。
(5) 森雅美、前掲(3)。
(6) 京都府中学校教育研究会『京都の中学教育』第一二集、一九七四年。
(7) 京都府中学校教育研究会、前掲(6)。
(8) 京都府中学校教育研究会、前掲(6)。
(9) 森雅美、前掲(3)。
(10) 当時、この地域で実践を展開していた教師への聞き書き調査による。
(11) 草内小学校の実践については、『わかる授業の実践的研究　昭和五二年度』(一九七八年)、『わかる授業の実践的研究　昭和五三年度』(一九七九年)、森雅美、前掲(3)、によっている。
(12) 森雅美、前掲(3)。
(13) 草内小学校「『通知票』をお渡しするにあたって」、一九七七年。
(14)「京都新聞」一九七七年七月一二日付。
(15) 森雅美、前掲(3)。

第二章

森雅美のレポート指導実践

平岡さつき

第一節　森雅美の教育実践

京都府の南部に位置づく綴喜地域における到達度評価実践は、各学校の行う校内研究会や地区ごとに教科研究部をもつ小・中学校教育研究会を舞台に展開される形態をとった。京都北部の丹後等とは異なり、誰もが加入し参加することを強制されていた既存の半官半民の母体を用いたところに特徴が見いだせる。遠藤光男（一九二九―二〇一〇）は生前、何の変哲もないようにみえるこの方法を、柔道の技にたとえて「立ち技」に対する「寝技」と称したことがあった。時代や位相は異なるが、かつて生活綴方が国語科綴方という既存の教科目の枠を用いて、その内実が姿を変えて展開されたことが思い起こされる。体制内にあって体制変革をなしうる着実な方法とみることができ、教師の誰もが参加可能な機関を授業研究等の自由になしうる地帯に変え、同時期承認されてない未曾有の方法を開拓する場を選んだとみることもできよう。

この地域の中心校となった草内小学校における教育実践[1]は、「到達度評価」を核にして生み出され、その波動は綴喜地域全体に連動するものだったのである。

本章では一九七〇～八〇年代に草内小学校において遠藤光男校長のもとで教育実践を行った森雅美（一九四七―　）の教育実践の内実について小林千枝子と行った森への聞き書き調査（二〇一三年一一月）に基づいて明らかにしたい。(2)

それによれば、同校で展開された同時期の基礎学力習得の中心は概念形成であったとし、その概念を子どもに与える意味の検証を行ったという。学校ぐるみで授業過程の構成と記録化が進められ、到達度評価への取り組み二年目（一九七八年度）には「発展性」の学力概念を導入し、レポート指導を展開している。そこでは教師主導型の発問―応答を脱し、「イメージを自由にした」子どもたちの豊かな表現や思考過程を綴るものが実践記録に残されている。それはどのような経過をたどり、実践の内実はどのようなものだったのか。証言をもとにたどってみる。

筆者は、中内敏夫による「到達度評価は生活綴方の正系の嫡子である」というモチーフにこだわりをもってきたが、このたびの聞き書き調査を通して、その意味に手ごたえを得ることができた。

森雅美は一九四七年愛知県出身で大学卒業後の一九七一年四月に草内小学校へ赴任して、一九八三年四月に綴喜郡井手町立多賀小学校へ転出するまでの一二年間を草内小で過ごした。その後、一九八六年から城陽市立深谷小学校、一九九二年から相楽郡木津小学校で六年間ずつ小学校現場実践を行い、一九九八年に五〇歳で退職して現在にいたる。この略年史からわかることは、森が草内小学校に新任で着任後、六年後の一九七七年に遠藤光男校長が着任し、同校長のもと到達度評価実践を展開。遠藤校長が一九七九年に同校転出後にも到達度評価実践を継続し、地域の「綴喜プラン」の完成という一連の綴喜地域における到達度評価実践の生き証人的立場にあるということである。

森は、大学在学中には生活綴方に学び、実践を行ったこともあると述懐していた。しかし、その後、意識的に生活綴方から決別し、到達度評価実践への歩みを進めたということであった。

第二節　「到達度評価」以前の状況

森雅美が草内小学校に赴任して以来六年間、草内小学校で行われていた校内研修や通知表はどのようなものだったのか。

授業研究のための校内研修は、各学年、年一回、計六回行われていたというが、そこでの中心課題は授業展開における発問の良し悪しなどの技術論であり、教科書や自主教材についての批判や論争などもなく、目標・評価論、学力論、教材論、授業構造論、教育課程論などまったく欠如したものであったという。計算力実態調査を行っても、そのまま放置されていたと森は振り返る。

研究体制は、その時によって「教科自由に公開授業」であったり、府指定の安全教育であったりと「必然性のない」「思いつき」と森が振り返るように、重点が年ごとに決められ、推進体制も教科部の重点教科となった教科主任が「研究」テーマや研修会の計画をたてるといった今日でもよく見られる体制であったという。

また、本書第Ⅱ部第一章に既述の通り、一九六九年の全国的な通信簿論争の風潮をうけ、一九七一年度に草内小学校では通知表の改訂が行われたが、当時、同校には相対評価支持派と反対派が存在していたという。前者は相対評価に対する親の支持や不満をかわせる（諦念や不満回避）というもので、後者は、どんなに頑張っても1がつく子どもへの着目や二〇～三〇人の母集団で集団準拠が成り立つはずがないというものであった。そのようななか、同校では、教科毎の五段階評価を「よくできた」「できた」「がんばろう」に改訂したのだという。それは相対評価を加味した絶対評価であるとされる「相対的絶対評価」で、「よくできた」一割程度、「がんばろう」は一名以上二割まで、残りを「できた」とし、必ず三段階に分けることが原則であったという。同校で一年間だけ文章表記による「絶対評価」の通知表に取り組んだ経験をふまえ、絶対評価による教員の負担回避という妥協点によるものであり、また、絶対評価についての理解の浅さや無自覚も要因であったというのである。

第三節　概念形成の指導

一九七七年四月に遠藤光男校長が着任し、第一回の職員会議で遠藤校長から学校運営の基本方針講話がなされた。森によれば、そこで学力が人を支えること、学力をつけることが学校の本来的役割であること、相対評価の非教育性、教育評価としての到達度評価、学校研究は実践的研究であること、研究の中心は授業論であることが語られたという。同時期に同校で実施された「計算つまずき実態調査」の分析を通して、つまずきは教師の「力量」によってもたらされるのではなく、教育課程や授業構造の問題によってもたらされるのであって、教師集団に教材論や指導過程論に関する共通理解とそれにもとづく取り組みが不可欠であることが確認されていった。この調査による発見は、つまずき傾向や指導法の問題点の指摘にとどまらず、教育課程改善を全校でとりくむ原点となっていった。そして全校として相対評価の非教育性が自覚化され、遠藤校長の「学校研究は実践的研究であること」が合意を得て、研究の中心は授業論に置かれることになった。「全学年にわたるつまずきの存在」をどうするか。誰がしても、今までの教材・教具、教育課程では克服できない、という同校の教師たちが直面していた共通の課題が、学校を単位とする教育課程改善の取り組みをおし進めていった。一九七七年以前と以後では校内研究に連続性はなく、その刷新ということから非連続であることが重要であったと森は振り返る。

このような中心課題を授業論とした実践的研究は、「子どもの主体的学習活動」に留意しつつ授業をどう構成するかという課題に対して、まず「教師による徹底した教材解釈」を「とくに形成的評価を重視して」進められていっ

図１　授業過程構成のフォーマット

	場面理解	場面操作	用語	法則・原理の理解	適用
教材1					
教材2					

出典：聞き書き調査（2013年11月4日）でレジュメにより作成。

たという。すなわち、「子どもがわかる教材解釈に基づく過程としての授業と一体となった評価」に取り組むというものであった。教材解釈からはじまり授業過程、形成的評価を含む総括評価、わかる授業の検証にいたる日常的な授業実践の記録化が進められていったのである。

教員にとって一人あたり原稿用紙五枚から一〇枚の記録を残すことは重労働だったはずであり、この作業は、職場に軋轢をおこしたようである。しかし、授業の記録に基づく教育課程の編成（草内プラン）が進められ、この過程で「基礎学力の中心は概念形成である」ということが掴まれていった。わかることとできることの結合、すなわち、「わかってできること」の重要性が、そうした概念の「科学的検証」とその概念を子どもに与える意味、発達段階やカリキュラム全体の整合性の上から検証されていったのである。

授業過程の構成と記録化は、京都府教育研究所からの提案をうけ、図1のようなフォーマットを用いて進められた。

日本にヘルバルト派ラインの教授法が導入されて以来、今日、形を変えてひろく用いられている「導入・展開・終末」のフォーマット（それは同校でも到達度評価実践以前の校内研修には用いられていた）との違いは一目瞭然である。教材ごとに場面操作の枠等では子どもの姿が見えるように書くこととされていた。それは子どもの認識形成過程を重視する記述を行うという意図から用いられたということである。

ところで、教材構造と教材の系統をとらえ直し、授業構造をすべての子どもがわかっていく道筋に沿って再構成することを学校ぐるみの実践研究課題とした同校では、教科

書における「教材の系統調査」に基づく「教材の系統」の明確化と基本的指導事項の順次性の再構成が行われた。そして、実践の記録化の過程で基本的指導事項のつながりと系統（概念の系統）や設定される到達目標が明らかにされていったのである。たとえば算数における概念の構造（到達目標）の展開は学年を追って図2のように示されている。また、基本的指導事項のつながりと系統は前述のフォーマットを用いて図3のように記された。

一方で、草内小学校では研究推進体制の充実も図られた。研究指導部として校長直属の教務部と研究部が置かれ、教務主任と研究部長・重点教科主任が推進の中心となった。授業研究会は年二回、一回に二研究、学級担任全員が行うものとされた。毎月水曜日放課後第一週目に職員会議、二週目に事前研究会、三週目の三、四校時に研究授業を実施して事後研究会、四週目には学年研究会を行うというサイクルが確立された。

同年五月中旬に遠藤校長は研究部の森を一人校長室に呼び、通知表の改訂案作成を指示したという。通知表を通しても、教材・目標・授業・評価を系統化するという考えが表明されたものとみられる。このことは六月中旬に職員会議に提案され、学年ごとに通知表案を作成し、校長に提出するものとされた。七月上旬に通知表を完成して学期末には保護者向け説明書も作成し、育友会研修会や校長講演を行った。そこで改訂通知表が、基本的指導事項を設定し、学力要素（知識理解、技能、応用）ごとに到達、未到達を表記するものであることが伝えられた。

学力要素と授業過程との対応関係は、図4の例示が示す通りである。通知表内の各教科には「～がわかり、～ができる。（教材名）」を盛り込むものとされた。通知表の「知識理解」は授業過程の「場面理解」、「用語」、「法則・原理の理解」のそれぞれに、また通知表の「技能」は授業過程の「場面操作」に、通知表の「応用」は授業過程の「適用」にそれぞれ対応したものであったとされる。なお、図1～4は註（1）（2）（4）において確認できる。

到達度評価実践研究第二年次の一九七八年度には学力を基本性と発展性の二段階でとらえる図5のような形をとったものに変わっていった（具体的な経緯は第Ⅱ部第一章第四節を参照）。

図２　算数における概念の構造（到達目標）の展開

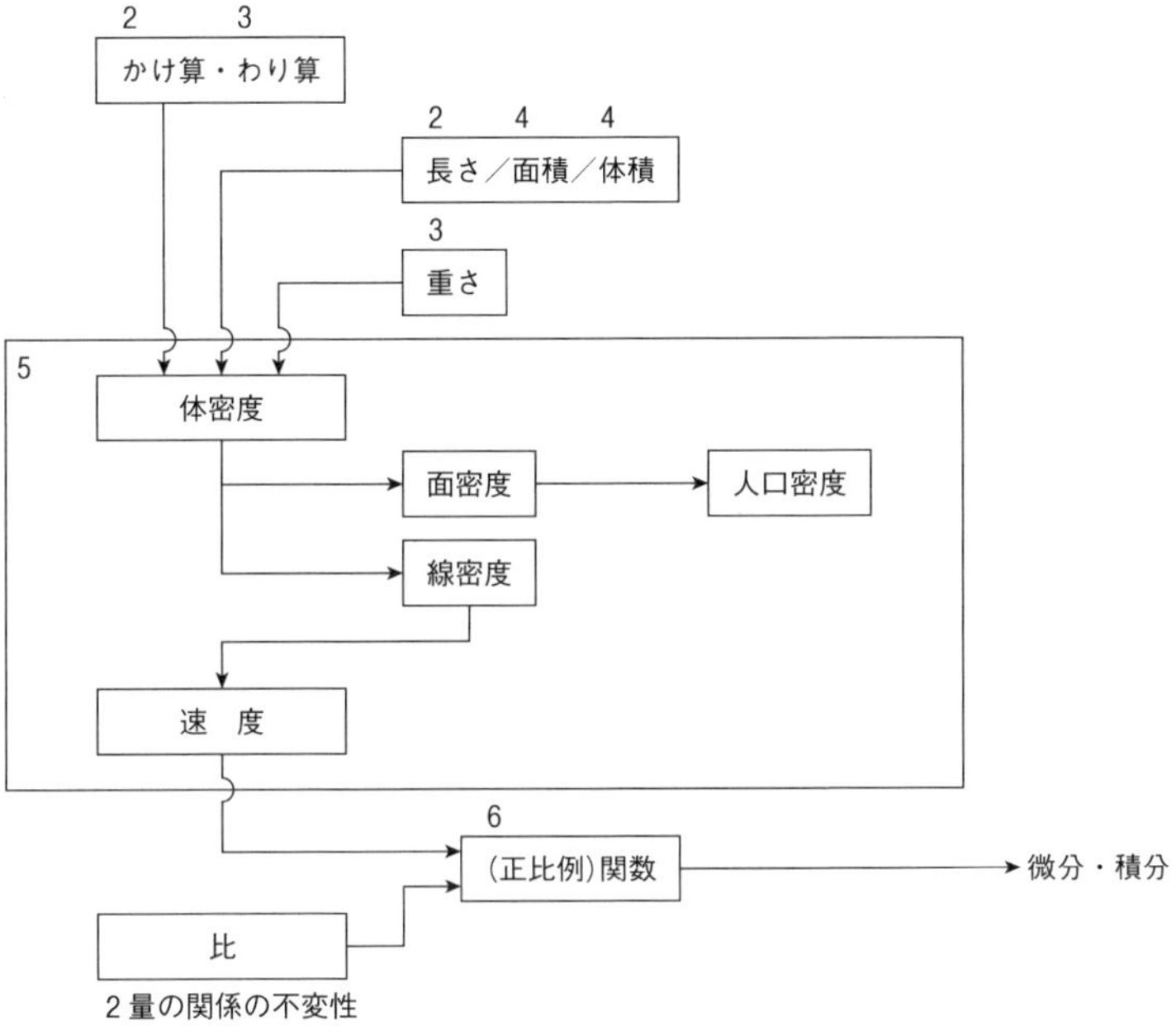

出典：聞き書き調査レジュメにより作成。

図３　基本的指導事項のつながりと系統のイメージ

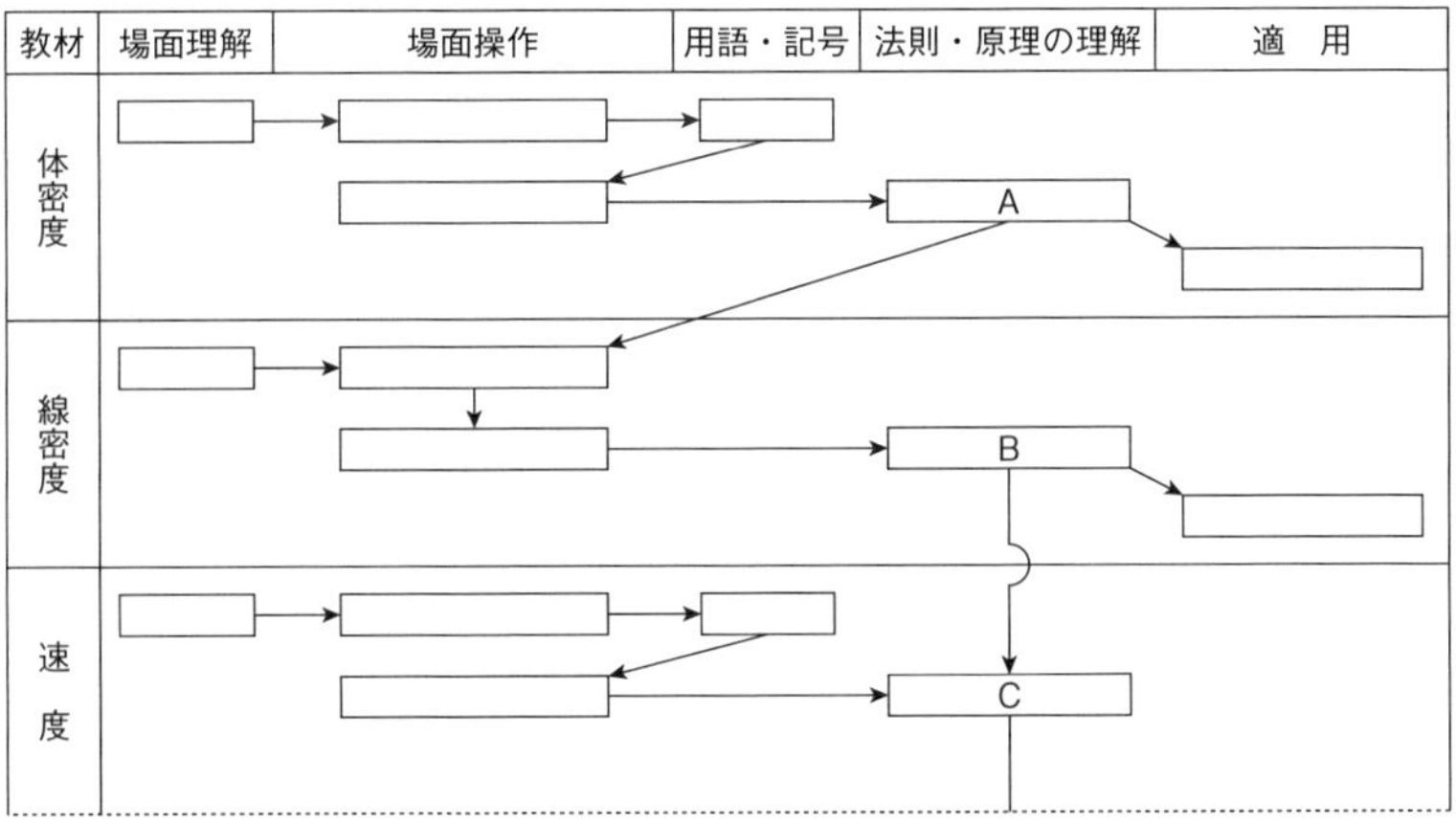

出典：聞き書き調査レジュメにより作成。

図4　通知表の学力要素と授業過程との対応関係

		学力要素		
		知識・理解	技　能	応　用
教科	～がわかり，～ができる。（教材名）			

	場面理解	場面操作	用　語	法則・原理の理解	適　用
教材1					
教材2					

出典：聞き書き調査レジュメにより作成。

図5　1978年度改訂通知表の構造

基本的指導事項	到　達　目　標	学　力　要　素			発展性
		知識・理解	技能	応用	
教科					

出典：聞き書き調査レジュメにより作成。

第四節　レポート指導を取り入れた到達度評価実践

草内小学校における到達度評価実践の二年目（一九七八年度）には「発展性」という学力概念を導入し、六年生の卒業レポートに取り組んでいる。子どもに文章を書かせることは、その認識と感応に対して変化をもたらす。生活綴方の方法を論じて、「文章を書く機会が多ければ多いほど、それは『内語』の発達をうながすことになるのといっしょに、思考力も増す」（野村芳兵衛[3]）と捉えられてきたことに通底するものとして着目したい。

一九七八年二学期に六年生が書いた算数のレポートを見てみたい。書いた子どもの認識力が学力を規定として成り立ち、培った認識力が逆作用として学力を発展的なものに高め、それが、その子どもの人格（ものの見方・考え方）にまで及んでいると、森雅美が推奨するものである。[4] 以下、「六年一組　西沖達也」が書いた「正比例」というレポートの項目のみをあげてみる。

1と2は省略されている。

3　正比例の式——具体から抽象へ
4　グラフ——シェマ図からグラフへ
5　生活へ——抽象から具体へ

この子どもは、5の最後に、「数学をもっと生活場面に近づけて、抽象（数学）を具体（生活）に使うということも良いではないか」と述べていた。

これを受け、森は「学力を身につけていく過程である授業は、同時に、一定の認識能力を子どもに要求する」として、①現実の抽象化と②抽象を通しての現実認識とに腑分けする。子どもたちはこうした思考力を働かせ、数学的な思考力・認識能力を培っていき、現実→量→数・式→量→現実という生活と科学の統一が、子どもの脳のなかでダイナミックに行われることになる、と捉えている。森は、「学力形成と認識方法の習得はたがいに密接な関係を保ちながら、ひとりの人格の内面で、算数・数学の文化性の獲得とその文化性を裏付けとする認識能力の形成が進行し、生きる力へと転化していくのではないかと思われます」と述べている。ここに学校教育および算数・数学教育の役割を見出すというのである。

しかし、森はその翌年度、京都府教育研究所の長期派遣研究生（研修員）となっている。この時のことを「人事異動させられた。やろうとすると断たれた」と述懐していた。そのような中でも、「現実の子どもの反応や理解・判断を予測した授業づくりを意識し始め」ていたという。

到達度評価実践研究四年目の一九八〇年度に草内小学校にもどった森は、回復学習の徹底と「子どもが進める授業への挑戦」に取り組んだという。夏休みに「学力を異学年で交流」させ、「学力を学校生活に生かす（事実の大切さのわかる）」実践を行っている。具体的には、上級生が下級生を教えるという試みや、同学年に低学年向けのレポートと高学年向けのレポートを書かせるという実践も行ったという。授業内容は、四年生の算数における多位数×多位数の授業や面積の授業、また社会科のゴミ問題の授業などに特に力を入れたとのことであった。「書くこと、すなわち読み取ること、聴き取ることへの注意力（を培う）」と森自らが位置づける実践を通して、子どもたちのノートが認識の深化を反映するものへと変化していったのが感じられたためと語る。

森は教科指導で認識過程を文章で書かせる指導を行っていた。算数科五年生の「円の面積」を取り上げ、「概念を自分の言葉でまとめさせた場合」、つまずきのない子どもは、次のようなまとめをするとして、子どもの書いた

文章を示している。(5)

「円の面積の公式のまとめ」／円の面積は、半径×半径×3.14という公式で求められます。私たちの学力では、長方形の面積の求め方を利用することによって考えることになります。この円を変形して長方形にするのです。（中略）／この長方形のたての長さは、円の半径です。そして横の長さは円の円周の半分に対応しています。円周の半分は、直径×3.14÷2ですが、半径×3.14とも表せます。／そこでこの長方形の面積は、半径×半径×3.14となり、したがって、円の面積＝半径×半径×3.14という公式が生まれます。

そのうえで、言語による表現ができる子ども、友だちの説明を参考にすればできる子どもと、「まねる」こともできず、説明が断片的であったり、変換、対応などの内容が不正確である子どもとに分かれるとしている。ここで基本性の習得過程について述べられていることに着目したい。言語による表現ができる場合には適用問題を教師の指導のもとに自習し、つまずいている場合にはつまずいている箇所の修正や操作技能訓練をしたうえで公式の発見過程の再学習を行っていくのだという。つまずきの回復学習には、「なおのこと、教え込みではなく、公式を発見する過程を子ども自身がたどれるようにすること、同時に思考の働かせ方など、勉強の仕方そのものを学習させていくことが大切」であるとしていたのである。

このように、森実践におけるレポート指導は、六年生の「卒業リポート」（森自身は「リポート」と表現していた）というような小学校の最終段階の「発展性」における実践のみならず、基本性の習得段階でも展開されていたことが確認できる。とりわけ「発展性」の段階では子どもたちの豊かな表現や思考過程を綴るものが残されていたのである。

到達度評価実践研究の五年目は「学力形成と人格形成の関連を意識」し、児童会が計画する運動会や文化祭を行ったという。このころには到達度評価の基本性・発展性の考えが全教科に広がり、同校における「いじめや万引がほぼ無くなった」と認識されており、聞き書き調査で、子どもたち主体の授業展開ができる学習集団においては「生活指導はいらなくなる」と語っていたのが印象的である。実践研究六年目に行った「教科指導と生活指導、特別活動を機能的につなげる」実践は、授業や特別活動を子どもたちが主体となって進めるものだったという。

基本性の段階から取り入れられたレポート指導実践は、およそ三年間を経て学校の教育課程全体にわたる子どもたちの変化をもたらすものとなっていったことを銘記しておきたい。

第五節　innovationとしての到達度評価

遠藤は生前に到達度評価について証言するよう森に託して逝去したという。こうして実現した聞き書き調査（二〇一三年一一月四日）のために準備された資料の終わりを森は次のように結んでいた。

草内小という突然出現した現象は、学校教育における innovation であった。innovation の本質は非連続性にある。従って、周囲に反響はあったが、影響を与えることはなかった。さらに新たな innovation を起こさない限り、消滅せざるを得なかった。これは初めからわかっていたことである。

ここに述べられている、さらなる「新たな innovation」とは何か。今まさに進められようとしている入試改革のような制度改革か、教育課程の改革か、学校階梯の改革か。現教育基本法下で学習指導要領も改訂され、今や国立教育政策研究所が教育評価規準を配信する事態にある。innovation は教師の自由な研究活動と行政のサポートがあって可能であろう。思えばずいぶんと異なったところへきてしまっているのではないだろうか。

一九九〇年代における「新しい学力観」の展開以降、教育評価行政に質的転換がなされ、二〇〇一年の絶対評価文部行政への転換を経て今日にいたる。到達度評価とそれを引きつぐとされる今日の絶対評価とは質の異なるものであるといわざるをえない。両者の非連続については今後さらに検討されなければならない。

註

(1) 草内小学校の実践については、『わかる授業の実践的研究　昭和五二年度』(一九七八年)、『わかる授業の実践的研究　昭和五三年度』(一九七九年) によっている。

(2) 森雅美『到達度評価とわかる授業づくりを生かした学校を基礎とする教育課程の編成』(京都府教育研究所一九七九年度研修員報告書)、一九八〇年。なお本章でことわらない事柄については、聞き書き調査 (二〇一三年一一月四日、場所は滋賀県の旧大津公開堂) における森雅美証言とレジュメによるものである。

(3) 中内敏夫『生活綴方』国土社、一九七六年、七三頁。

(4) 稲葉宏雄・大西匡哉・水川隆夫編『基礎からの到達度評価――わかる授業と確かな学力を求めて』あゆみ出版、一九八四年、一五〇～一五四頁。それ以外にも森が草内小学校の実践をもとに書いた論稿には、「Ⅲ－5　つまずき発見テストの作成と学力の回復」『現代教育と評価　三　教育評価とテスト』(日本標準、一九八四年) や「Ⅱ－2　算数科の指導における形成的評価の実際」天野正輝ほか編著『授業改善の原点を求めて――形成的評価の理論と実際』(日本標準、一九八六年) などがある。

(5) 森雅美「Ⅲ－5　つまずき発見テストの作成と学力の回復」(前掲 (4)) 二四五～二四六頁。

第三章

綴喜郡八幡小学校の教育実践

平岡さつき

第一節　到達度評価実践前史

八幡小学校は、典型的な大規模校であったが、その教師集団は、「すべての子どもの基礎からの全面的な発達を願う原則的な立場に早くから立ち、基礎学力や基本的な生活習慣を、どう子どもたちに定着されるかという課題に向かって、数々の実践[1]」を積み重ねてきていた。そうしたとりくみは、この地域の同和教育のとりくみをはじめ、「ひとりひとりの子どもをよく見つめ進んで学習する意欲を高める指導[2]」というタイトルを掲げた生活指導、親をまじえた部落問題をテーマとする社会科における歴史学習、人権教育の一環としての社会科実践、学年合意による教材の自主編成などにみることができる。これらは、八幡小学校における到達度評価実践の定着と発展の素地になっていたことは確かである。

第二節　到達度評価実践研究の過程

京都府教育委員会（府教委）のだした『研究討議のための資料　到達度評価への改善を進めるために』（「長帳」）への個々の教師の対応はさまざまであったとはいえ、「到達度評価」が八幡小学校内に「一大センセイションをまきおこした事は確かだった」[3]ようである。一九七五年には、各教科部に分かれ、府教委の試案を参考に各学年の教科のねらい・基本的指導事項・表示内容・教科書単元名を記載した『昭和五〇年度　到達度評価素案』をつくりあげている。しかし、どのようにとりくんでいけばよいのか方向が見いだせず、のちに、この年のとりくみは、「教育実践に基づく物ではなかったので、内容をともなった物には、なりきれませんでした」、「表づくりに終始した年でした」という教師たちの述懐を招くことになるものであった。

一九七六年度（八幡小学校到達度評価実践研究・第一年次）には算数を重点教科にすえ、一学期には、府教育研究所の中原克巳を中心に、「到達度評価の考え方」、「算数における到達度評価とは何か」をテーマに学習会を行い、算数の到達目標、分析表の見方・作り方などを学んでいる。そして、夏期合宿には、各学年で、一学年一単元（一つの基本的指導事項）の分析表や診断テスト・形成テスト・総括テストのつくり方を学び、実際に作成した。そこでつくった夏期合宿案をもとに、二学期には教師全員が到達度評価にもとづく研究授業を行い、その結果を「チェック簿」にまとめていった。さらに、三学期にそれらの記録を実践記録としてまとめるという手続きをとって、この年の実践研究はすすめられた。この時まとめられたのが、『昭和五一年度　算数まとめ』である。

一九七七年度（到達度評価実践研究・第二年次）においても算数科を重点教科にすえ、「実践の年」と位置づけてのとりくみがすすめられた。今度は、一学年三単元（三つの基本的指導事項）、つまり、一単元は前年度のもの、一単元は数と計算の分野、一単元は図形教材の分野を選び、学年ごとに研究授業と教材づくりを中心に研究をすすめ、『昭和五二年度　算数到達度評価研究』で知ることのできる実践研究を行ったのである。

一九七八年度（到達度評価実践研究・第三年次）の一学期には、多くの転出入児童・教師への対応のために、改めて到達度評価の理論と実践を学ぶ必要があり、草内小学校の遠藤光男・森雅美より話を聞き、夏期合宿でも、分析表のつくり方、考え方に関する学習会が行われている。二学期には、一つの基本的指導事項について、子どもがどのようなつまずきをしているのか、どのように考えているのか、まとめを行った。この年には、それまでの教材の系統性や組み立て・テストづくりといった「教える側」にウエイトのかかっていた実践研究から、「教えられる側」の児童の考え方や実態を、授業を通して明らかにしていく方向への飛躍が可能になり、授業過程と学習過程との一致がはかられたとされている。「算数到達度評価の研究三年目で、やっと子どもの認識過程に目が向けられはじめ、はじめて教師と子どもの歯車がかみ合い、成果らしいものがつかめた」というのである。

なお、この年には算数科が重点教科とされつつも、「全ての教科で到達度評価を！」というスローガンのもとで実践研究がすすめられていった。それらの実践は、後述する地域を単位とする「綴喜プラン」（149頁）作成へ総力を結集する必要もあり、教科部独自の活動が展開されることになるなかで、いわゆる学校単位の「八幡プラン」作成にむけて力が注がれていくことになったのである。三年次のこの年には、『昭和五三年度　到達度評価』、『昭和五三年度　各学年各教科年間指導・評価計画』（八幡プラン）や府教育研究所の鈴木敏昭が研究協力者として共同研究を行った社会科における『一九七八年度　社会科到達度評価研究』（八幡プラン）がまとめられている。

一九七九年度（到達度評価・第四年次）の実践研究は、重点教科に社会科をすえて進められ、独自に、『一九七九年度　社会科到達度評価研究の記録――学校ぐるみで社会科ぎらいに挑戦』が作成された。社会科以外の教科に関しては、『一九七九年度「わかる授業」づくりをめざして――到達度評価研究のまとめ』により確認することができる。それによれば、同年には、次のような重点課題が設定されていた。

① 学校の主体性を堅持し、京都府の教育理念にもえた《ママ》、全教職員の自主的、民主的な職場の体制を何よりも大切にする。

② きめのこまかい生活指導と充実した授業で、遅れやつまずきのある子どもをなくし、すべての子どもを生き生きと生活させて、父母との信頼関係を深める。

③ 育友会活動を活発にし、地域の諸団体との連携を密にして、地域社会の連帯性、教育力を高めるためにつとめる。

このような重点課題にもとづき、次のような「学習指導の基本方針」が掲げられていた。

① 到達度評価研究を社会科を中心としつつ、全ての教科においてすすめていく。

② 読み、書き、計算のいわゆる基礎学力を重視し、遅れ、つまずきの克服に努力する。

③ 綴喜プランをたたき台として、教育課程を移行し、実践を通して批判・検討する。

これらの実践研究をすすめるために、月一回の教科主任会、月二回の教科研究日、月二回の学年研究日が設けられ、教科部の主体性・自主性が尊重されたという。この実践記録のまとめには次のように記されていた。

「全ての教科で到達度評価を！」がスローガンではなく、実際的に実践のレベルで軌道にのりはじめたことを今年度のとりくみは物語っており、いよいよ「わかる授業づくり」をめざすとりくみの強化が望まれる。

このように八幡小学校における到達度評価実践は、それまでの実践の蓄積をふまえ、府教育研究所や草内小学校の協力を得るなか、年次ごとに深化していった。また、地域のプランと学校プランとの連動も確認できるのである。

第三節　通知表の改善

実践の深化は通知表改善の経過に反映している。一九七〇年代初頭の八幡小学校では、相対評価ではなく指導要録の観点を書き入れて認定評価を加味した、表1のような通知表が用いられたものとみられる(4)。

しかし、一九七五年の府教委の「長帳」をきっかけに、八幡小学校教師集団では、①教科をひとまとめにして「たいへんよい」「よい」「がんばろう」と評価できるのか、②各学習事項の内容が不明瞭では子どものつまずきが何なのかわからない、という問題把握がされるようになり、教科の「何が」できて「何が」できないのかを明らかにすることこそ、子どもを励まし、伸ばすものにできるのではないかとの認識から、一九七六年度に到達度評価型の通知表への改訂が試みられた(5)。それは、表2にみられるように、基本的指導事項ごとに評価するもので、到達目標をまとめて文章化した「学習のめあて」を示し、学力の基本性が身についたものを「できた」、未到達のものを「がんばろう」、発展性のあるものを「よくできた」として評価するものであった。

さらに、実践研究の深化とともに、この通知表でも、①「よくできた」、「できた」、「がんばろう」という学力の質のちがいが不明瞭であり、②子どもの学力の現状、たとえば、何を「めあて」にしてどのようなことを学習したのか、そして何が達成され、どこでつまずき、さらに励まし伸ばしていくことは何かをリアルに伝えることが大事ではないか、という問題点が自覚されるようになり、一九七九年以降には表3のような通知表に改訂されることとなった。

表3の通知表は、次のような点に特徴があり、いくつかの配慮がなされたものであった。第一に、「学習のめあて」は、身につけてほしいと教師が考えた学力内容を基本的指導事項ごとに、親にも子どもにもわかるような具体的な

表1　1970 年代初頭の八幡小学校通知表

学習のあゆみ													
	学期	一				二				三			
教科	評　定 ／ 評　定	たいへんよい	よい	がんばろう	所見	たいへんよい	よい	がんばろう	所見	たいへんよい	よい	がんばろう	所見
国語	正しく話を聞きとることができる。												
	分かりやすく自分の考えを話せる。												
	文を正しく読みとり、必要なことばを身につけている。												
	文章をわかりやすく書くことができる。												
	文字を正しくととのえて書くことができる。												
社会	基礎的な知識を身につけている。												
	目的に応じて資料をいかし観察できる。												
	関心をもって問題をみつけ考えようとする。												

出典：池添広志「私たちの通知票改善の歩み」『暮らしと政治』1982 年 11 月号

表2　1976 年度の八幡小学校通知表

第 6 学年　　　　　　　　児童名

第　1　学　期				
教科	学習のめあて	よくできた	できた	がんばろう
国語	話の組み立てを考えながら聞くことができる。			
	目的にそい計画的な話し方ができる。			
	作品の主題を的確に読み取ることができる。			
	よくものを見つめ感動したことを書くことができる。			
	筆順に注意して字形を整えて書くことができる。			
社会	大むかしの人々のくらしと国のなりたちがわかる。			
	貴族中心の政治や農民の生活などがわかる。			
	武家中心の政治がわかり、武士や民衆の生活についてわかる。			
	幕藩体制のしくみや産業文化の発達のようすがわかる。			
	資料をよく活用したり調べたりすることができる。			

出典：八幡小学校学習指導部「年度末総括について」『到達度評価資料』1976 年

表3　1979年以降の八幡小学校通知表

第6学年　児童氏名	○　ねらいに達している △　なお課題を残している		
各教科の学習のめあて	学力のようす		
	基本性		発展性
国　　語	理解 （わかる）	表現 （できる）	よくわかり よくできる
今まで学習した漢字を読み、その大体を書くことができる。			
文章の要旨、展開、構成を見きわめるなかで、書き手の意見・感想を読みとることができる。			
人物の気持ち、性格や場面の様子を正しく想像しながら、読みとることができる。			
選んだテーマを効果的に伝達できる展開・構成を考え、感動を明確に伝える文章を書くことができる。			
文字の形、大きさ、配列などに注意しながら、字配りよく書くことができる			
社　　会	知識・理解 （わかる）	技能 （できる）	よくわかり よくできる
大むかしの人々のくらしと、米づくりが始まってからの社会の変化の様子がわかる。			
貴族政治のもとでの農民・貴族の様子がわかり、貴族政治を支える荘園の発生、増加の中で新しい勢力である武士が発生してきたことがわかる。			
武家政治のもとでの農民・武士の様子と戦国大名発生までの過程がわかり、産業・社会・文化の新しい動きがわかる。			

出典：『1979年度「わかる授業」づくりをめざして――到達度評価研究のまとめ』1980年

表示で示す。第二に、学力のようすを「基本性」と「発展性」とにわけ、すべての子どもに身につけてほしいと考える学力内容が身についたとき「基本性」の学力に到達したととらえ、「基本性」に到達したうえで、さらに、発展学習やレポート学習などにより、「常に正確である」、「定着している」、「総合力がある」などと判断できる学力が身についているときに「発展性」の学力があると評価する。第三に、「わかる」と「できる」の二側面が総合されて学力となる。「わかるけれどもできない子ども」や「わからないができる子ども」のつまずき分析・回復にとってわかりやすいものであるべきだとの判断から、「基本性」の学力を「知識・理解」と「技能」という構成要素に分ける。第四に、いちど未達成という評価がなされても、それ以後のとりくみで回復し、到達したばあいには「基本性」に到達したと評価しなおすことのできる通知表が子どもへの励みとなるものである。

このように同校の通知表にこめられた考えを集約すると、同様に「長帳」をふまえたとりくみであっても、学校ごとの実践の試行錯誤のなかから、実践内容を反映した通知表がつくられていたことが確認できるのである。

第四節　地域の教育計画――綴喜地方小学校教育研究会の活動

以上、第Ⅱ部第一～三章でみてきたように、草内小や八幡小など綴喜の中心校における学校単位の到達度評価実践は、府教委や府教育研究所、先進的な地域の実践に学びながら[6]、あくまでも各学校のそれまでの実践や課題をふまえ、各学校独自の時間区分を刻みつつすすめられたものであった。目標分析や授業・評価プランなどについて実践研究には年ごとに深化・定着がみられ、これらの成果は、まずは町市単位の小学校教育研究会でまとめられ、次に綴喜地域の学校教師によって構成される綴喜地方小学校教育研究会を舞台に共有されるものになっていった。

綴喜地方小学校教育研究会は、当時綴喜地方にあった次の各小学校、すなわち宇治田原・大住・奥山田・草内・三山木・多賀・田辺・田原・八幡・橋本・八幡第三・八幡第四・普賢寺小学校の教師全員加盟の組織で、その組織的運営は、学校代表と教師部部長会、それらを統合する理事会によって構成されていた。

綴喜地域における学校プランづくりから地域プランづくりへの、まさに点から面への実践[7]が展開されていく局面をむかえるが、その舞台となったのが綴喜地方小学校教育研究会だったのである。このことは、この会での交流が学校単位の実践研究を深化させる原動力になっていたことをも意味していた。学校単位の実践から地域を単位とした実践へ、その集約である地域プランの作成、逆に作成された地域プランをたたき台にして各学校での実践検証がなされるという、綴喜地域のこのような一連の作業は具体的には次のような経過ですすめられていったのである。

一九七八年一一月に綴喜プラン作成にむけて、その中間報告会としての意味をもつ綴喜地方小学校教育研究会研究集会が行われた。[8]そこでの研究発表や議論をふまえて、一九七九年三月には、各学校、各教科等研究部においてすすめられてきた実践研究を取りまとめ、それらの全体の内容に「組織的な検討を加えたうえで[9]」、一九八〇年度から実施される教育課程の編成に関する全体計画として『研究討議のための資料　綴喜地方小学校教育課程第一次編成試案』、『綴喜地方小学校教育課程第一次編成試案による実践事例集』（綴喜プラン）が作成された。「試案」には、それが各学校で実践検証を行う「たたき台的性格」のものであると同時に、教育課程編成のための基礎資料とする趣旨がうたわれていた。その後、この「試案」に関する意見を各校からすいあげ、その結果を検討・調整するなどして、翌年三月には『綴喜地方小学校教育課程第二次編成試案』が作成されていったのである。

第五節　その後の展開

一九七八年四月の府政転換に伴い、京都府の行政管理層のレベルにおける到達度評価推進層の人事異動や府教育研究所の改組、府教委による「到達度評価」の取り下げが行われ、府教委と京教組との合意は崩壊していった。確かにそれらと連動したものとして、綴喜地域においても、一九七九年四月には遠藤光男校長が草内小学校着任後二年で転出、綴喜地方小学校教育研究会会長をおりるという事態がおこった。そのようななか、当時草内小学校の存在した田辺町の教育長により「第二の草内をつくらない」という発言がみられるなど、到達度評価実践への圧力が開始されたといわれている。

しかし、学校の実践のレベルでみるかぎりでは、既述の通り、草内小学校における到達度評価三年目の一九七九年度には実践研究がこれまでより拡充したかたちで推進されていたのが確認できるとともに、[10]八幡小学校でも一九七九年度から三年間をひとつの単位とする社会科を中心教科とした実践研究の深化が確認できるのである。[11]一九八〇年代なかごろまでをみるかぎり、この地域の、とくに都市部に位置していた八幡小学校や橋本小学校などにおける到達度評価実践の推進にはまったく衰えがなかったといえるのである。一九八〇年代の教育状況をみすえ、学校現場の実践記録には次のように記されていた。[12]

日本の政治、経済、社会のひきつづく激動のなかで、子どもたちの「認識のゆがみ」「発達のくずれ」の問題状況は、子どもたちの反社会的、非社会的行動として表出してきており、私たちに、かつてないほどの深刻さを提起している。この問題状況を深くとらえた教育活動は、すべての子どもに、認識能力と集団的自治能力を身につけさせるといった学校教育本来の任務を明確にしてきている。私たちが、「学校ぐるみ」でとりくんできた「社会科」の「到達度評価実践・研究」は、これらの問題状況や任務に大きく切り込むものであった。……私たちにとっての到達度評価実践とは、次のような内容をつくり出すことであろう。

到達度評価は、限りなく子どもたちを大切にする。

到達度評価は、教師を限りなく育てる。

到達度実践は、学校づくりである。

到達度実践は、親と手をつなぐ教育である。

到達度実践は、憲法・教育基本法の具現化である。

その後も、当時、到達度評価実践にもとづく到達度評価型通知表の採用が確立された学校にあっては、一九八〇年代末までその形態が存続されていた。しかし、一九八九年学習指導要領がめざす「新しい学力観」以降、その実践に質的転換がなされ、二〇〇一年の絶対評価文部行政への転換を経て今日にいたるのである。到達度評価と今日文部行政が進める絶対評価とは、同様に絶対評価であっても、質の異なるものであることを考えると、その連続・非連続については今後慎重に検討されなければならない。

註

(1) 森岡勇（八幡小学校校長）「はじめに」『一九七八年度　社会科到達度評価研究』一九七九年。
(2) 八幡小学校『ひとりひとりの子どもをよく見つめ進んで学習する意欲を高める指導　昭和四六年度』一九七二年。
(3) 八幡小学校の実践については、一九七五～七七年の総括がなされている山路信明報告「第九回綴喜教研レポート　到達度研究」（一九七八年）をはじめ、『昭和五三年度　算数到達度評価研究』（一九七九年）、社会科部『一九七八年度　社会科到達度評価研究』（一九七九年）、『一九七九年度「わかる授業」づくりをめざして――到達度評価研究のまとめ』（一九八〇年）、『一九七九年度　社会科到達度研究の記録――学校ぐるみで社会科ぎらいに挑戦』（一九八〇年）などによっている。
(4) 池添広志「私たちの通知票改善の歩み」『暮らしと政治』一九八二年一一月号。
(5) 八幡小学校学習指導部「年度末総括について」『到達度評価資料』（一九七六年）からこの改訂を一九七六年と判断した。
(6) 八幡小学校の実践研究のまとめには、府下のとりくみに刺激された旨がしるされている。
(7) 佐々木元禧編『到達度評価――その考え方と進め方』明治図書、一九七九年、一三四頁。
(8) 綴喜地方小学校教育研究会大会資料、一九七八年。
(9) 綴喜地方小学校教育研究会『研究討議のための資料　綴喜地方小学校教育課程第一次編成試案』一九七九年。
(10) 森雅美『到達度評価とわかる授業づくりを生かした学校を基礎とする教育課程の編成』（京都府教育研究所一九七九年度研修員報告書）、一九八〇年。

（11）八幡小学校『一九七九年度〜一九八一年度「わかる授業」の創造をめざす社会科到達度評価の実践・研究記録』一九八二年ほか。
（12）八幡小学校、前掲書（11）。

第四章

内言指導を促す教育方法の開拓へ

小林千枝子

第一節　「目標に準拠した評価」の成立

指導要録における学習の記録の記載が、相対評価から「目標に準拠した評価」になったのは、二〇〇一年の指導要録改訂においてであった。「目標に準拠した評価」はときに到達度評価といわれ、ときに絶対評価といわれる。ここにいう「目標」とは、各教科なり総合的な学習の時間なりの、子どもたちに伝えようとする科学的概念や言語や芸術などの教育内容であり、一応のところは学習指導要領に、発達段階別にそれぞれの目標として設定されている。ただし、観点別評価として設定されている「関心・意欲・態度」重視の風潮下で、授業態度といった科学や言語や芸術ではないものが目標化されることが珍しくない。

本書は、「目標に準拠した評価」の基本形を到達度評価におく。日本では、到達度評価が目標準拠を主張して登場した最初の評価だからである。また、第Ｉ部第一章で述べた戦前型絶対評価と区別するためにも、あえて到達度評価の語を用いたい。

本章では、はじめに、到達度評価と生活綴方のかかわりを、とくに到達度評価は生活綴方を源流とするという中内敏夫の見解が、教育研究者たちにどう受けとめられてきたかを検討する。続いて、学力育成において書くことを重視した京都府下の小学校教師、森雅美の一九八〇年代の到達度評価実践を第Ⅱ部第二章とは別の側面に注目しながら、学校教師の中心的な仕事である学力づくりと生活綴方のかかわりをまとめる。結論として、生活にも目を向けて書くことが、内言指導という点で、より深くわかることを促す教育方法であることを提案する。

第二節　到達度評価は生活綴方を源流とするという見解をめぐって

一九八二年二月、中内敏夫は、「到達度評価・目標運動を、生活綴方運動の六〇年代以後の段階におけるもっとも正当な嫡子とみる」との見解を『教育』誌に発表した。[1] これが生活綴方＝到達度評価の源流論のはじまりである。「嫡子」という表現は、現代からみればいささか古い時代の血縁重視を示すものであることから、本書では、あえて「源流とする」あるいは「引きつぐ」と表現してきた。

さて、中内のこの見解は、『教育』誌の読者たちにとってあまりにも意外で、容易には受けとめ得ないものだったようだ。それをよく示しているのが、久冨善之《くどみよしゆき》の、中内のこの一節に対する「あっと仰天した」という反応である。ここで久冨は『『教育』読者の会」で次の二つの解釈があったことを紹介している。一つは「その真意を図りかねる」、もう一つは「日本の文化構造に分け入って、国家にかかわる民衆の生活からの広場をつくり出そうとする思いが込められているのではないか」である。[2]

中内は同年一一月、再びこの両者の関連性を主張した。すなわち、到達度評価における診断的評価、形成的評価、総括的評価は、生活綴方における、生活文を書く、それを文集にして読み合う、そして討論する、という指導サイクルのそれぞれに相当する、と。[3] さらに一九八五年刊行の『指導過程と学習形態の理論』で、綴方教師たちが「作品評価の基準」づくりに熱中して論争していたことに注目した。ここに、教育評価の基準づくりの、日本社会における原点をみたのである。そしていう。「到達度評価は、みずからの生まれの源流を自覚し、綴方教育のよき遺産を継承するとき、その弱点のいくつかを克服できるだろう」[4]と。中内の場合、教育評価研究の出発点に生活綴方があり、戦前の生活綴方実践のなかに平均点を基準にする教育測定とは異なる評価基準を求める動きが認められたところに、評価もまた教育でなければならないとする教育評価の日本における自生的な芽生えを見出していたのである。[5]

中内のこのような見解は、第Ⅰ部第一章で述べたように、生活綴方≠教育の見解も含めて、少なくともメジャーな論争を引きおこすことにはならなかった。しかし、生活綴方も教育評価も自らの守備範囲とする研究者にとって、この見解は見過ごすことのできないものである。とりわけ生活綴方の教育評価論を検討する川地亜弥子と、生活綴方の評価基準に注目する平岡さつきは、到達度評価が生活綴方を引きつぐものだという中内の見解に、正面から取り組んだ。

川地は、戦前の生活綴方における教育評価の実際を明らかにする研究を積み上げてきている。[6]その過程で、生活綴方における子どもどうしの相互評価や、教師が子どもたちとともに作品を批評し議論する協働者であることなど、生活綴方に潜在・顕在する教育評価の特色を取り出している。

それでは川地は、中内の到達度評価は生活綴方を源流とするという見解をどうとらえたのか。川地がとらえた生活綴方の教育評価論上の豊穣さは、到達度評価に引きつがれうるものなのか。川地は中内のこの見解そのものを俎上に載せた論文を発表している。[7]そこで川地は、中内の論考を川地なりの生活綴方研究の蓄積を踏まえて、丁寧に整理している。中内は一九九四年に、生活綴方は一九三〇～四〇年代日本の子どもの「形成」過程を学校の教室を舞台に組織しようとしたものであって、正確には「教育」ではないと主張するようになる。[8]川地はこうした中内の生活綴方規定の変化をも留意したうえで、「やはり『正系の嫡子』論はやや無理があったのではないかと考える」

と結論づける。その理由については次のように説明している。生活綴方は「綴方を通して一人一人の悩みや不安や疑問を知ることと、それを基盤として指導を展開することであり、そこから目標設定する」。これに対して、到達度評価・目標運動における「目標の設定は、教育的価値のある科学や文化の体系から教師が行うものであって、このときに指導する子どもの個々の悩みや不安は必ずしも考慮に入れる必要はない。実際には、子どもたちの形成の世界を無視して教育は行えないが、目標は子どもたちの形成の世界を無視して設定することもできるのである」。川地は、目標設定のあり方が、生活綴方と到達度評価とでは大きく異なることから、両者は相いれない関係にあると結論づけたといえよう。

じつは、到達度評価をどうとらえるかという点について、定説があるわけではない。京都府教育委員会が一九七五年二月に公刊した『研究討議のための資料　到達度評価への改善を進めるために』（「長帳」）が一つのモデルになりはするが、これは各地で実践研究を進めるうえでのたたき台としてつくられた。つまり、到達度評価は独自につくっていくものとしてはじまったのである。そして、到達度評価で重要なのが評価基準となる目標の設定である。目標を「子どもの形成世界を無視して設定することもできる」とする川地の到達度評価像は、少なくとも到達度評価生成時にはなかった。第Ⅰ部第一章で述べた代行論で示されているように、目標の持ち主は子ども自身であって、教師は目標を仮にあずかっているにすぎないのである。

現代日本では、学習指導要領が目標一覧の役割を担っている。それでも、「本時の目標」設定は、教師の子ども把握が前提となる。つまり、個々の子どもの実態に即して目標を設定することが必要になってくる。そう考えると、「子どもの形成世界を無視して」目標設定する教師はいるだろうが、到達度評価をそうとらえるのは誤解である。川地も、「到達度評価・目標運動についてのさらなる重要な分析が必要だろう」と、課題を残している。

もう一人、平岡は、戦後、小学校長として通信簿改善や授業づくり研究を展開した綴方教師、師井恒男の生活史や教育実践研究、小砂丘忠義の綴方選評基準の研究を行ってきている。[9] これらのなかには中内との共著論文もあり、平岡が中内の主張を中内自身に寄り添いながら理解していったことがうかがわれる。

中内・平岡によれば、山口県宇部市の師井恒男は生活教育論争を経て教育科学研究会（教科研）に参加した綴方教師であり、戦後、小学校長として、早くも一九五〇年代に、五段階相対評価とは異なる、子どもたちが何ができて何ができないかがわかるような通信簿を考案・実施した。また、校内研究会を行うようにして、授業づくりや学校づくりに精出した。師井の戦前から戦後に至る実践は、まさしく生活綴方から到達度評価への流れを示すものとなっている。師井の場合、生活教育論争を媒介することにより、自らの綴方教師志向と決別するという経緯をたどった。生活教育論争については第Ⅰ部で言及したが、狭義には、教科研幹事長の留岡清男の「綴方教師の鑑賞に始まつて感傷に終るに過ぎない」という生活綴方批判を契機とした留岡と綴方教師たちとの論争をいう。師井は留岡に対して反論しながらも、次第に留岡の主張を受け入れて教科研に参加するようになる。そうして師井は身近に接する炭坑夫の親と子の学力要求に応えて学力保障を重要な課題とするようになるのである。こうした師井の模索は一九四一年ごろのことであった。師井の生活綴方から到達度評価への「転生」は、生活綴方から到達度評価への流れを体現している。この流れが、教科研の教育内容や国民教養の最低必要量の研究[10]を媒介するものであったことを、ここで確認しておきたい。

中内が到達度評価は生活綴方を引きつぐというとき、その引きつぐものはいったい何なのか。平岡によれば、『綴方読本』や『綴方生活』を主宰して生活綴方実践をリードした小砂丘忠義の綴方選評基準や作品評価基準は、主体形成であったという。第Ⅰ部第三章でも平岡が詳述しているように、それは、小砂丘の子ども向けのことばで示せば、「もつとあなたらしく」や「一生懸命の心を」であった。平岡によれば、「子どもが生活するなかで遭遇する事実をありのままに受けとめて書き写すことにくわえ、その事実に対する自己の内面における吟味、思考、逡巡の過程を表現することが求められていた」[11]のである。到達度評価が生活綴方を引きつぐというとき、主体形成が、その引きつぐべきものとして大きく位置づくことが、示唆されている。

第三節　内言指導としての生活綴方へ

一九七〇年代半ばから八〇年代にかけて京都府全域で到達度評価実践が展開されたとき、書くことを積極的に取り入れて到達度評価実践を行った教師がいた。子どもたちはレポート作成を自宅学習として習慣化させるようになっていった。そのレポート指導は主体形成に積極的にとりくむことであったとみられる。その教師とは、第Ⅱ部第二章でも取り上げた京都府田辺町立草内小学校の森雅美である。

森は、「基礎学力の中心は概念形成」だと語る。概念形成とは、たとえばかけ算であれば、かけ算とは何かを自分のことばで説明できることだという。読・書・算はその上に乗っかってできるようになること、つまり、わかってできるようになることが大切だというのである[12]。

森は多数の教育実践記録を公表している[13]。これらのなかから、森の授業実践において書くことがどのような意味をもっていたのかを、学習嫌いで問題行動を起こしがちな子どもと、逆に、独自に進んでレポート作成に勤しんだ子どもの二つのケースから検討してみよう。

A（五年・男子）はいわゆる問題児であったが[14]、「学力を着実に身につけるに伴って、問題行動は減り」、落ち着いた生活ができるようになった。森によれば、Aはかけ算の概念ができておらず、わり算の計算もできないので、文章題はほとんどあてずっぽうで立式し、間違っていることがわかると学習を放棄して「荒れる」ことを繰り返していた。森はかけ算とわり算の習得をAの回復学習の指導目標として設定し、休み時間や給食の時間などにAの机を教師用机の隣にもってこさせて指導を続けた。森は算数の問題を解かせることに加えて、学習した内容を文章で表現させるようにしていた。回復指導間もないころのAのノートの記述は、句点も不十分で字も読みにくい。しかし、理解が進むにつれて字が丁寧になり文章も正確になってきている。このことは、森の文章指導の成果もあったと思われるが、わかることが子どもにもたらすものの大きさを伝えている。森はこうまとめている。「Aの場合は、低学力が学習への意欲を失わせていたので、学力回復によって情緒が安定し、学習の受け入れができたといえます」。

一方、「全校ぐるみで到達度評価の実践をすすめていた草内小学校の卒業生」Nは、「ごく普通のどこにでもいそうな、おとなしい少年」だが、「彼の瞳はいつも輝いて」いるという。[15] Nは「勉強すると脳がすっきりする。息をしたり、水を飲んだりするのと同じようなこと」だという。そのNがあるとき京都で開催されたピカソ展をみて「パブロ・ピカソの絵」と題するレポートを四〇〇字詰め原稿用紙四一枚分書いた。ピカソの絵を具象と抽象に注目して論じたもので、この認識方法のはじまりは、算数の授業で学習した「正比例」にあるという。Nは「この他、文学、説明文、社会・理科、体育など一年間で三百枚を超えるリポートを書いてそのうえ、児童会主催の平和学習、七夕の集いなどの実行委員をするなど、とても意味のある小学校生活を送」ったとも森は書いている。森はNに体現されたことがらをこうまとめている。「彼の認識力が学力を基底として成り立ち、培った認識力が逆作用して学力を発展的なものに高め、それが彼の人格（ものの見方・考え方）にまで及んでいるともいえるようです」。

森は概念形成を踏まえた確かな学力が人格にまで及ぶことをめざしていたのである。森の実践において、書くことは、子どもの心身につくられる、あるいは潜在している、学力から人格への通り道をしっかりしたものにしていくこととして位置づいていたとみられる。この人格形成の部分は、到達度評価論では発展性学力あるいは習熟といわれてきた。じっさい、森は、すべての子どもに習熟の力をつけようとしたと筆者たちに語った。[16]

さて、到達度評価は目標準拠の評価である。この点については周知されており、それゆえに指導と評価の一体化をめざす「目標に準拠した評価」が文部科学省より推奨されたことで、あえて到達度評価を重視する必要はないと考える人もいるだろう。しかし、京都府の到達度評価実践の原点を示すといえる草内小学校の森実践では、概念形成の方法として、書くことを積極的に取り入れていた。この点は第二章でも述べた。この書くことの指導は、人格づくり、すなわち主体形成を促すとともに、思考力・判断力・表現力の育成にも連動する。そう考えると、到達度評価は、「真正の評価」に勝るとも劣らない今日的な可能性を有しているといえよう。その場合、自分のことばで文章表現することは不可避の要件となろう。森実践における書くことは、授業で学習したことを文章にまとめることや、授業での学習を契機として考えたことである。それは生活綴方ではないが、小砂丘忠義が大事にした自分の内面世界の表現という点で生活綴方と連動する。

内面世界の思考や逡巡に用いられる、いわばことば以前のことばを内言という。第Ⅰ部第二章で詳述したように、内言とは、話しことばや書きことばなどコミュニケーション用のことばを外言とするのに対して、自らの心のうちのことば、すなわち思考語のことである。思考語とはいえ、心の深い部分と通じており、嬉しいとか悲しいといった感情ともつながっている。内言と外言の往還は、深くわかることの前提である。かつて中内敏夫は、生活綴方は内言指導の教育方法学だと主張したが[17]、森実践における書くこと重視は、まさしく内言指導である。森はこれをわかることの始発点となる概念形成の重要な方法として位置づけている。この内言指導を通しての深い理解が人格にもたらす好影響こそ、森が、そして草内小の到達度評価実践がめざしたものだったのである。

到達度評価は子どもたちが科学や言語や芸術等を深く学習することをめざす。生活綴方と連動する書くことは、到達度評価実践において、目標ではなく方法として位置づく。

草内小は自覚的に到達度評価実践に取り組み、森はその中心にいた。森の、すべての子どもに習熟の力を、という言説は、森にとっての到達度評価実践が、目標準拠にとどまらないことはもとより、教師たちの教育という仕事への向きあい方が大きくかかわることも伝えている。草内小を含む京都府におけるこうした動きを明らかにしていくことは今後の課題としていきたい。

なお、科学や言語や芸術等の目標研究に日本ではじめて本格的に取り組んだ戦前の教育科学研究会が、戦後日本に連なる動きとして、どのようなものがあったのかを、綴方教師の動きとともに丁寧に探ることも重要な課題である。第I部第五章で述べたように、この点については未解明の部分が多いのだが、戦後日本の教育の特質を明らかにし、さらに在来の教育実践や教育論議の蓄積を継承することを促すテーマである。

註

（1）中内敏夫「『学力』論争の回顧と展望——生活綴方・到達度評価・公害学習」『教育』一九八二年二月号。

（2）久冨善之「『教育』読者の会だより」『教育』一九八二年七月号。

（3）中内敏夫「進路指導・生活綴方・到達度評価」『教育』一九八二年一一月号。

（4）中内敏夫『指導過程と学習形態の理論』明治図書、一九八五年、六九頁。

（5）中内敏夫「教育評価」『岩波講座現代教育学　第二巻』岩波書店、一九六〇年。

（6）川地亜弥子「加藤周四郎の綴方評価論とその実際」『京都大学大学院教育学研究科紀要』二〇〇二年、同「東井義雄の教育評価論の再検討」『関西教育学会研究紀要』第三号、二〇〇三年、同「戦前生活綴方における教育評価論の構造——一九三〇年代の『集団的合評作業』の分析を中心に」『教育方法学研究』第三〇巻、日本教育方法学会、二〇〇四年、同「戦前生活綴方における教育評価論の誕生——小砂丘忠義の理論と実践を中心に」『人間科学研究』第八号、大阪電気通信大学、二〇〇六年、同「戦前生活綴方における教育評価論の検討」『人間科学研究』第九号、大阪電気通信大学、二〇〇七年、その他。

（7）川地亜弥子「生活綴方運動と到達度評価・目標運動についての一考察——中内敏夫の教育論を中心に」『京都大学大学院教育学研究科紀要』第四九号、二〇〇三年。

（8）中内敏夫「『児童労働』の時代——〈形成〉の社会史序説」『叢書〈産む・育てる・教える〉四　企業社会と偏差値』藤原書店、

一九九四年。

(9) 平岡さつき「〈綴方教師〉師井恒男の誕生と転生――到達度評価成立史研究序説(上)(中)(下)」『〈教育と社会〉研究』第一～三号、一橋大学〈教育と社会〉研究会、一九九一～九三年、(上)のみ中内敏夫と共著。同「宇部文化協会における師井恒男の教育実践――社会改訂とのかかわりをふくめて」『一橋論叢』第一一四巻第二号、一九九五年、同「評価規準転換が教育の本質に及ぼす意義――一九二〇～三〇年代における綴方作品評価基準の検討を通して」『上田女子短期大学紀要』第二八号、二〇〇五年、同「子どもの綴方指導選評指導をめぐって――小砂丘忠義を中心に」中内敏夫監修『復刻 鑑賞文選・綴方読本別巻』緑陰書房、二〇〇七年、その他。

(10) 民間教育史料研究会編『教育科学の誕生――教育科学研究会史』大月書店、一九九七年、小林千枝子『教育と自治の心性史――農村社会における教育・文化運動の研究』藤原書店、一九九七年、など参照。

(11) 平岡さつき「子どもの綴方指導選評指導をめぐって――小砂丘忠義を中心に」(前掲(9))。

(12) 二〇一三年一一月四日、森雅美からの聞き書きによる。聞き手は遠藤吉郎氏と平岡さつき、小林千枝子の三名。場所は滋賀県の旧大津公開堂。

(13) 森雅美「到達度評価と通知票・指導要録――京都府綴喜郡における小学校の実践」『到達度評価ジャーナル』一九八〇年、同「算数・数学科」稲葉宏雄・大西匡哉・水川隆夫編『基礎からの到達度評価――わかる授業と確かな学力を求めて』あゆみ出版、一九八四年、同「Ⅲ－5 つまずき発見テストの作成と学力の回復」『現代教育と評価 三 教育評価とテスト』日本標準、一九八四年、同「第五学年『単位あたり量』」『現代教育と評価 六 算数のめあてを生かす授業と評価』日本標準、一九八四年、同「Ⅱ－2 算数科の指導における形成的評価の実際」天野正輝ほか編著『授業改善の原点を求めて――形成的評価の理論と実際』日本標準、一九八六年、同「子どもの生活の組織化と子どもの学力保障―子ども集団の形成を軸として」全国到達度評価研究会編『到達度評価』第八号、明治図書、一九八七年、その他。

(14) 以下、Aについての記述は森雅美「つまずき発見テストの作成と学力の回復」(前掲(13))による。

(15) 以下、Nについての記述は森雅美「Ⅲ－5 算数・数学科」(前掲(13))による。

(16) 前掲(12)。

(17) 中内敏夫『生活綴方』国土社、一九七六年、七〇～八五頁。

第五章

奥丹後における「地域に根ざす教育」と到達度評価

小林千枝子

第一節　「地域に根ざす教育」から「村を解放する学力」へ

「地域に根ざす教育」は一九七〇年代に全国的に広がった教育実践であり、学校と地域社会とが何らかの形でかかわることを特色とする。(1)一方、到達度評価は一九七〇年代後半に成立し、一九八〇年代中に全国に広がった。いずれも、日本社会未曾有の変動期となった高度成長期を経たときに登場した。両者がこの時期にその必要性が主張されたことには、それぞれに必然性があった。

本章では、この両者の実践が同時に、といっても「地域に根ざす教育」の方が息長く展開された京都府奥丹後地域を研究フィールドとして、この両者がかかわることの意義や今日的可能性を明らかにすることを課題としている。(2)とくに取り上げるのは、久美浜町立川上小学校と峰山町立峰山中学校である。(3)

同様のテーマで奥丹後を研究フィールドとした研究に、長谷川裕と菊地愛美の研究がある。(4)長谷川は両者が何らかの論理で結びついていたようだとする。一方、菊地は到達度評価の「狭さ」を指摘する。菊地の見解は川上小、ついで峰山中で実践を展開していた元教師からの聞き書きにもとづくものである。この元教師に限られないだろうが、到達度評価のめざす学力内容を受験学力そのものでなくともそれに近いものととらえた場合、学力保障を促す到達度評価は文字通り「狭い」ものとなる。しかし、解き明かすべきは、幅広い総合学習として展開された奥丹後の「地域に根ざす教育」を到達度評価と結びつけてとらえようとしなかった、その事情や、結びついた場合の可能性ではないだろうか。

以下、はじめに、大まかながら、高度成長期がもたらした日本社会の特色を、奥丹後の場合をとくに取り上げながらとらえる。続いて「地域に根ざす教育」が登場してくる経緯、さらに到達度評価の実践研究がどのような教育実践のなかで行われたのかを、奥丹後地域に焦点をあてて検討する。

その際、教育のあり方をめぐって、教師たちの間で議論されたことがらに注目する。そこでのキーワードが二つある。

一つは「勉強せんと百姓せんなんど」である。親が子どもに「勉強」させるために言ったものだが、一九三〇年代の、自らの進路選択問題を取り上げた生活綴方作品「職業」(佐藤サキ作、鈴木正之指導)の背後にあった問題が、より深刻な形で現れてきたことを象徴する表現である。

もう一つは「村を解放する学力」である。戦前以来の綴方教師、東井義雄が『村を育てる学力』を公刊したのは一九五七年だった。高度成長期以後、「村を育てる」ことが生きることにつながらない現実が生じていた。「村を解放する学力」は、そうした現実のなかで奥丹後の教師たちが考え出した学力像である。

第二節　一九六〇~七〇年代日本の社会事情

一九五〇年代後半から一九七三年のオイルショックまでの時期を高度成長期という。この時期に、急速な経済成長だけでなく、交通網の変化、労働事情、教育事情その他、さまざまな面での変化があり、人々の暮らしぶりが大きく変化した。高校進学率が急速に上昇し、一九七四年に九〇％を超えた。子どもを少なく産んでよく育てようとする「教育家族」が大衆化したのも、この高度成長期である。その際、よりよくというときのそのよさの中身が学歴獲得に矮小化される傾向にあった。かくして塾や家庭教師等の教育産業が栄え、高校も大学も増設された。

集団就職による若年労働者の都市部への人口の大移動があり、過疎・過密問題も顕著になった。都市部は若者が増えて活気づいたが、地方農山漁村は、祭り等を担っていた若者が極端に減って、在来の文化を衰退させていった。戦後の新学制下で各町村に設置された新制中学校は、一九五〇～六〇年代の市町村合併とともに統廃合が進んだ。

一九六〇～七〇年代の人々の暮らしぶりの変化は、全国いたるところでみられたであろう。それは、砂利道からアスファルト道路への変化、家電製品やマイカーの広がりといった生活環境の変容を伴いながら、労働、教育、娯楽、出産、食事、家族や親族等々のあり方を変化させたのである。

奥丹後の場合、高度成長期は「ガチャ万時代」といわれる。丹後ちりめん機業は近世以来の伝統をもつが、この時期に西陣織が広がった。奥丹後は機業全盛となり、「ガチャ」と織機を動かすことで多額の現金収入が得られることをこのように言った。

農林漁業中心から製造業中心へと産業構造が大きく変わったのである。機業の主役は女性であった。そのことは子育てのあり方だけでなく、いわゆる「嫁」が現金収入の担い手となることにより家族員の力関係にも影響を及ぼした。相対的に老人の力が低下することになった。

時間を惜しんで織機を動かし続ける母親の生活は、子育て環境を大きく変えた。インスタント食品に頼り、子どもと会話するよりもＴＶに子どもを預けるといった生活は、子どもの形成過程を従来とは著しく異なるものにしていった。

その機業もオイルショック以後、生産の場を韓国等に移したため不況になっていく。親たちは、家業としての農林漁業や機業を子どもたちに継がせることに将来展望を開くことができず、子どもの職業生活を考えればこそ学歴をつけて外へ出すという選択をすることになる。

一九六三年一月末から二月にかけて奥丹後を襲った豪雪を機に、山間地域では離村者が続出し、廃村となった地域が増えた。廃村とは、神社があり、墓があり、親やその親たちが暮らしを紡いできた土地を捨てることである。捨てられた地域は、人の手が入らず、荒れる一方となる。

豪雪という自然災害はこれまでにもあった。人々は自然災害と闘いながら、生活の場を数世紀にわたって切り拓いてきたのである。しかし、それは、手作業によって農林業を続けることが前提の生活においてのことだった。農業の機械化は一定幅の道路を必要とした。機業にしても、電気が通っており、出荷可能なだけの、やはり一定幅の道路がないとはじめられない。こうした状況下で、奥丹後は山間地域の離村・廃村を進めることになったのである。これは、とくに老人にとってはまさに身を削る思いを伴った。

奥丹後では、この時期以前には、たとえば丹後町の宇川では牛を飼う農家が多く、子どもたちは牛の世話をしながら牛と心を通わせていた。異年齢集団で川遊びをしながら木の実をとって食べるのは山間地での子どもの生活風景だった。子どもたちは地域の大人たちに見守られながら、動植物とともに生きていたのであり、そこには、その土地なりの豊かさがあった。

こうした文化は共同体文化の一面である。「僻」は考え方や位置が偏っていることを意味する字で、「僻地」は中心部から離れたところを意味する。つまり「僻地」は各地域それぞれに有してきた文化（＝共同体文化）の消失を象徴する表現でもあるように思われる。奥丹後地方教職員組合（奥丹教組）は「僻地」を「恵まれない地域」あるいは「へき地」と表現することもあった。「僻地」という表現があって当然ではなかったことを想わせる。(5)

第三節 「地域に根ざす教育」の登場

「勉強せんと百姓せんなんど」が語る世界

「地域に根ざす教育」は、学校が「地域」、すなわち子どもたちの居住地の人間形成力に、目を向けざるを得ない状況が、高度成長期を経るとともに広範にみられたことに起因する。それまで、「地域」の人間形成力は、生活に付随する種々の慣習のなかに埋め込まれていたためにとくに意識されることもなく、その人間形成上の重要性が気づかれることもなかったのだと思われる。子どもたちは、労働、近所づきあい、異年齢集団のなかでの遊び、親族間交流等々、長い間に慣習化されてきたことがらのなかで育っていた。しかし、産業構造の変化とともに、その慣習に異変が生じ、それは子どもたちの形成過程に影響を与えた。

奥丹後の場合、農林漁業から機業へという転換のなかで、教師たちは、視力低下、脊柱異常、緘黙《かんもく》など子どもの身体上の異変に気づいていった。川上小学校の教師たちは、「生産を高めるためには位をつけるのもひとつのいい方法」だと語る子どもの発想に、ある種の歪みを感じとった。さらに、「勉強せんと百姓せんなんど」（勉強しないと百姓をしなくてはならなくなる）という親の語りに、見過ごすことのできない危機をとらえた。

川上小の教師たちは、校区全体の生活実態調査を展開し、学校と公民館を中心とした、いわば地域づくりに踏み出した。学校では、老人学級を再開し、地域に教材を求め、「労働教育」を推進しながら地域の人々とともにつくる教育をめざした。それが川上小の「地域にねざした教育」だった。

教職員の組合活動が盛んだった峰山中学校では、戦後民主主義を象徴する憲法と教育基本法にもとづいた「民主的主権者の育成」を目指して、「目標学習」と称する独特の道徳教育を考案・実施した。これは特設道徳の時間を利用した一種の総合学習で、生徒たちが地域の産業や福祉、観光、歴史等々の調査を行うことを含む。生活指導から卒業論文作成、進路指導まで組み込まれており、各教科の学習を踏まえた総合的で発展的な学習を促すものとして作用していた。

峰山中では、教師たちが地域に出ていって父母たちとともに地域小集会を開催し、その積み上げとして、峰山町の保育園や小学校、高等学校とも協力して、峰山町教育研究集会を開催していた。さらに峰山町民主教育の会や峰山町環境浄化の会といった町ぐるみで地域づくりを促す活動を展開しており、その中心に峰山中や峰山高の育友会（PTA）役員たちがいた。こうした町ぐるみの活動が成立するまでには、峰山中の教師たちが父母たちを地域の人間形成の主体へと導く地道な営みがあった。こうした取り組みがあったからこそ、地域住民や家族の協力を必要とする「目標学習」を行い得たといえよう。「目標学習」は一九七二年度から一九九三年度か一九九四年度まで続いた[6]。

川上小の場合も峰山中の場合も、教師は積極的に地域住民とかかわっている。地域の問題に教師が深くかかわることは、ときに教育の世界をはみ出るものの方に身を乗り出していく可能性を孕むことになる。奥丹後の場合、地域の問題を解決するには政治を変えねばならないと、政治家へと転身する道も存在した。実際、教職員組合を介しての政治活動は教師たちにとって身近なものであった。教育の世界と深くかかわるとしても教育からはみ出るものである政治活動を中心とする生活が悪いわけではないが、教育の現場から離れていくことは否めない。到達度評価は、教師に、授業を中心とする学校教師ならではの教育固有の役割を確認させてくれるものであるように思われる。

ところで、「勉強せんと百姓せんなんど」は、人々の暮らし方の変化に伴って「勉強」の意味合いが変化したことを象徴する表現である。「勉強」は高校進学のため、高校進学は就職のためというように、「勉強」が特定の知識や技能の習得のためではなく、学歴獲得のためのためになってきたのでる。

学校と職業世界のつなぎは、すでに一九三〇年代に問題にされていた。第一次世界大戦を経るころから日本は資本主義社会へと離陸しはじめた。同時に、会社員、工場労働者、商店員といった職業に加えて、女子であれば電話交換手その他、新しい「職業婦人」の将来像も考えられるようになっていた。このころ秋田県に、日曜日に集まって子どもの作品を検討し合う綴方教師たちのグループがあった。あるとき、鈴木正之という教師が高等科二年女子、佐藤サキの作品「職業」を持ち込んできた。この作品は、理論家肌の教師、佐々木昂が「リアリズム綴方教育論（二）」[7]で取り上げたことから研究史上広く知られることになった。

この作品をめぐって綴方教師たちは、自分たちはいったい何を教えてきたのかと深く反省するのだが、本論が注目するのは、サキの父親の語りである。サキは高等科卒業後につく職業として「百姓はやだ」と思ったが、それは口にせずに、産婆学校に行って産婆になりたいと父親に言った。しかし、サキの家にはさらに学校に通わせるだけの経済的余裕はない。父は言う。「百姓え、百姓え」と。家で農業をやることを強く勧めたのである。ここには、農業をやっていれば、貧しくとも食べていけるという判断がある。金儲けはできなくとも食糧自給生活ができるという「百姓」の強みの表現でもある。

さて、川上小の教師たちが問題視した「勉強せんと百姓せんなんど」は、農業を営んでいる父親が、農業では食べていけないと判断していることを反映している。食べていく＝生活していくことの中身が、職種の違いも含めて一九三〇年代と一九七〇年代とで違ってきているので単純な比較はできないが、次の二点は確認できよう。

① 一九七〇年代において、子どもに「勉強」させて高校に進学させることが、子どもの職業生活保障の条件であると考える傾向が、確実に現れていた。

② 農業は将来性がないと、農業を営む親自身が考える傾向が生じていた。

親たちの子どもの「勉強」に向ける意識の強さは、他でも確認できる。峰山中育友会誌『やまびこ』一九七一年度版に「中学生の意見」が掲載されている。そこには次のような記述が多数みられる。[8]「わたしは勉強しとるのに、母は『勉強せえ。』というのでやめてほしい」。高校進学率が九〇%を超える事態を促した親たちの意識であり、ことは奥丹後に限られないだろう。

「村を解放する学力」へ

丹後ちりめんの伝統をもつ奥丹後では、織物工場への就職が中卒労働者の職場生活を保障していた。その労働内容は前近代的なものであったが、一九六一年の丹後ちりめん闘争を機に、[9]賃金が引き上げられて労働環境は変わりつつあった。

しかし、一九六三年の豪雪以来、事情が変わっていった。奥丹後ではこの豪雪を機に離村・廃村が大きく進んだ。そして織物工場は、中卒労働者よりも、離村して山を下りてきた中年女性を雇用するようになっていった。また、納屋や牛小屋を改造して織機を据えて、母親が朝から晩まで織機を動かし続けるという生活が広がった。父親は単身出稼ぎや土木作業に従事するのがよくあるパターンだった。山を下りるということは、炭焼き等の山の仕事もなくなることで、この点でも奥丹後における労働の場が縮小されることになった。若年労働者には、村に残ったとしても、経済面の苦しさに加えて結婚難が待っていた。こうして若年労働者の流出がとどまることなく続くことになった。[10]

一九六〇年代後半以後の奥丹後、とりわけ「僻地」においては、若年労働者が「村に残る」余地がなくなっていた。東井義雄が「村を育てる学力」と「村を捨てる学力」を問題にした一九五七年当時と、[11]「村」は大きく変わっていた。「村を育てる」どころか「村に残る」ことさえできないというのが奥丹後の一九六〇年代後半以後の状況だったのである。

興味深いことに、高校進学率は高くなっていった。一九七〇年ごろの京都府における中学校卒業後の進路状況は、九〇%近くが高校に進学し、高卒者の約半数が就職するというものだった。奥丹後では、一九七〇年代中ごろのことだが、高校「進学率は三郡九六%、峰高下九七%」[12]という報告がある。いうまでもなく村を出て就職するための高校進学である。

教師たちは「村に残る学力」でなく「村を捨てる学力」を選択せざるを得ないというジレンマに追い込まれながら、「村を解放する学力」を追求しようとした。それは「村で生活の出来ない事実から具体的に学び、その原因を追求していく学力」であり、「子どもたちの主体的な自覚をよびさましていきながら」つけていく学力である。[13]「村を解放する学力」は、奥丹後の教師たちが「地域に根ざす教育」を展開するなかで、模索の果てにたどりついた学力像だったのではないだろうか。それは認知的な面に加えて情意的な面も伴う。その学力の一つのあり方が、下戸明夫脚本の『雪崩』の最終部分で組合活動にも励む若い一女性が語る、次の表現に示されているように思われる。[14]

お父ちゃんは精いっぱいやつてきなつたでえ、生きてきなったんだでえ、小さな百姓をのうして、大きな百姓ばつかりにしようゆうのが、今のやりかただあな……、怒つて、我を張つとつたつてあかへん、山をおりてなんでもえゝ精いっぱいしごとして、なんでこんなことになつたんか、みんなで考えていくだあな、なあお父ちゃん。

村を出るための学歴、そのための選抜方式の入学試験、そのための勉強という構図は、相対評価がもたらす敵対的競争関係や「落ちこぼれ」問題に拍車をかける。ここに、相対評価をとらえ直し、それに代わる評価としての到達度評価が登場してくる必然性がある。奥丹後における到達度評価の実践研究でめざされる学力は、まさに「村を解放する学力」であったろう。しかし、奥丹後の教師たちが、到達度評価と「村を解放する学力」とを自覚的に同一次元でとらえようとした形跡は明瞭には確認できなかった。しかし、可能性は確実に存在していた。

第四節　到達度評価の実践研究

奥丹後全体の動き

奥丹後では早くも一九六一年に、五段階相対評価は、競争心をあおる、努力と結果が一致しないなどの問題点があると、生活指導の研究会で指摘されていた[15]。そして、丹後同和教育研究会が奥丹後各校の通信簿を集めて一九七〇年に編集・発行した『ひとりひとりの子どもの限りない可能性を求めた評価は！――差別と選別につながる五段階相対評価の改善をめざすとりくみをすべての学校でおこそう』には、「他人と比較して評価し、人間そのものまで値ぶみし、決定されてしまうようなもの。職業まで決まってしまう就職、学校まで決まってしまう」、「はたまた人間の一生まで決まってしまう差別評価ではなく」といった文言がある。

こうした奥丹後の教師たちが、一九七五年二月に京都府教育委員会（府教委）が『研究討議のための資料　到達度評価への改善を進めるために』（「長帳」）を公刊して、その必要性を高々と宣言した到達度評価の実践研究を、自分たちの課題としていち早く取り組むのは、必然的な成り行きであった。

奥丹教組は、一九七五年六月の定期大会において、「真に児童・生徒の学力をのばす学習評価の改善とゆたかな学力をめざしとりくみを進めるために（京都府教委『到達度評価改善』の実践化に当って）」と題する文書を発表し、府教委提案（＝「長帳」）は「特に通知表の改善をめざすとりくみとして進められて」きた「科学的な教育評価をめざす自主的な教育実践」の延長に位置づく、との見解を示した。また、奥丹教組・校長会・丹後教育研究連絡協議会（丹教連）の三者が協議して到達度評価改善推進三者協議会（三者協）を結成した。そして早くも一九七五年度中に国語・社会・算数・理科・保健体育・音楽・美術図工・技術家庭の到達目標・指導内容一覧表（丹後プラン）が八分冊にまとめられ、小中学校の教師一人ひとりに配布された。一九七七年二月には「丹後到達度評価調査団」を組織してバス二台で京都市に赴き、京都府教育研究所、教育センター、府教委などを訪れた。一九七九年二月にも同調査団を組織して草内小学校や平盛小学校を訪れている。

奥丹後における地域をあげての到達度評価の実践研究の成果は『小学校の到達度評価――新教育課程版　わかる授業の実践』（地歴社、一九八〇年）や京都府の教師たちを執筆陣として「京都からの報告」を副題にして刊行された教科別の実践研究書等に、実践記録として収録された[16]。こうして京都府をリードする力強い動きを示しながらも、教師たちはある反省を迫られる。実践研究五年目の一九八〇年七月の奥丹教組の定期大会でのことだった。「少ない分会」ではあったが、「運動が二〇坪の教室にとじこもる傾向や学力保障の真の解決に役立つ実践としての展望が失われてきている傾向」が出てきたというのである。一部では「到達しない生徒の名前をはり出す」「差別的」な教育実践もみられたという。そこで奥丹教組執行部は次の打開策を提案した。①わかる授業への改善・努力、②集団・相互援助の学習の推進、③学力問題の背後にある家庭の問題を含む多様な原因に目を向けて、親やＰＴＡと連携する運動と到達度評価を結びつけること[17]。

到達度評価の追求する学力がどういうものなのかという議論は、京都府教育委員会内でも十分になされていたようには思われない。「長帳」は各地域での実践研究を促していた。しかし、授業研究とともにめざすべき学力の中身について、学力の社会での使われ方まで含めて議論されたかどうかは、少なくとも公刊された書籍類からは確認できない。各教育現場においては、学力を受験に有利な学力とみなす場合もあったろうし、単純に教師の求める学力内容ととらえる場合もあったのだと思われる。

奥丹後の場合、一部に「差別的」教育実践があったとしても、とくに川上小については学力の中身についての検討がなされていた。以下、川上小学校と、峰山中学校の場合をみていこう。

川上小学校の場合

川上小では、一九七〇年に住民生活実態調査運動を行ったうえで、一九七三年度より『地域にねざした教育』を公刊して「労働教育」をはじめとする独自の実践を展開していた。地域の人間形成力を引き出すべく地域づくりに踏み出したのである。前述の「勉強せんと百姓せんなんど」は、このころ、教師たちがとらえた親の子どもへの語りだった。到達度評価については、これを「わかる授業」づくりととらえ、人権尊重や労働重視を含む「地域にねざした教育」の、いわば下位目標に位置づけていた。

ところが、『地域にねざした教育』各年度版を詳細にみていくと、一九七五〜七六年度を境として、到達度評価の比重がぐんと大きくなる。その直接的な契機は、全教職員による「群馬県の教育視察」であった。そこで「限りなく伸びている子供の姿」を目の当たりにしたことから、「到達度評価改善」に明るい展望をもてた、というのである。視察先は、とくに到達度評価実践校というわけではなかった。川上小教職員がとらえたのは、教師の働きかけによって子どもたちが伸びる、ということだったとみられる。

このとき以後、授業公開をするなど授業研究に力を注ぐようになり、到達度評価と「地域にねざした教育」の統合を図るようになる。注目したいのは、それとともに、父母に対する啓蒙的な対応がなくなり、家族や地域の形成力よりも教師たちの教育力を問題にするようになることである。もう一つ、「教育を科学としてすすめる」ことをあえて意図するようになる点も重要である。ここにいう科学とは、実践の意図や経緯を記録して、だれが授業をしても一定の成果が認められるようにすることである。教育を意図的で、かつ教師の責任で行うものという視点を明確にしたのである。さらに川上小の「地域にねざした教育」を象徴する「労働教育」についてもとらえ直し、「労働」に伴う情意面に加えて認知面（汗を流して収穫したものが商品になるまでの経緯など）も重視するようになった。

川上小では地域に潜在していた人間形成機能を、可能な限り各教科の指導で引き出そうとした。また、「労働教育」においては情意的・体験的な学習内容に認知的な面をもしっかり位置づけようと模索しており、ここには各教科の学習を踏まえた総合学習の側面が認められる。川上小ではさらに、米飯給食による栄養指導や食育にも取り組んでいた。また、生活指導面では子どもたちが具体的な目標設定をするようにしていた(18)。

小学校ゆえ子どもたちの進路選択問題に教師たちが直面することはなかったろうし、自分たちが子どもたちにつけようとするのが「村に残る学力」か「村を出る学力」かと、リアルに問うことはなかったかもしれない。それでも、情意と認知を兼ね備えることをめざした川上小の到達度評価実践は、前述の「村を解放する学力」に通ずる。

峰山中学校の場合

峰山中学校は「目標学習」だけでなく集団づくりも重視する学校であった。「目標学習」がめざす民主的主権者としての生徒像は、相互援助の学習ができる生徒像でもあったのである。峰山中は教職員組合の活動が盛んで、奥丹教組の委員長や書記長が峰山中から出されることも多く、奥丹教組の意向を最も早くかつ強く反映する学校でもあった。到達度評価については、早くも一九七五年五月末に『討議資料　到達度評価の改善を学校教育に生かし、わかる授業、遅れを出さない教育を創造的に推進し基礎学力の充実を図るために』を印刷・発行した。これは峰山中における四回にわたった討議のレジュメに加筆して作成されたもので、レジュメの作成母体は同校の校務分掌の一つである学習指導部であった。

討議の結果、評価の原則として次の四点を確認した。

① 子どもの学習を励ます評価とすること
② 教師の教育に対する自己評価となる評価とすること
③ 教育条件の改善に役立つ評価とすること
④ 教育以外のことに使用してはならない。

さらに、「生徒に教育を行い、身についた学力の度合いをあきらかにする教育評価は、到達度を測定する評価でなければならない」としている。峰山中が、到達度評価に関して、教育評価の基本を理解し、実現に移そうとしていたことを伝えている。峰山中に特徴的なのは、関心や意欲といった方向目標にもとづく評価を維持することにより、これまで進めてきた「自主・集団・相互援助の学習」の延長上に到達度評価を位置づけようとしたことである。

一九七五年には全教職員が討議して教科別の到達目標を整理し、一九七七年度に全面実施に入った。全面実施にあたっては、全教科の到達目標をファイルに綴じた「到達度表」を、生徒たちに常時携帯させた。「到達度表」には、「関心」や「意欲」について、自己評価や相互評価をする欄が設けてある。その他「特別講座」や「学習の日」の取り組みも展開した。

しかしながら、取り組みは数年後には形骸化していった。その理由として、生徒たちの家族や地域の子育て環境の変化の影響が生徒の問題行動として実践場面に大きく現れてきたことが考えられる。「地域に根ざす教育」の必要性が語られるその原因がいっそう進行していたということでもある。教師たちは生活指導に力を入れていった。それでも「荒れ」は進行していた。

一九七〇～八〇年代には中学校や高等学校の荒れが全国的に広がり、管理主義によって「荒れ」を抑えようとした学校が多かった。峰山中は管理主義の手法をとらずに、教師たちが真摯に子どもたちと向き合い、教師集団で議論して対応することを基本としていた。(19)

転機が訪れたのは一九八三年度の一学期だった。「荒れ」の根底に学力問題があることに気づいた教師たちは、集団で学習に取り組む体制の必要性を痛感した。同年度二学期に到達度評価の本格的なとらえ直しがはじまった。その際、到達度評価の実践を形骸化させてしまったのは、目標づくりを、生徒自身の目標づくりに転化できなかったことによると分析された。そうして提案・実施されたのが、一定期間を定めて学級ごとに学習活動を展開し、その成果を競い合う学習運動である。学習運動はその後も続き、生徒会活動の一環として行われるようになっていった。一九八八年度には、学級単位ではなく、一人ひとりが目標に到達したかどうかを大切にしようと、生徒の側から「級・段位方式」が提案された。級や段を決め、最高位を名人位とするものである。教師たちは到達目標を初段においた(20)。

峰山中では、到達度評価の実践研究において、集団・相互援助の学習と関心や意欲などの方向目標にこだわった。その峰山中が目標づくりを生徒の側に任せたときにたどりついた到達度評価実践が、この級・段位導入の資格認定方式だったのである。

第Ⅰ部第一章第三節で述べたように、到達度評価論においては、目標づくりの主体は子どもたちであり、これを教師が行うのは子どもの代行としてだととらえる。峰山中における資格認定方式の到達度評価実践は、生徒主体という点では到達度評価実践の一つのありうべきものといえよう。しかし同時に、教師および生徒たちの学力像の、ある種の限界をも表すものとなっている。すなわち、教師たちも生徒たちも、学力内容を数学や英語といった既存の、それも「主要教科」、とりわけ入学試験に不可欠の教科の学習に限定していたとみられるのである。

「荒れ」が学力問題に起因するというとき、教師たちは高校進学のための学力を念頭においていたのではないか。選抜方式の入学試験を控えるなかでのことなのだから、入学試験対策を免れるのは容易ではない。峰山中の教育実践がいわゆる受験学力の育成を大きく越えるものであるだけに、時代的制約とはいえ惜しまれる。

峰山中は「目標学習」という独自の教育を考案・実施してきていた。これは特設道徳の時間を利用しながらも、実質的には今日いうところの総合学習であった。これをも到達度評価実践の一環としてとらえたなら、「村を解放する学力」の到達度評価版となっていったのではないか。峰山中の「目標学習」は、総合的な学習の時間がカリキュラム化される以前の実践である。これを到達度評価実践としてとらえ直す試みは、現代に生きる私たちの課題である。次に述べるように、今日的な課題に応え得る実践となっていくことが、予想されるのである。

第五節　教育内容としての「地域」へ

一九七〇年代と違って、現代は地域と学校の連携が文部科学省（文科省）によって推奨されている。新しい教育基本法（二〇〇六年改正）第一三条で「学校、家庭及び地域住民等の相互の連携協力」が規定されたことが、その直接的な根拠となった。二〇〇八年度より開始された学校支援地域本部事業は、文科省が各都道府県と政令指定都市に委託し、そこから市町村に再委託して展開するものとされている。そのうえで中学校区ごとに地域住民の学校支援ボランティアを募るというものである。これにより教員の負担が軽減されるし、学校を核とした地域の連帯感が促進されるとする。(21)二〇〇八年の学習指導要領改訂により、道徳をすべての教科、および教科外活動等で行うこととなり、二〇一五年三月には道徳を「特別の教科」とすることが決定した。学校は道徳の発信地でもあり、学校支援地域本部事業は学校発の道徳を地域にも醸成しようとしているようにも思われる。

学校における教育評価についても、現代は一九七〇年代と大きく違ってきた。二〇〇一年の指導要録改訂により相対評価が否定されたことから「絶対評価」が広がった。また、ゆとり教育から「確かな学力」へと舵を切るとともに、学力内容として、従来の知識・理解・技能に加えて、「思考力・判断力・表現力」さらには「活用力」といった高度な学力あるいは能力が推奨されるようになってきた。

本章で検討してきた「地域に根ざす教育」は、過去のものではない。奥丹後の教師たちが模索の果てにたどり着いた「村を開放する学力」というものは、現代ふうに、かつ内容を表すものに言い換えると、「地域に生きた自分を踏まえた学力」像は、ということになろうか。私たちは自らの生活がどのようなものであるか、これを完全に吹っ切って生きていくことはできない。

地域とはいえ、すべての者が同一地域で生まれ育つわけではない。転居を繰り返す場合もある。たとえわずかな期間であっても、一定の地域で学校に通い、遊び、ときには何か楽しいことや、逆につらいことを体験しながら生活することは、人格のある部分を形づくる。「地域に根ざす教育」がめざす学力は、こうした日常的な生活によって培われる自分と、学校で習得する普遍的な知の世界とを結びつけるもの、あるいは、自分の土台としてある生活に普遍的な知の世界を組み入れようとすることに通ずる。そこでの「地域」は、学校に還元され得ない地域独自の世界をもつ。そうであればこそ学校教育を相対化する力をもち得る。

到達度評価は授業づくりの基本を示したが、授業づくりに終わるものではない。学力内容を、今日のように思考力・判断力・表現力なども含むとする場合はなおのこと、子ども自身の自己と社会に対する省察を促す教育が欠かせない。それには、教師が、子どもたちは地域で生活しているのだという視点をもつことがまず大切である。その視点は、教師たちに、地域に対する関心を呼び起こすだろう。その関心を学校教育に、なかでも授業づくりに生かすことの重要性を確認させてくれるのが到達度評価なのではないだろうか。ここでの到達度評価は、子どもの生活を踏まえた教育を促すものとなる。峰山中学校の「目標学習」は、教師たちによって到達度評価実践だと自覚されはしなかったが、まさにこのような教育を示すものだった。

こう考えると、「地域に根ざす教育」と到達度評価は何ら矛盾するものではない。両者が結びついたとき、教育はより子どもたちの人格に深く突き刺さっていくものとなる。到達度評価は、地域社会への着眼に加えて、さらに学校づくりや適切な生活指導などを伴うことによって、より万全なものとなる。そうしたときにこそ学校教育全体を覆う道徳、いわゆる徳目主義の道徳ではなく、子どもたちの人格を揺さぶり、自己と社会に対する深い省察を伴う人格形成としての道徳も可能になるのではないか。ここにおいて「地域」は、教材の域を超えて教育内容になってくる。

峰山中の総合学習であった「目標学習」では、まさに思考力や表現力の育成がなされていた。峰山中も川上小も、形は異なるがある種の総合学習を行っており、そこには、各教科の学習の総合とともに、発展的な学習が認められる。到達度評価論にいう発展性学力あるいは習熟は、教科ごとではなく、このようにカリキュラム全体を包含するものとして考えることにより、子どもたちのより豊かな発達が見込まれよう。

註

（1）一九八二年刊行の教育実践事典刊行委員会『教育実践事典』（労働旬報社）第五巻は「地域に根ざす教育実践」をテーマとしており、計七地域一校一団体の実践を取り上げている。そこでは「地域に根ざす教育」の特色として子どもを家族や地域での生活とともにとらえること、生活を変革する人間づくり、「地域の教材化」や「地域の教育力」回復などをあげている。なお、国民教育研究所編集の『国民教育』誌は一九七四年から一九七七年まで毎年続けて「地域にねざす教育」を特集した臨時増刊号を発行している。一九八三年には「中学校教育実践選書　四六」として『地域に根ざす教育』（あゆみ出版）が刊行されている。「地域に根ざす教育」実践の広がりの反映といえる。

（2）現在の京都府京丹後市は、二〇〇四年に中郡、熊野郡、竹野郡の三郡六町が合併して成立した。この地域が奥丹後と呼ばれてきた。

（3）筆者は二〇一四年九月に『戦後日本の地域と教育――京都府奥丹後における教育実践の社会史』を（株）学術出版会から刊行した。同書のテーマは「地域に根ざす教育」と到達度評価である。京都府奥丹後を研究フィールドとし、社会史の手法により、学校教師だけでなく保護者や機業家その他多様な人々の生活誌を踏まえて「地域に根ざす教育」や到達度評価の特色をとらえようとした。本章は同書での研究を踏まえて、「地域に根ざす教育」と到達度評価の内的なかかわりとその教育実践的可能性を追究する。

(4) 長谷川裕「丹後地域」一橋大学社会学部編『首都機能と地域』一九九一年、四四〜五七頁、菊地愛美「『地域に根ざした教育』と到達度評価――川上小学校における地域と『学力』の歴史的様態」『教育目標・評価学会紀要』第二〇号、二〇一〇年、同「『地域に根ざした教育』と到達度評価――一九七〇年代・京都府久美浜町立川上小学校関係者に対する面接調査の報告」埼玉大学教育学部学校教育臨床講座『埼玉大学教育臨床研究』第五号、二〇一一年。

(5) 以上、本節での記述については次を参照されたい。橋本紀子・木村元・小林千枝子・中野新之祐編『青年の社会的自立と教育――高度成長期日本における地域・学校・家族』大月書店、二〇一一年、小林千枝子、前掲(3)、第Ⅰ部、同「新制中学校における共同体的慣行と近代的価値――栃木県下都賀郡生井村立生井中学校の成立と展開」『作大論集』第五号、二〇一五年三月、その他。

(6) 川上小学校および峰山中学校の「地域に根ざす教育」の詳細については、小林千枝子、前掲(3)、第Ⅲ部参照。

(7)『北方教育』第一五号、一九三五年五月、所収。

(8) 小林千枝子、前掲(3)、三七五〜三七六頁、参照。

(9) 丹後における戦後最大の労働争議。網野町の織物労働者一二〇〇名が一律三〇%の賃金引き上げを要求して三三日間に及ぶストライキを行った。小林千枝子、前掲(3)、五一〜五七頁、参照。

(10) 小林千枝子、前掲(3)、八一〜八五頁、参照。

(11) 東井義雄『村を育てる学力』明治図書、一九五七年。

(12) 丹後同和教育研究会『うらにしの教育　第一〇回同和教育研究丹後集会集録』一九七五年八月、三〇頁。なお、「峰高下」すなわち峰山高校校区は中郡(峰山町と大宮町)であった。小林千枝子、前掲(3)、八一〜八五頁、参照。

(13) 吉岡時夫「あせらず　やすまず　民族的、科学的、民主的教育を」奥丹後地方教職員組合『第一四次教研集録』一九六五年。小林千枝子、前掲(3)、八五〜八七頁、参照。

(14) 下戸明夫脚本『雪崩』の詳細については小林千枝子、前掲(3)、三五〜四四頁、参照。

(15) よしおか・ときお「奥丹後の教育運動(二)――生活指導運動を中心に」『教育運動』第五号、一九六五年三月。

（16）京都歴史教育者協議会編『社会科到達度評価の実践――京都からの報告』（地歴社、一九七七年）には、奥丹後の実践記録では次が収録されている。池井保（竹野郡弥栄町立間人《たいざ》小学校）「地域を学ぶ子どもたち――小学校中学年の実践」、丹後中学校社会科研究会「丹後の社会科学習――中学校」。

（17）丹後における到達度評価実践の全体像については小林千枝子、前掲（3）、一〇五～一二〇頁参照。

（18）川上小の「地域にねざした教育」の実際や到達度評価実践については小林千枝子、前掲（3）、二五九～三〇一頁参照。

（19）藤原利昭『黄金の林檎』（機関紙共同出版、一九八八年）は、一九八一年当時の峰山中の生活指導が描かれた感動的な実践記録である。小林千枝子、前掲（3）は、三九五～四一〇頁で、下戸明夫日記をもとに生徒たちの問題行動に対する教師たちの対応を日常行動の一環として示している。

（20）峰山中の教育実践については小林千枝子、前掲（3）、三二五～三四七頁参照。

（21）学校支援地域本部事業については、文部科学省のホームページ（http://www.mext.go.jp/a_menu/01_l/08052911/004.htm）参照。

第Ⅲ部

京都自治体における住民の教育要求組織化としての府教委「教育評価」行政

——元京都府教育委員会総括指導主事への公開ヒアリング

公開ヒアリング
――遠藤光男（元京都府教委総括指導主事）に聞く

小林千枝子・平岡さつき

公開ヒアリングの趣旨と経緯

教育目標・評価学会の年次大会および中間研究集会にて、一九七〇年代後半から八〇年代にかけて展開された京都府の教育評価行政の特質を明らかにするべく、京都府教育委員会（府教委）総括指導主事としてその中心にいた遠藤光男への公開ヒアリングを三回にわたって行った。ここにその全容を公開する。公開ヒアリング実施の主体は、同学会に組織された「教育の社会史」研究委員会の「教育評価行政史研究グループであった。このグループは、一九九八年三月に京都大学で第一回会合をもった。その後、京都や東京で会合をもって研究を進め、最終的には小林千枝子と平岡さつきの二人の共同研究のかたちになっていった。なお、第一回公開ヒアリングの記録は『教育目標・評価学会紀要』第九号（一九九九年）に掲載された。今回、全三回の記録を収録するにあたって、内容上の重なりを整理し、用語も可能な限り統一した。また、「ございます」を「あります」とするなど、読みやすくするための変更を施した。はじめに京都府の到達度評価運動の概要や、遠藤光男が府教委総括指導主事になるまでの実践等を確認しておく。

京都府の到達度評価運動の概要

一九七〇年代後半に京都府下で自治体総ぐるみの到達度評価実践研究が展開された。その大きな契機となったのが、一九七五年二月に府教委が府下の各学校や市町村教育委員会に配布した、B４判で一六五頁に及ぶ各学年各教科ごとの到達目標基準案を示した『研究討議のための資料　到達度評価への改善を進めるために』（「長帳」）であった。到達度評価が全府下に広がり得たのは、革新府政の民主的行政の伝統のうえに、京都府教育研究所や京都教職員組合、それまで官製の研究会とみられ、必ずしも府下全体を総合する研究組織としては機能していなかった小学校教育研究会・中学校教育研究会（小教研・中教研）と各種の民間教育研究団体等の協力体制が成立したことによる。一九七七年度になると、積み上げのある丹後、北桑田、舞鶴から府下南部の乙訓・山城地方へと実践研究が燎原の火のように広がったといわれる。その後一九七八年に首長交代があり、京都府下においては戦後はじめての保守府政がはじまった。一九八二年には府教委が到達度評価を「指導の重点」から

2000年9月16日、遠藤光男宅にて（左から平岡、遠藤、小林）

おろした。以後、京都府の特色を発揮した「教育評価」行政は大きく様変わりして、学校現場における到達度評価研究も急速に停滞していった。

京都府教育委員会「教育評価」行政史略年表

一九六五年　一月

「憲法と教育基本法にもとづく教育を守る」教育行政の推進を明示。

一九七一年　三月

小学校・中学校「児童・生徒指導要録」改訂の通知文を府下の各市町村教委と小中学校に通知するにあたって、学級または学年において普通程度のものを「3」とするが、どの程度の学力の到達度をもって普通程度とするかは各学校において十分検討のうえ進めること、とする。

一九七三あるいは一九七四年　四月[1]

府教委内に評価改善に向けての評価検討プロジェクト設置。

一九七三年一〇月

高等学校「生徒指導要録」改訂の通知文を関係機関に通知するにあたって、すべての生徒を各学年、各教科・科目の目標に到達させることを基本とし、これに到達したものを「3」とすること、とする。

一九七四年　九月

評価検討委員会発足。
一九七四年一一月
教育長、記者会見で「わかる授業」の創造を強調。
一九七五年　二月
『研究討議のための資料　到達度評価への改善を進めるために』(『長帳』)刊行。
一九七六年度
「学校教育指導の重点」に次の文言が記される。「わかる授業の創造を進めるなかで、到達度評価への改善を具体化し、学ぶ意欲を育てて、基礎学力の充実をはかる」。
一九七六年一〇月
『研究討議資料　第Ⅱ集　到達度評価への改善の第2年次の実践研究を進めるために』刊行。
一九七八年　三月
『研究討議資料　第Ⅲ集　到達度評価への改善を進めるために――総括的評価(学年末)の観点と方法』刊行。
一九八二年度
「学校教育指導の重点」において「到達度評価」をおろす。

「教育評価」行政を総括した遠藤光男

遠藤光男は一九二九年生まれで、京都学芸大学(現・京都教育大学)を卒業。教育心理学講座の住田勝美(東北大学大学院修了、教育学博士)に師事し、一九四九年度から和束中学校(分校)、一九五六年度から精華中学校、一九六三年度から西宇治中学校で教鞭をとる。担当は国語と体育。その間、奈良女子大学の高橋史郎教授の「相談心理学」研究グループに参加(第一期学校カウンセラー)。東京学芸大学の飯田芳郎らの「カリキュラリゼーション」研究にも参加して、教科外活動の教育課程に関する発表をいくつか行った。

一九五七年度から四年間、NHK(京都)および毎日放送TV放送教育番組諮問委員。一九六六年度から三年間、京都府教育研究所教育相談員を現職兼務し、一九六七年から四年間、京都府中学校教育研究会生活指導部会長を務める。

一九六八年度から三年間、西宇治中学校で「個を生かす集団学習とその指導」を主題とした生活指導研究の研究総括にあたり、その成果を全国発表した。また、山城地方教務主任連絡会議の事務局を担当するなどの実績をもって一九七一年度に府教委に入り、指導主事を務めた。そして一九七三年度から、総括指導主事として教育評価を到達度評価に方向づけるうえで主導的な役割を果たした。その後一九七七年四月に田辺町立草内小学校に校長として赴任。草内小では「到達度評価草内プラン」が作成され、教職員が一体となって到達度評価の実践に取り組んでいった。一九七九年度から井手町立泉ヶ丘中学校長として学習指導と生活指導を一体化する教育の組織化に取り組み、当時、京都府下屈指の困難校といわれた泉ヶ丘中学校の教育問題の解決を図り、改革に成功。その成果は「非行の克服と到達度評価——学力問題の克服は生徒をどのように変えたか」と題して発表された（第一回到達度評価研究会全国交流集会特別報告）。

一九八二年度からは京都府立桃山養護学校長、全国養護学校長会教育課程専門委員長として発達保障を基本にした教育課程の改善に努力してきた。一九八七年に退職。社会福祉法人山城福祉会を創設して、同会常務理事、障害者授産施設「槇島福祉の園」園長などを務める。二〇一〇年五月永眠。

註

（1）評価検討プロジェクトが一九七三年四月に設置されたことは、第二回の公開ヒアリングで遠藤が語っている。京都府教育研究所員も加わる評価検討プロジェクトが一九七四年度であることは中原克巳が記している（中内敏夫編『教師が歩みはじめるとき』日本標準、一九八六年、二二五頁）。第二回公開ヒアリングで語られていることだが、評価検討プロジェクトは三つあった。それぞれのプロジェクト設置の時期は未詳である。

第一回

一九九八年一〇月二四日 一橋大学にて

教育評価改善のベースとなった遠藤光男の教育実践

研究・整理されていない二つの大きな柱

——先生が府教委に入られたのは一九七一年。そのころの府教委は到達度評価ということをまだはっきりとは出しておらず、相対評価からの改善を模索していた時期でした。先生ご自身が到達度評価を積極的に出していったようなんですが、いったい到達度評価をどのように理解していたのかということをまずお聞きしたいです。それから、先生のご経歴をみますと、教育相談員の仕事を通して子どもの問題など、生活指導にかなりご熱心だったようです。教育相談員の仕事を通して子どもの問題などもお聞きになっていたということから、そういう子どもや父母たちの実情なども踏まえてお話しいただけるとありがたいです。

じつは私は、本学会（教育目標・評価学会）が創設されたときに、京都府における到達度評価の研究は今後私がやらなければならない課題であると申し上げ、『教育目標・評価学会紀要』の創刊号（一九九一年）にもそう書いています。はじめにそのことについて少しお話しします。

京都府における到達度評価の改善についてはいろんな形で研究され整理されてきていますが、一つの大きな柱であった教育委員会が何をしたかということについては、教育委員会サイドからはもちろんですし、これに関係した者からも何も発表されてきていません。

もう一つの大事な問題は京都府小学校教育研究会（小教研）と京都府中学校教育研究会（中教研）のことです。各地域での研究活動・改善活動の報告はかなり整理されてきていますし、各種の民間教育研究会の取り組みもかなり紹介をされてきています。しかし、小教研や中教研についてはほとんど紹介されてきていません。学校現場というのは実践をいちいち学問的に検証しながらやっていくところではありません。もちろん実践は科学的なものでなければなりませんが、同時に皆でできること、そして誰にでもできること、できるだけわかりやすいこと、事務的に振り回されるようなものじゃないことといった実践的なものであることが大切で、組織的に実践研究を進めようとすればするほど、そうしたことも大事にしていかなければならないのです。そのためには、各地域や学校で実践され研究された成果を集約し、組織として科学性と実践性を検証し、その成果を共通化していく、公的で広域的な研究活動がどうしても必要になってくるわけです。そうした事情から、評価改善の研究活動が小教研・中教研に集約されていったという経緯があります。小教研・中教研が果たした役割は非常に大きいのです。

ところが、今までに紹介されてきている資料のなかでは、非常に大事な部分でありながら、この二点が大きく欠落しています。つまり、一つは行政がどういう考え方で何をしたのかということ。もう一つは小教研・中教研がどういう組織活動・研究活動を進めてきたのかということです。

遠藤光男の教育の原点と教育実践の系譜

私の教育実践の原点は、住田勝美先生です。私の教育観をつくるうえで大きく影響を受けました。終生、発達保障の立場に立って教育を考えてこられた非常に優れた先生でした。住田先生は京都教育大学附属養護学校の開設者で、初代校長でもあります。この先生の影響を受けて、私は、一人ひとりの子どものもつ力を思いっきり伸ばし、子どもたちがそれぞれに自分を十分に発揮していく、そのことにどうかかわれるか、そのことをどう援助できるのか、知識だとか技術だとか、発達の基礎に必要な認識力だとか、そういうものをどうつけていくのかということをそれぞれの学校で、それぞれの教育課題との関係で考え続け、苦闘してきました。

私の教育実践の出発点となった和束中学校分校のことでいいますと、分校の子どもは、ともすれば本校の子どもには勝てないという思いに陥りがちでした。そうした固定観念をどう破っていくのかというのが、私の教師としての最初のテーマでした。分校の子どもだって思いきって力を発揮すれば、本校の子どもに劣ることはない。どんなことだってできるんだということを実証することが、私の教育実践の出発点でした。一例を紹介しますと、一年生から三年生まで全校合わせて二五名の女子生徒でソフトボール大会、バレーボール大会ともに郡や山城地方で優勝させました。それから進学においても、当時の京都府の高等学校の入試で山城地方の中学校の平均点を、毎年一五点ほど上回るという実績を挙げてまいりました。どんなところにいたって、誰だって、一生懸命力いっぱい勉強して、皆で力を合わせていけば、どんなことだってできるんだという自信、確信を子どもたちにもたせていきたいというのが、私の当時の命題だったわけです。

一方、西宇治中学校は超過密校で、私が着任したときは一学年八学級でしたが、五年間で一学年一六学級にまで急増した学校です。評価ともかかわることですが、たまたま北海道から転校してきた子どもがオール五の成績をもって入ってきましてね。天才が来よったな、などと言ったものですが、西宇治中学校ではとてもオール五にはなれず、まさに普通程度の子どもでした。これは、五段階相対評価はその母体になる集団によって違うんだということを如実に表している事例です。それはともかく、超過密の、出身地も育ちも異なる多様な子どもたちに、どのような教育を組織し、それぞれが身につけている能力や生活力をよりどころにして、どう力を発揮させるか、どう自己実現させていくのかということを、あくまで追求していく。それが実践者としての私の立場だと思ってきました。これが到達度評価を志向するに至る教師としての私の系譜です。

それから、私には、発達保障の立場から障害者問題にかかわってきた経過があります。私は教師をやめてから障害者授産施設の仕事をしていますが、私が入学を許可した障害者の半数が、卒業しても行くところがなかったという障害者問題の現実があります。就職もできないし、入所施設へも入れない子どもたちをどうするのか、ということをテーマにして、私は早期退職し、法人づくりと施設づくりに取り組んできました。現在、二つの施設をもって八〇名の障害者の授産をやっていますが、再来年、遅くとも二〇〇一年には、もう一つ作って一二〇名の障害者のお世話をさせていただく予定です。これらの施設福祉で私がテーマにしておりますのは、障害者の処遇をどうするのかということだけではなくて、生涯発達を視点にして、それぞれの発達の時期に必要な発達課題を明確にしながら、自立・自活と社会生活に参加する能力の育成にかかわり、何を支援するのかということです。この一〇年余り到達度評価のことと障害者のことと二つのテーマを追っかけているわけですが、今はその一方である障害者にかかわりきっていますので、到達度評価についてはまったく整理ができないいままでした。

教育実践を振り返って
——レディネス整備とカリキュラリゼーション

到達度評価について、行政の立場になる前から関心があったのかということですが、はっきり言ってありませんでした。到達度評価というものを知りませんでした。当時、到達度評価という用語も概念も、まだ十分に熟しきっていたとは言えない状況のなかで、教育に関係する学者や研究者でも果たしてどれだけの人が到達度評価を理解し、関心を寄せていたか。おそらくほとんどいなかったのではないかと私は思っています。

ただ、私たちはそれに類する実践はやっていました。西宇治中学校での生活指導について、一つは教科学習の指導を徹底的に大切にする授業づくりの研究を進めました。特徴的なものを申し上げますと、一つの単元学習で一〇時間の時間設定をしたとしまして、その一〇時間の最初の段階の二時間をレディネス（readiness 新しいことがらを学習する際の学習者の認知・情意両面での準備状態のことをいう心理学用語）整備にあて、八時間をその単元本来の指導課題の追求過程にあてた場合と、レディネスを整備しないまま単元過程を構成した場合とでは、授業の効果の違いは歴然としていて、レディネスを整備して授業枠組みを構成した方がはるかに成果が大きいということを、三年間の実践研究を通して実証したわけです。各教科においてレディネスを徹底的に整備して子どもに学習目標追求活動をやらせるということを大きく取りあげたのが、西宇治中学校での生活指導の大きな柱でした。これは、その後の泉ヶ丘中学校の実践ともかかわってきますし、また、はじめの小林先生のご発問への答にもなりますが、子どもたちに学力をきちっとつけていく、認識能力をつけていくということは、じつは子どもたちの自律生活をつくっていくうえできわめて重要な要素でして、これを抜きにしては、その生活指導はまさに技術論に終わってしまう。きちっとした社会認識をもたせていこうとすればするほど、教科学習における認識形成過程を大事にしなければならないと私は思っています。この点が、生活指導研究校でありながら教科学習を研究の柱に取りあげた一つの理由であります。

もう一つはカリキュラリゼーションです。これは、教育課程の基準の外にある諸活動であって、教育にとって非常に有効で意味のあるものをどのように教育課程のなかに組み入れていくのかということです。西宇治中学校は一九六八年の時点で、先ほどもいいましたように倍を超える学級数になってきて、全国から子どもたちが転校してきていました。生徒の実態は、まずは地域意識がない、仲間意識がない、それから自治的であろうとする意識がない、自分の進路についての目的や見通しをもっていない、家庭訪問しても隣の家にいる子どもがわからないという、過密のなかでの孤独そのものでした。そのなかでの教育ですので、そういう子どもたちにどういう地域理解、仲間意識をもたせるのか、それから子ども自身が課題にすることがらをどのように準備させるのかということで、性教育、進路指導、図書館指導を含めて教科外の学習を組織することによって、子どもたちにどうしてもつけなきゃならない力の保障を教育課程に位置づけるために、「生活の時間」としてカリキュラム化しました。教育課題の解決に必要な内容を教育課程のなかに組み入れたわけです。そういうふうにして、子どもたちが自律・自主生活を営んでいく、そして自治的に集団活動を行っていく基礎に必要な力をきちっとつけていくということを研究課題にし、実践してきました。

「個を生かす集団活動とその指導」という研究発表をしました。これは、教科学習におけるレディネス整備と教科外学習におけるカリキュラリゼーションの二つを大きな柱として発表したもので、全国から大勢おいでになりまして、参考になるということでたいへんご好評をいただきました。そのあと文部省から視学官がきまして、京都でこんなことをやってる学校がある、これは全国に紹介しなければいかんといって帰りました。

つまり、私はこう申し上げたいのです。

到達度評価というものは知りませんでした。しかしながら、レディネス整備にしろ、それからカリキュラリゼーションにしろ、発達段階に即して子どもたちに着実につけなければならない力を、きちっと仲間との学習活動のなかでつけていくことができるように、教育課程を組織してやってきました。そうした実践研究のベースはもっていました。

到達度評価への改善の契機と京都府における「指導・助言」行政の特質

評価改善を考え出したころのこと

——教育行政が「指揮・監督」ではなく「指導・助言」という立場を貫いてこられた事情について、高校三原則とのかかわりなども含めてご証言いただきたいです。

その前に、先ほどのご質問との関連でもう少しお話ししておきたいことがあります。当初の時点で私が到達度評価を理解していたかというと、理解をしていませんでした。それと同様に、京都府における教育評価改善の取り組みが到達度評価を意識していたかといえば、それは実態として意識されていませんでした。これについては佐々木元禧《ささきもとよし》さん編集の『到達度評価——その考え方と進め方』(一九七九年、明治図書)にも出ています。そこに「教育評価の改善は、次第に実践レベルの問題として進められるようになってきたのであるが、京都府における評価改善の取り組みが、他府県に比べて特に早かったかというと、決してそうとはいえない」(一四〇頁)と書いてありますように、京都府は決して評価改善を全国に先駆けてやっていたわけではありません。また、「心の師友」(中内敏夫著作集第一巻、一九九九年、藤原書店、の「月報」に収録)と題した一文に、私が中内先生をどういうふうに思っているかということを書かせていただきました。そこで「京都府教育委員会が高校三原則を堅持していたといえども、京都の教育が全国的な教育の動向とまったく無縁であった訳ではなく、また、京都府においても、テスト中心的な評価がなお多くの学校で慣行化していた状況の中で、どのように教育評価の改善を具体化することができるか、学校現場の実際と困難を身をもって体験してきた私にとって、当時の情況下で教育評価の抜本的な改善を期することは、確信をもって臨み得ない至難な課業であった」と書いてますように、この時点で到達度評価に一挙に改善できるような、そういう理解があったのかというと、それは事実としてありませんでした。それが一九七一年当時の評価改善のスタートラインでの実際の状況です。私は初期の段階にあって、当時、京都府の小学校の三分の二、中学校でおよそ半数の学校が、「年度末総括評価方式」を強く志向しているという動向に注目していました。そして、少なくとも従来のテスト中心的な評価の実態に歯止めをかけたいということを考えていました。「従来の算術平均する評定の仕方を見直し、指導目標との関係に十分留意して、期末における成績に基づいて評定する」方向で改善指針をとりまとめたい、と考えていたのです。しかし、その提案は指導主事会議で徹底的にたたかれました。たたいた指導主事会議に、それでは到達度評価をやったらどうかというような提案があったわけではありません。指導主事会議においてもそれをどう改善していくのかという答はなかった。これがその当時の実情です。

到達度評価施行のもとになった実践
——丹後や舞鶴の動向

府下における各学校・各地域における評価体制が到達度評価を意識していたかというと、これもありません。ただ、到達度評価を志向していくもとになる実践はありました。たとえば、先ほどレディネスを整備していくための学習ということを申し上げましたが、レディネスを整備するということは次段階の学習のもとを固めるということですから、その次段階の前提となる学力とは何かということが当然問題になります。

また、丹後には現在も続けられている「地域と教育の会」というのがありますが、丹後では地域教材の徹底的な洗い出しをしていました。これは丹後が長く取り組んできたことです。とくに丹後は丹後独自の地域性、地域としての特徴をもってますので、本当に子どもたちにわかる授業をつくっていこうとした場合には、これはもう既成の画一的な授業では成りたたないわけです。地域教材を徹底的に生かすということは、丹後の特徴となっています。ましてそのうえに丹後はあの当時、それこそ過疎過密の典型的な時代でしたので、もう、いたるところで村が廃村になっていくという実態がありました。それで、その廃村になっていく村の学校をどう守っていくかというのが、丹後の先生たちの中心的な命題であったわけです。親たちといっしょに教育をつくるという丹後の取り組みは、そういう社会的背景ともかかわって、教育を進めるうえでの絶対条件として成立していました。だから丹後では親をまきこんだ公開授業をやって、その授業で親がわかってくれるかということで勝負していました。毎月定例的に、どこの学校でも。親が、「あの授業わからん」と言ったら、その授業をどう組み直すかということを親といっしょにやっていました。そのときには当然、既成教材でなくて地域教材が出てきます。つまり、丹後には、到達度評価というよりもわかる授業、学力保障をする授業をどうつくるかということでは基盤になる実践があったわけです。それから、舞鶴では教材づくりも進んでいましたし、わかる授業の実践も行われていました。通知表改善の取り組みも進んでいました。

このようにベースになる実践はありました。しかし、それはじかに到達度評価に結びついたものであったかというと、そうとはいえませんでした。

「指導・助言」行政の内実

京都府教育委員会（府教委）はどうして「指導・助言」行政だったのかということですが、今村武俊さんと別府哲《あきら》さんの共著の『学校教育法解説（初等中等教育編）』（一九六八年、第一法規）があります。著者の今村さんと別府さんは文部省の初等中等教育局におられた方で、文部省における法制制度論をリードしてきた人です。要点だけ申し上げますと、まず教育課程を編成する責任者は誰かということでは「それは校長である」とはっきり書いてあります（二五二頁）。続いて「教育法令中『学校においては、……』とは、校長を責任者として所属職員が協力して――の意である」、つまり教育課程を編成するのは校長を責任者とする学校であると、書いてあります。また、ちょっと違う意見の林部一二さんの文章中に、教育委員会の中心的任務は地方教育行政法第三三条にあるように「教育の営みの振興と助成を図り、また教育活動の適正を期するという見地に立つ」と書いてあります。「文部大臣が定めるのは、教育課程の基準としての学習指導要領であり」、「文部大臣や都道府県教育委員会が指導、助言するのは、『学校の……教育課程』についてである」とも述べています。学校の教育課程は行政の指導・助言事項であるというわけです。そして「都道府県の教育委員会が基準を設定するのは、『市町村委員会の所管に属する学校の……教育課程』についてである」（二五五〜二五六頁）と。こういうふうに読みとっていきますと、教育課程を編成する地位を与えられているのは校長のみであって、校長以外の何者でもないということがはっきりします。それから「教育課程の基準の意義」としてこう書いてあります。「教育課程の基準は（中略）まさに事業運営の基準であり、ことの性質上、弾力性があるのが当然である。しかも、国・公・私立学校に共通な基準であり、私学の自主性も地方自治も考慮に入れた基準である。また、本質的には千差万別の能力適性をもつ児童・生徒に適応すべき教育の基準である。このような教育運営の指針という角度から分析すれば」、教育委員会や文部省が行うのは「教育運営の指針」、「本質的には指導助言事項であ」るとして、福岡高裁の判決もそれに則っていると述べています（二五七頁）。それではなぜ基準が必要なのかということについては、「教育は本来自由な活動であるが」、「学校教育は強度の公共性をもっているからして、国家はこれに関して自由放任主義をとることはできない」、「つまり、教育基本法第六条に述べてあるように『法律に定める学校は、公の性質をもつものであって……』学校教育法に定める小学校はそれが国法で定める学校である以上、全国共通の規格があることが当然のことと考えられる」(二五九頁)と書いてあります。続いて「教育課程の基準を考えるに当って、二つの大きな要素が存することをだれも否定していない。その一は、国家が国民に義務教育を課しており、あるいは国の制度としての学校において教育が営まれている以上、高等学校以下の段階においては必要最小限度の統制があってよい、というより、あるべきだ」、「その二は、教育は児童・生徒の実態に即すべきものであり、かつ、その教育を担当するのは教員であるから、学習指導要領の基準は、それに基づいて最大限に多様な個性的な教育課程が生み出される程のものでなければならない」と述べています(二六〇~二六一頁)。そのあとに「学校教育法施行規則第二十五条に『教育課程の基準として文部大臣が別に公示する学習指導要領』という場合の『基準』とは、教育の弾力性を損わない限度で国家的統一性を保つ必要から定められる基準である」——私は国家的統一性ではなくて調和性だと思うんですが——「現在教育行政については地方分権の原則がとられているので、教育課程の国家基準は、この原則をみだる《マ マ》ものであっては」おかしいと書いてあります。そして「右の原則(国家的最小限度、教育の自由性、地方分権の原則)を調和的に表現して」教育課程が成り立つんだと、こういうふうに述べています。

私が申し上げたいのは、国の定める基準は教育課程の運営が充実して行われるために必要な指導・助言行政に属するものであり、都道府県がつくる基準もまた各都道府県の学校の教育運営の振興に役立てるための指導事項、指導・助言である、そして、まさに教育課程を実質的に事業運営していくのは学校ですから、各学校が責任をもって実践的、主体的に編成していくのが筋である、ということです。また、教育についての国民、父母府民の信託は、国にもあります。地方の教育行政にもあります。学校にもあります。学校だけが教育運営の信託を受けているんじゃない。行政もまた行政としての信託を受けています。この府民の信託に応えて、京都府下における教育を京都府の実態に立って進めていくのは、京都府教育委員会のもっている主体性、責任性だと思います。同時に、この信託という観点からいえば、それは規模の大小、国家と各都道府県という違いがありますが、信託ということにおいては文部省と教育委員会は対等である。それが対等にならないのは、じつは教育行政をやる側の問題なのです。文部省のいわれるとおりにやろうとするのか、自分の府県の主体性をもちながら、文部省の指導・助言との関係で調和、調整を図っていくのか。これは都道府県教育委員会、つまり、地方教育行政のもっている主体性のあり方にかかわることであって、中央集権的になっているとしたら、じつは各都道府県が教育行政について主体的な運営を行っていないのだと、私は思います。

どうして指導・助言であって指揮・監督ではないのか。戦前の学校教育が視学官制度のもとにあり、視学官は指導権と同時に人事権をもっていた。その強大な権限をもって指揮・命令・統制をやってきたのです。その反省に立って、戦後の教育基本法に基づく教育法令、学校教育法は、行政は指導・助言であって指揮・監督ではないとはっきりうたっているわけです。下村哲夫さんが『教育法規便覧』(一九八二年、学陽書房)に書かれています。文部省は何をするところかということについては「地方の教育、学術、文化、宗教に関する行政の組織と運営について指導、助言、勧告を与えることである。文部省は、その権限の行使にあたって、法律に別段の定めがないかぎり、行政上、運営上の監督を行なってはならない」(四一〇頁)と。これは設置法四条、五条でございまして、文部省の成り立ち、性格の説明です。

それから都道府県教育委員会については――教育事務所は府県によって違い、京都は教育局といっていますが――「管轄区域内の市町村教育委員会と連絡をとり、学校管理および教育指導面で必要な指導、助言、援助を行なう」(四二六頁)とあります。つまり、都道府県教育委員会と市町村教育委員会と学校の関係は、指導・助言、援助の関係なんです。それを担当する指導主事は、地方教育行政法第一九条、特例法第二条によって「学校の教育課程、学習指導その他学校教育に関する専門的事項について、所管の学校の教職員に指導・助言する」(四二六頁)となっています。この指導・助言機能が、教育行政がもっている現在の法制下の中心機能なのです。それを指揮・監督のようにしているのは教育行政の姿勢の問題であって、中心機能は本来的に指導・助言であります。

では、京都府ではそれがなぜ成り立ったのかということになれば、一九六五年に「憲法と教育基本法にもとづく教育を守る」ということを府教委が鮮明にしたこととかかわっているわけです。当時、教育の現代化路線のなかで、教育課程がいわゆる詰め込み主義になってきて、落ちこぼれ・つまずきが急速に多発していました。そして進学率が急上昇して学校間格差が拡大し、競争の教育が非常に激しくなってきました。そういうなかで府教委は、教育の機会均等と発達の保障を基本に教育行政を進めるということを鮮明にして、選別と競争の教育はやらないということを教育行政の柱にしました。その柱に立って学校の主体性を尊重するということを徹底して行政を進めてきたわけです。これが教育行政の基本方針になっていたのです。その京都府の方針にそってやるならば、指揮・監督でなく、指導・助言でなければならないのです。

一九七〇年代初頭の教育現場の実情と到達度評価

到達度評価が具体的にみえてくるまで

——一九七二年ごろから到達度評価へ方向づけたことについてお話しいただけませんでしょうか。

先ほど言いましたように、教育の現代化路線が進められていくなかでの教育のいろんな矛盾に対応して、現場は非常に苦しい実践をやっていくわけです。その苦しい実践のなかで、わかる授業づくりだとか自主教材の開発だとか、あるいは遅れ・つまずきの回復指導の実践だとかが行われてきました。当時の段階では回復指導をやるというだけじゃなくて、回復指導を質的に問うことが実践レベルの問題になっていました。つまずいた、遅れた、だからつまずきを取り戻してやるんだということじゃなくて、どういう遅れがあり、どういうつまずきがあったのかを徹底的に洗い出して、そのことに迫っていく回復指導の実践が非常な広がりをみせていました。それらを教育評価の改善とどう結んでいくのかということを突き詰めてみますと、「心の師友」に書きましたように、行き詰まっていたそのころ、中内敏夫先生と出会いました。中内先生本人ではなくて本と出会い、そして到達度評価との出会いをしました。その前提に、当時名古屋大学におられた續有恒《つづきありつね》先生の『教育評価』（一九六九年、第一法規）があった。その本ではバリュエーション（valuation 評定）とエバリュエーション（evaluation 評価）との関係を明確にして、教育と教化の違いを明らかにしながら、評価はどうあるかということを説いているわけですが、その『教育評価』を評価改善のよりどころにするならば、必然的に中内先生の『学力と評価の理論』（一九七一年、国土社）に到達せざるをえない。その『学力と評価の理論』をもとにして、回復指導や、わかる授業の実践とか教材づくりとかいうものを点検していった場合に、到達目標と方向目標の対になる概念を実践に組み入れていくことが、どうしても必要になってくる。それは評価を改善するだけでなくて授業過程を改善することなんだということに行きあたっていき、到達度評価への方向がかなり具体的にみえてきました。そして、それらの検証を各研究会との実践交流のなかで紹介していきますと、次第に共通理解ができてくるわけです。自分らの実践を検証し集まってくるわけです。そこから到達度評価への改善の方向がかなり具体的につくり出されていくようになってきたというのが、おおざっぱな経過です。

到達度評価を教育現場はどう受けとめたか

――到達度評価への改善の方向性がみえてきたということですが、それまでの現場の悩みを先生はどういうふうに総括しておられたのか、本当に問題なくすんなりと受けとめられていったのか、お聞かせ下さい。

すんなりなんてとんでもない。地獄の苦しみの連続でした。現場の悩み、問題はいっぱいありました。一つは現場からの評価改善へ向けての率直な提起です。各ブロックの研究会からその当時、常時出てきたのは三重評価です。府教委は三重評価の問題をどう考えるのか、府教委は一九七一年にどの程度の学力の到達度をもって普通程度とするかについては各学校で検討してやれといっているじゃないか、学校がやったことを府教委は受けとめるのかと。それはもう止めどなくありました。それから、各学校でわかる授業づくりのいろんな実践をやっているけれども、もっと行政が資料化するなり、あるいは交流化を図るなりして、もっと京都府下全体のものになるように取り組むべきだ、というような注文もありました。

もう一つ、京都ならではの苦しみがありました。京都府の高等学校は私学が半分、公立が半分の五〇、五〇です。評価改善をやっていこうとしても、私立高校はそれを受けとめられるか、これをどうするのかと。公私連携について府教委はどうするのかと。とくにその当時は、洛星高校は別としましても、洛南高校が特進化していく時代でした。そこへ東山高校、平安高校といういわゆる中堅私学が全部特進コースをつくっていく状況。これとの関係で各学校は評価に非常に苦しんでいる。それをどうするのかと。それから、とくにマンモス校化していく学校のなかでは、五段階相対評価の扱いについて、文部省が指導する弾力の幅をいったい府教委はどう考えるのか、府教委として評価改善をはっきり出さないから現場は困るんだと。こういう問題提起は、枚挙に尽くせないほど出されていました。宮津で行われた与謝教研で、評価問題が本来の研修会でなかったのに本来のテーマのようになって、最後は行政交渉みたいになりました。そんな経験があります。そういういっぱいの苦しみがありながら、だからこそ、課題があるからこそ、行政もまたそれを課題にしているからこそ、行政と現場がいっしょになって取り組んでいけるという経過があったんだと思っています。

――各ブロックの研究会というのは小教研・中教研ですか。

そうです。小教研・中教研。これは大きな研究母体ですが、その他に地域ごとの教研もあります。僻地教育研究会とか、作文教育研究会とか、いろんな研究会がいっぱいあります。六年間、それらの研究会に出させてもらいました。一〇〇％は行けませんでしたが、八五％ぐらいの学校をまわりました。そうしていっしょにやらせてもらいました。

――指導主事の方々はよくそういうことをされていたんですか。

私は京都府学校教育課の所属だったんですが、直接的には教育局に話がきます。教育局の指導主事は、学校要請があれば必ず出かけていきます。一方で計画訪問もありますが、要請があればすぐ行きます。府教委への期待もあったでしょうが、文句も言いたかったんでしょうね。両方あります。

最後に少し補足したいことがあります。

府教委が「長帳」を出したのは、あくまでも研究討議の資料としてです。基準案は各学校、そして市町村単位にまとめられて、それが京都府全体で整備された段階で試案・基準案になるだろうと。行政から基準案を出していこうというのではなく、現場からつくりあげてきたものを基準化していこうという考え方で臨んでいたということ。あくまでも研究討議のための資料であったということを、確認のために補足させていただきます。

第二回

二〇〇〇年四月二二日　中京大学にて

到達度評価の可能性
——到達度評価で障がい児・障がい者の発達を促す

遠藤です。この一三年間、社会福祉法人の設立、障がい者の福祉援護の事業に取り組んできました。非常に困難でしたが、法人設立をやり、そして通所授産施設を三つつくり、運営経営をやってきました。この三月三一日をもって、それらの役職を全部解かしていただいて、あとは相談役ということで、違う角度から新しいものに取り組んでいきたいと考えています。もう一つ、京都府の到達度評価行政について、あの当時のことを死ぬまでにまとめようという課題があり、何とかそれにがんばっていきたいと思っています。この五年、とくに障がい者の施設運営をやってきたなかで、私は自分のやってきたことが間違いでなかったという確信をもって三月三一日を迎えました。非常に重たい自閉症の子どもでも、障がい者でも、それぞれの発達の実態を押さえて、それぞれの子どもに目標・目的を明瞭に設定して、それを援助する筋道をきちんと立てて指導・援助にあたれば、みごとに変わっていく、成長・発達していくということを、実践をもって再度確認しました。私どもが志してきた到達度評価の方向が、決して間違いでなかったということを、この諸実践を通しても事実感じているところです。

曽野綾子さんじゃありませんが、現代社会の罪といって、一番大きな罪は原則のない政治だと。そして、モラルなき商業とか、いろいろあがってくるなかに、人間性なき教育が現代の社会の七つの大きな罪の一つだと書いています。信仰なき宗教から、最後に愛なき福祉と、こうきましてね、それで、福祉事業にかかわってきて切実にそれを感じてきているわけです。

介護保険もはじまり、高齢者福祉事業が今もう急ピッチで進められていますが、あげられているのは数値目標です。しかし、どういう施設をつくっていくのか、どういう事業をやっていくのか、その施設のなかで、高齢者の人がどういう暮らしを自らつくっていくのかという視点が一つも出てきません。障がい者福祉も同じで、どういう施設がいいのかということは出てくるんですが、そこで障がい者が人間らしく生きていくために、どういう支援・援助のかかわりがいるのかということは一つもみえてこない。だから、施設はできるけれども、まさに中身のない福祉が展開されているという実態があります。

そのなかで発達支援という考え方を直接、授産施設における障がい者支援の柱にし、それぞれ一人ひとりのもっている障がいを、その人たちの個性・特性だというふうにとらえたら、いくらでも社会に力を発揮していく方法はあります。それを視点とする方法もあるし、事実、重たい自閉の障がい者が社会参加しているという実績をつくることができています。

まあ、大きなまとめをして、終わらせていただく。さあ、これからあとは、この人たち（障がい者たち）を地域で自ら生活をさせていくのにどうするのかということを、命のある間に手がけていきたいです。

もう一つ、到達度評価行政についても、これから一生懸命まとめていきたいと思っているところです。

到達度評価への改善を準備する過程

到達度評価への改善のはじまり

——今回の公開ヒアリングで明らかにしたいことは次の三点です。まず、一九七三年に府教委内に設置された評価改善プロジェクトはどういったものなのか。これと一九七四年九月設置の評価検討委員会とはどうつながっているのか。二番目に、「長帳」——『研究討議のための資料　到達度評価への改善を進めるために』という一六〇頁余りもの分厚い資料ですが——、それが出された経緯、このあたりのことを詳しくお聞きしたいと思います。それから三番目は、この「長帳」が京都府下でどういうふうに受けとめられたのかという問題です。一番、二番の方にとくに重点をおいてお聞きしたいと思います。さっそくですが、評価改善プロジェクトについてお話しいただけますでしょうか。

評価改善プロジェクト設置、つまり、いわゆる到達度評価への改善に向けて、評価検討プロジェクトを指導主事レベルで設置したのは、一九七三年の四月です。

一九七一年三月に、小中学校の指導要録改訂がありまして、それを市町村教委へ通知するに際して、府教委の考え方を出しています。それが、到達度評価への改善の始点になっている文です。それは、学年において普通程度のものを3とするが、――この後のところが一番大事で、――どの程度の学力の到達をもって普通程度とするかについては各学校で十分検討のうえ進めること、というものです。これが到達度評価への改善の一番起点にあるものです。この通知文は一九七一年三月に出ていますので、当然一九七〇年の指導主事会議におとした検討事項であったということになり、その起案者、責任者は、当時、府の学校長以下、指導主事をしていた加藤西郷さんです。加藤西郷さんは一九七二年に府教委から龍谷大学助教授に出て、龍谷大学教授で退官されたという方です。その人が小中学校の教育課程担当指導主事をしてまして、それに当時の総括指導主事と、それから義務教育の教育課程担当指導主事が、評価改善を進める起点をつくりました。この時点では、私はまだ府教委に入っていません。

私は一九七一年三月に現場を出まして、そのあとの一九七一年四月に府教委の指導主事に入りました。この通知文を見てから、私は府教委に入って、それを指導することになった。こういう経過です。

三つの評価検討プロジェクトを設置する

庁内の評価改善に向けての評価検討プロジェクトの設置は、一九七三年四月です。一九七二年には当然、先に出した通知文をどう具体化するかなど、高等学校の指導要録改訂に向けての動きが当然ありますので、それの検討を進める主担者会議は当然ありました。これは私と、それから北村指導主事、のちに山城高校長をやって府立の高校長会長をやった方ですが、この北村晋さんと、それから当時の総括指導主事、この方は西宇治高等学校長ののち光華高等学校長をされた方です。その人たちを中心にして、指導主事会議の、担当指導主事としての評価検討作業を進めてきました。しかし、これは各教科に至る必要がありましたので、当然、指導主事会議としての、いわゆる評価改善の専門的な検討を得るということで、一九七三年四月に庁内の評価検討プロジェクトを設置しました。

その後、全指導主事会議を通して、もっと広い立場からという考え方もあって、庁内の指導主事会議のプロジェクトの他に、京都府教育研究所の研究所員も加えたプロジェクトと、それから各教育局の教育課程担当指導主事を加えた、閣外プロジェクトの三つのプロジェクトを組んで、評価検討を進めました。

これら三つのプロジェクトのメンバーについても触れておきたいと思います。

指導主事会議の庁内プロジェクトは、各教科領域における担当指導主事を全部網羅しましたので、国語、社会、数学、理科、芸術、保健体育、技術家庭、外国語という各教科の担当指導主事をもって、プロジェクトのメンバーにあてました。

それをさらに専門的な分野から補完をしていただくという立場で、研究所の第一分野の研究所員、亡くなりました中原克巳さんを中心にした第一分野の研究所員に入ってもらいました。国語は水川隆夫さん、数学は中原さん、理科が高木一郎という研究所員、それから芸術が上田、京都教育大学の教授をしております上田博之です。それらの専門的な研究所員の参加を得て、指導主事と研究所員による本庁の教育委員会のプロジェクト――本庁プロジェクトといっていました――をつくりました。それが二つ目の組織です。

三つ目の組織は、それを各地域における教育実践と結びつける必要がありますので、各教育局、京都府には郡部に七つの教育局がありますので、七つの教育局の教育課程担当指導主事をプロジェクトのメンバーに加えて、いわゆる閣外プロジェクトという形で、三つのプロジェクトを組んで研究実践を進めたわけです。

庁内プロジェクト、指導主事だけのプロジェクトは毎週一回を定例にしました。研究所員を加えた本庁プロジェクトは隔週で、二週間に一回。そして、教育局の指導主事を加えた閣外プロジェクトは、定例として、月に一回という形で検討作業を進めました。これが、いわゆる到達度評価の京都府における基本的な考えを固めていったプロジェクトです。つまり、一年有余をかけて、京都府教育委員会としての考え方を整理していったというわけです。

評価検討委員会について

――評価検討プロジェクトには、指導主事だけの庁内プロジェクトと、京都府教育研究所員も加えた本庁プロジェクト、それから七つの教育局の教育課程担当指導主事を加えた閣外プロジェクトの三つがあったのですね。続けて一九七四年九月成立の評価検討委員会についてお聞きしたいです。佐々木元禧編『到達度評価――その考え方と進め方』（明治図書、一九七九年）には、八〇名に及ぶ学識経験者とか現場教育職員の評価検討委員会という組織があったと書かれています。プロジェクトと評価検討委員会の構成メンバーは同じと考えてよろしいですか。

プロジェクトと評価検討委員会は違います。プロジェクトはあくまで行政として行っていく、評価改善の基本の考えをつくっていくプロジェクトです。現場の実践と結んで現場に生きて生かされていく評価にしていくためには、当然、現場の実践を踏まえて整理していかねばなりません。これの実践検討していく機関といいますか、実践に生きていく、生かされていく評価にしていくための検討研究会が評価検討委員会。これと庁内の評価検討プロジェクトとは別のものです。ですから、評価検討プロジェクトと、評価検討委員会というふうに分けてお考えいただきたい。

七〇名に及ぶ、いや八〇名に及ぶというこの評価検討委員会の成り立ちは、一つは学識経験者、これは全教科領域を網羅することはできませんので、大所高所からご指導いただくという形で、教育学と心理学の方から、京都大学の田中昌人先生。それから社会学の側面から立命館大学の奥沢先生。芸術分野に関して川村先生。保健体育の関係で京都教育大学の蜂須賀先生。これらの方々を評価検討委員会の学識経験者の中心メンバーとしてお願いしました。その他大勢ご相談した方々はいますけれども。それから実践現場については、小中高等学校の教育実践者の組織からご推薦いただいた方々をもって、評価検討委員会の小中学校のメンバーを約八〇名。小学校は九教科で、七局ありますので、各局からそれぞれ一名ないし二名の現場の先生たちに検討委員に入ってもらいました。その出し方は、それぞれの局管内にある研究団体、自主的な研究会も含めて、教育局との相談のなかでご推薦いただき、それを京都府小学校教育研究会と中学校教育研究会との協議のなかで、地域的なことがらや、ご担当いただく学年分野のことがらを整理したうえで、八〇名だったと思いますが、現場の先生方に検討委員会にお入りいただきました。

ただし、この方々がつくられたというよりは、この方々で府下全体のものを整理しながら、それをまた地域へ持って帰って、そこでもういっぺんたたいて、各地域の実践をまた持ち上げて、検討委員会でまとめていくという手続きを何度も重ねました。

ですから、各局管内、たとえば丹後、与謝、中丹という各地域の局管内には、各局管内独自の評価検討プロジェクトが、研究会を中心にしてつくられていました。そういう実践を総括しながら、京都府の教育委員会のプロジェクトでまとめた考え方と組み合わせていったというのが、この検討委員会の成り立ちです。

「長帳」は一万二〇〇〇部発行、手弁当による出張

余談になりますが、当時京都府は非常に貧乏で、本当に

金のない時代でした。いってみれば、この検討委員会の設置については、当然、予算をとる手筈をとらなければならない。この予算は当初の予算でなかなかとれず、九月府会とか一二月府会とかを通して補正予算でとっていた。たとえば、「長帳」をつくる際にも、ここまでつくりましたということで、財政と協議をして、補正予算でつくりました。あの「長帳」は一万二〇〇〇部、京都府教育委員会は全部出したわけですが、一番最初は一〇〇〇部ほどつくるという予定で、三〇万円の予算で出発したという記憶があります。それが非常に反響を呼んで、多くつくられていくなかで予算を追加していただくという経過でした。検討委員会についても、それほど頻度高く検討委員会をもてるということにはなかなかなりませんでした。その評価検討委員会として回数を重ねることができたのは、おそらく年間六回くらいだったんじゃないかと思います。

それ以外の部分は、むしろ各局管内、各地域において検討されるところへ指導主事が出向いていって、やっていった。要請があるたびに予算を請求する、なんてことできず、指導主事が手弁当で行ったという経過もあります。あるいは、そのことが非常に良かったようで、指導主事と現場の結びつきがそれをもって一挙に充実したということがございます。いままで本庁、京都府教委のことを局に対して本庁といっていますが、本庁指導主事はどこにおるかわからんというような状況であったのが、実際に本庁の指導主事が現場の先生と一緒になって検討しているというのが、この検討委員会の活動を通して出てきた経過です。

――「長帳」発行の予算は、先ほど三〇万円とおっしゃいましたが。

三〇万円の予算で一〇〇〇部最初につくりました。

――これをどういうところに配布されたんですか。

各市町村教育委員会、各学校ですね。それぞれ一部ずつということで予算を組んで配布したところ、たちまち反響があって、増す刷り、増す刷りを重ねて、一万部は一挙にいったと思いますが、私の記憶では少なくとも一万二〇〇〇部は正確にあります。もっといっているんじゃないかと思いますけれども。それから、各府県からの要請もありました。

そのこととかかわって言えば、各府県、各市だって評価改善をやりたかったわけですよ。どうしたらいいのかわからなかったというのが現実であって。皆さんご存知の通り、神奈川県の藤沢市ですとか。あるいは私が参りましたところでは、近畿の各府県全部、中国では井原市とか福山市だとか。私はいろんなところへ参りました。どこへ行きましても、何か、評価改善をしたい、と。学力と結びつく、授業と結びつく評価にしていきたいという思いは切実にあった。それほど現代化路線は、学力の遅れた子ども、つまずく子どもをつくった教育課程であったということです。

――評価検討プロジェクトと評価検討委員会のどちらが「長帳」作成の母体になっていくわけですか。

「長帳」の前文の部分は、京都府教育委員会が考えた到達度評価の骨格をつくる部分です。この部分がいわゆる局指導主事まで含めたプロジェクトでくだいたものです。検討委員会については、こういう考え方でどうでしょうかというおうかがいをして、ご理解をいただいて、そういう方向で検討しようかということになったわけです。「長帳」は検討委員会がつくったわけではありません。前文、それから本論の部分もプロジェクトがつくっていったものです。そこで、あとにもお話に出てくると思いますが、あくまでわかる授業、授業実践と結びつけていく教育評価、指導に生かせる教育評価にしていくというのが基本ですので、そのためには各教科の授業をどうつくっていくのかということに主点がおかれるわけです。そうすると、教科の本質、それからその教科の本質に照らして、小学校、中学校、あるいは各学年において、各教科がねらう学力、それを構成する内容、基本的な指導事項、こういうものについては、原案が必要ですので、庁内プロジェクトで検討した原案をさらに評価検討委員会にかける。ここでご推挙いただいて、実践にもっていって（いわゆる閣外プロジェクトでの検討のこととみられる）ご推挙いただく。それをもとにして各教科・学年・分野・内容にかかわる指導事項の整理、授業構成、教科構成などを詰めていく。これは評価検討委員会でやっていただいた。こういう成り立ちです。

――そうしましたら、前文をつくったのは庁内の評価検討プロジェクトですね。

はい。庁内評価検討プロジェクト、いわゆる庁内プロジェクトですね。

「長帳」の教育原理と授業構想

学力の基本性と発展性

――続いてその到達度評価の考え方の内容の方に入らせていただきます。「長帳」は「まえがき」のあとに「到達度評価への改善を進めるために」という「前文」があります。それが今のお話にあった、「長帳」の骨格にあたるものとみてよろしいでしょうか。

はい、そうです。

――これの原案を書かれたのは遠藤先生とみてよろしいのでしょうか。

原案の原案をつくらせていただいたのは私でございます。

――それを整理して、評価検討プロジェクトチームで検討して、このようなものにしたわけですね。

はい、そうです。私が原案をつくらせていただいて、それをプロジェクト（庁内プロジェクトとみられる）で検討して、改めて原案を作成します。それを全地指導主事会議（府下全局の指導主事を含む、いわゆる閣外プロジェクトとみられる）、あるいは第一分野の研究所員を含めた検討会議（本庁プロジェクトのこととみられる）にかけて、そして推挙していただいた。こういう展開です。

――このなかに学力の基本性、発展性ということばが出てくるんですが、そういった概念についての議論、何か対立したとか、そういった議論はございましたでしょうか。

ええと、どの部分からお話ししたらいいでしょうね。

一番の起点は、先ほども言いましたように、どの程度の学力の到達度をもって普通程度とするかについて、ここがこうで、十分検討するという一番最初の部分。つまり、評定3。この3とする内容は、すべての子どもにつけなきゃならん学力だと、こういう考え方が基本ですね。到達度評価の本来的な成り立ちからいいましたら、この点でどうなるか。これは後でまた日本教育学会でもご指摘を受けて、中内先生においでいただいて、私の記憶が間違っていたら、またご批正いただけると思いますが、どうしても評価・評定をしていくときの数量化の問題が当時やはり問題になっていました。どう数量化、数値化するのか。

本来的にみれば、学力の基準は子どもたちにつけたい学力の中身そのものでありますので、これを数量に直す必要なんて何もあらへん。ただ、指導要録の評価としては、文部省の通知文が先にあるわけですね。五段階で表す、つまり五つの区分で表さなきゃならん。その3をもって普通程度とすると、こうなっている。この普通程度というのは、学力保障の観点からいえば、すべての子どもにつけなきゃならん学力内容、到達させるべき学力の基準だと、こういうことになるわけです。

そこへもっていく、その学力を身につけさせることを基本にして、まず基本性、学力の基本性という考え方を出した。その各学年・各教科において、つけなきゃならん学力の、少なくともすべての子どもにつけなきゃならん、次の発展のもとになる、基本になる知識・技能、あるいは思考力、そういうものについてそれはどういうものかということがらをはっきりさせて、そのことをつけていく。というのが、基本性という概念がつくられてきた推移です。

学力態様はスパイラルに力動的に

しかし、一方で、その基本性さえ身についたら、それで子どもの学力は十分なのかという問題がある。子どもの民主教育、学力の発展の筋道を考えていけば、少なくともどの子どもにも各教科においてつけなきゃならない学力がある。学力は要素に分解できますから、その知識あるいは技能、こういうものについて、自然とつけなきゃならない力について明らかにしたうえで、それがどのようについていくのかという部分を発展性と、こう考えるわけです。したがって、発展性のなかには、応用力だとか速度だとか、巧緻性だとか創造性だとか、発展的な思考性だとか、こういうものが当然考えられていくわけです。いわゆる知識・技能といったような基本的事項と、これを学力として習得していくうえでの、これは悩みに悩んで使ったことばでありますけれども、学力の態様という言い方をしました。皆さんすでにご存じだと思いますが、態様ということばは、今はどうかわかりませんが、当時のことばとして、学力の態様という言い方はありませんでした。ことばとして様態という言い方はありますが。これをめぐってずいぶんとプロジェクトでも論議をし、ずいぶん悩みました。しかし、プロジェクトとしては態様ということば以外に表しようがない。様態では表しようがない。学力はどういう言い方をしたらいいか。

広島女子大学（現在の県立広島大学）の石川先生が京都府の到達度評価についてご論評いただいたなかに、みごとにその辺をお書きいただいています。柱になっている事項を申し上げますと、本時、到達目標を明確にしていくことは、すべての子どもたちに、各学年段階において到達させるべき知識・技能・習熟を確実に彼らのものにしていくために重要なことである、授業のなかで多くの子どもが落ちこぼれ、学力が停滞・低下している状況で、子どもたちの学力保障していくためには、どうしても到達度評価、到達目標設定をきちんとやって、到達度評価をやっていく必要があるんだと。

我々がここで踏まえておかなければならないことは、各教科・各学年の到達目標を重視することが、すなわち授業を新たな詰め込みに陥らせてはならないということ。この一点を、まず押さえておきたい。

その次に二点目の押さえとして、学習の目標である知識や概念の獲得過程は子どもたち自身の能動的で収穫的な思考と認識であるということ。

そして、それは積み木を重ねるような直線的で段階的なものでない。つまり、私どもが図で、いわゆる箱図（本書33頁の図1）で書いてますように、1、2、3、3、4、5というように直線的にいくものではないと。むしろ図2（本書33頁参照）に書いてますように、スパイラルに力動的に、そしてまさに集団のいろんな活動過程の組み合わせのなかでつくられていくんだと。積み木のように直線的で段階的なものではない。一定の知識や概念の到達目標を設定するばあいにも、このような子どもたちの学習過程・認識過程へ目を向けなければならないというのを、第三点目にあげておきます。

第四点に、すなわち、一定の知識能力、習熟への到達には課題の追求という方向性をもった子どもたちに、意欲的で最適な学習過程・認識過程をかけてやる。そのことを京都府教育委員会は学力の態様、態様の違いによって、学力態様の発展性と、こう表している。

こういうご説明をさせていただいているんですが、まさにこの部分を、私どもはつまり基本性さえつけばいいというんじゃなくて、基本性を確実につけていかなければならんわけですが、そのついていく過程のなかには当然、発展的な学力の要素というものがあって、発展的な対象が伴《ともの》うて形成されていくんだと。それがまずつけなきゃならん学力の基本性である、それを確実に確保したうえで、伴うて発展してきた学力の態様を3、4、5という形で保障していく。こういう考え方で京都府の教育委員会の評価の成り立ちはつくられていった。こういうことです。

基本性と発展性は段階で分けられるものではない

——今、学力の態様ということで、お話しいただいているんですが、学力の基本性と発展性については、段階説的な認識がされてきています。今回、「長帳」をじっくり見ていて確認しました。図2の円筒形は、表示内容1、2のあたりから今日お話しいただいているように基本性段階においても関心や意欲の問題、こういった習熟的な要素というものを織り込んでモデル化されています。実際「前文」にはこう書かれています。「学力の基本性には、発展性は含まれないと考えるのは誤りです。学力の基本的要素は、その内容に一定の発展的態様を備えているものと考えます。また、目標に到達しなかった場合であっても、態様においては、すでに発展性を示す子どもも実際にはおります……」と。段階ということばは、この「前文」では出てこないんです。この辺は、私たちが学力の基本性、発展性ということを認識していたことと少し違うなあと思います。もう一つ、なぜか、その学力の基本性、発展性の話になると、到達した学力の態様というように理解しがちなんです。しかし、今でいうプロセス重視的な、そういう押さえをしっかりされていたんだなあと思いました。今、読み直して、この表示のことを改めて詳しくうかがってみたいです。

あくまでわかる授業、授業過程と結びつけた評価。それを抜きにしたら到達度評価は意味がないわけですね。認識過程、集団過程、いわゆる授業の力動的過程が子どもたちにどのような学力を身につけさせるか、習得過程、習熟過程、これがテーマになりますので、授業の力動性を抜きにして評価が成り立ったら、到達度評価はもとから崩れるということになってしまうわけです。

基本性とレディネス整備の重要性

二つの筋道を、私どもはその当時のベースとして踏まえていたと思うんです。一つはレディネスの問題。つまり、次の段階での学習にどうしても欠かせない、それまでに確実につけておかなきゃならない学力要素、学習事項ですね。これを必ず身につけておかなければ、次の発展的学習の段階での学習においてつまずきが起こる、そのもとになる不可欠な、そういった基本的な学力がある。それをレディネスと考えて、レディネスを整備して、授業を構成する、という実践を何度も繰り返しました。これは、前にもお話ししたと思いますが、たとえば一〇時間で扱うとして、レディネス整備をして新たな単元に向かった場合、そのレディネス整備をしないで、いろいろな子どもたちのつまずきや、そんなものを実態としてもちながら、学習に臨んだ場合との決定的な違いは、その段階での実践、授業のなかで、レディネス整備に二時間あてて八時間をその次の段階での目標学習に向けた場合と、レディネス整備をしないで一〇時間そのまま新しい単元の授業に向けた場合との決定的な違いは、もうレディネスの整備をした方がはるかに効果が高い。どの実践を通しても明らかになっている。これは基本です。基本性のところです。

基本性のなかに発展性が含まれる授業を

もう一つの部分はですね。授業場面でわからなかったと思っていた勉強が、次の段階での学習をしていくなかで、ああ、こういうことやったというふうに再認識することは何度もある。つまり、その場合は、学力の基本性が発展的な、たとえば応用する、あるいは実際場面に当てはめるとか、速度だとか正確性だとか、あるいは緻密に考えるだとか、あるいは自らつくり出すとか、こういうことがらを含めた授業のなかでわからなかったとしていたものが、違った場面でわかったというふうになる。それは、その前のなかでわからなかったことが、じつは基本的な部分でわからなかったんじゃなくて、むしろ応用的な部分でわからなかったということ。というふうに私どもは回顧するわけですが、そういうことを含めて、学習過程、認識過程、集団過程というのは、きわめて力動的です。課題の発展からそれを分析し、そしてそれを検証し、組み立てていって、一定の公式にもっていく。ここまでの部分はまさに基本性学力を習得していく部分です。それをまた実際の場面に当てはめて、それを再検証し、そして応用し、こういうふうになっていくと、これはまさに発展的な学習過程になってくるわけです。そういう授業の成り立ちから考えたって当然、基本的な学習をしていく部分で、発展的な学習に結びついていく、そういう授業過程は必ず用意しなきゃならんわけです。そういう意味からも、私どもははじめから、学力の基本性には発展性は含まれてないという考え方はもっていませんでした。学力は要素に分割できる。基本的要素はその内容に一定の発展的態様を伴っています。で、いわゆる発展的態様まで含めた目標にまでは到達しなくても、すでに基本的な要素を習得していく過程において、一定の発展性についても体得されていくというのが、授業過程、学習過程。こういう考え方です。

指導主事の役割と数量化をめぐって

教育の現代化は詰め込みの教育課程

——それから「長帳」全体にかかわることですが、「長帳」

はこの「前文」のあと、各教科の内容が細かく書かれています。こういうふうに行政の立場の者が、教育内容にかかわる、そのことに対して、京都府は積極的であったわけですが、そういうことの合意というのは、やはり時間をかけてつくっていったんですか。

その前提に現場の実践がありますね。現代化路線の教育課程は詰め込み課程でして、本当に詰め込みで新幹線カリキュラムが社会問題になるほどだったわけです。そうした実態を踏まえて先生たちは悩みに悩んでいたわけですね。それが、わかる授業の取り組みに結びついていったり、全国的にも広がりました百点運動に結びついたりですとかですね。この百点運動が進んでいくなかで、京都府では早くこの件に研究団体はメスを入れましたが、百点運動の質を問うという点では、つまり百点とらせたらいいんだという問題ではないんやと。その百点とれなかった、そっちの原因は一体なんなのかということと、それから、もしその百点をとれなかったその間違いを起こした部分を見直していくときに、その間違いはどういう間違いなのかということを吟味していく。問われる学力は何かということを徹底的に検証しない百点運動は意味がないんだということを、京都から批判を出したんですね。で、そういう実践が、たとえば中丹だとか、舞鶴だとかであり、そういうところで点検をしていった。そういう成果がベースにあったんですね。ですからそのとき府教委の方は、教材を精選するということはただ単に量を減らしたらいいという問題じゃない、子どもにどうしてもつけなきゃならん学力に必要なものは何か、そして、それに適切に結びつく教材は何かということを、組織的に実践的に検証して、教材作成に臨みなさいということを言うてるわけです。それは、現場のわかる授業実践だとか、あるいは百点運動の反省だとか、そういうことをもとにして、出てきたもので、行政が頭ごなしにそういった、ということじゃない。

教育専門職としての指導主事

——どうしてそういう質問をしたのかといいますと、行政は条件整備をすればいいんだと、内容にはタッチしないものだという考え方が現代でもなおあると思うんですね。そういう考え方とのぶつかりというのはなかったのかなあって思いがあったんです。

指導・助言行政ということについて、前回の公開ヒアリングで、かなり自分の考え方を言わせていただいているんですが、もう一つ、ここで皆さんに押さえておいていただきたいのは、指導主事の役割ということなんです。今の教育委員会制度のなかで一番大事なのは、指導主事のあり方なんです。指導主事がいわゆる指揮・命令的な指導主事なのか、いわゆる行政統制的な指導主事なのか、現場で共同研究して実践していく指導主事なのか。ここが内容行政にかかわる指導主事の特徴的なところなんです。これは皆さん方にもう一度押さえておいていただきたいと思うんですけど、地教行法、地方教育委員会の行政に関する法律ですが、地教行法で、教育委員会について、教育委員会に事務局をおくこととしている。これは教育委員会事務局です。府教委府教委と言ってますが、京都府教育委員会というのは、京都府教育委員さんをもって構成されているわけですね。京都府教育委員さんは合議制でありまして、京都府の教育をどう進めていくのかということを決定なさる、その教育委員さんが合意をもって京都府の教育を進めていく方針を出していかれる。そのもとになる資料の作成なり、その事務処理をやるのは、京都府教育委員会の事務局です。その事務局をおくとしてあるわけです。そこの法律文書がどうなっているかといいますと、教育委員会事務局には、教育長、指導主事、その他必要な職員をおく、と。つまり、教育委員会事務局には、教育長と指導主事は絶対おかなあかんのです。指導部長とか管理部長とか、あるいは学校教育課長とか、何々係だとか行政職があるわけですが、それは、その他職員なんです。指導主事は専門職なんです。教育内容行政の専門職で、教育内容にかかわって教育長を補佐し、教育委員会の委員さんの会議活動に寄与する。これが指導主事の役割。ですから、指導主事は行政職じゃない。教育職員なんです、本来。でなけりゃならん。

　ところが、各都道府県教育委員会は、どこの教育委員会もですが、これはいいなあ、かなり進んでいるなあと思う都道府県の教育委員会でも、半分ぐらいの人たちが教育職で、半分ぐらいの人たちが行政職です。行政職指導主事はだいたいこういう肩書になっています。指導主事兼義務教育係、指導主事兼高等学校係と。いわゆる行政係長を兼務する。そういう形です。そうすると教育内容行政を担当する者が行政事務行為をやる。こういうふうになっている。つまり、条件整備ということが一方でありますが、他方では管理治政をすることになる。管理治政をする行政職員が指導主事として教育内容にまでかかわったら困るわけです。

　しかし、あくまで教育内容行政に関して現場の実践が進みやすいように、その専門的な立場から教育委員会に機能するというのが指導主事の役割。当時、京都府教育委員会の指導主事は全部、教育職。今、京都府教育委員会の指導主事は約半数は行政職です。この点が非常に大事です。今小林先生がご指摘のところですけれども、当時はそういう指導主事本来の役割に徹して教育内容行政に関与できた。したがって現場と一体化することができた。こういうことです。

数量化をめぐる葛藤

――最後に一つ確認したいんですが、この「長帳」の「前文」に数量化のことが詳しく出てます。評定の結果についてですね。これを+1にして、こういうのは+2にして、結果は4になるんだとかってあるんですけれども、その数量化です。先ほど先生は、学力は数量化に基本的になじまないとお話しされました。そう考えるにもかかわらず、数量化のことを書かれました。そのあたり、お話しいただけますか。

この「長帳」は、前提として試案でありました。あくまでたたき台だということを「前文」にもうたっています。試案として活用されること、各学校の実践を通して検証、修正していってほしいということを言っておりますので、そういう性格のものであるということをまず第一に押さえていただきたいです。

第二に、当時の現場の実践のなかで、数量化するということの概念からなかなか一挙には離れきれない現実がありました。それと、より到達度評価的なものにするには、到達度評価を入れた数量化方式を求めていく必要があるんじゃないかという考え方があります。もう一点は、日本教育学会で京都府教育委員会の改良をするための考え方を発表した段階で、心理学の立場から、京都の到達度評価にはその客観性を確保するためにぜひ数量化していく必要があるというご指摘を受けました。数量化していかないことにはなかなか客観性を確保できないということと、評価は京都府だけではなくてもっと広い立場に広げていかなきゃならんということ。

文部省も当時、教育課程、教育評価の改善を考えておりましてね。京都府がこれを出したときに文部省の人が、京都だけ先走らんでくれと。文部省も考えているし、京都の考え方も参考にさせてくれということであったんです。そのときにやはり、京都だって、たとえば乙訓だとか山城地方は大阪や奈良とかに近いんですね。そうすると、とくに私学進学の問題が当然起こってくる。そのためには京都だけでというわけにはいかない。その件については、科学的な数量化で検討していく必要があるんじゃないかとご指摘を受けました。

そのたたき台として出したものですが、これを府下の全体の共通理解にしていくためには、「研究討議資料」の第Ⅳ集までもっていかなきゃならん。第Ⅳ集は実践検討。実践検討までもっていって、そして数量化方式を共通化するのは「研究討議資料」の第Ⅳ集。第Ⅳ集のところでも、結論を出しきれない。そこで、未解決のままで、第Ⅴ集にもちこそうという段階で、京都府教育委員会のこのプロジェクトは終わっているわけです。ですから、個々の部分はついに未完。数量化はその当時の提案のしかたです。先ほどいいましたように、本来的には数量化したくない、そういう部分でありました。

――この手続きなどは、3の態様を0として、-1、-2という形で出しますよね。かなり簡潔だと思うんですが、現場ではどんな受けとめ方だったのでしょうか。

ええ、その各地での性格、それから学校の実態、課題とかかわって、反応がありました。到達度評価への改善がとくに小学校ではかなり進んで、そして中学校では、小学校に比べるとなかなか難しくて、高等学校で一番遅れた。その背景は、いくつも考えられるんですが、大きくはやはり進学の問題。進学における評定点、これとの関係が一番大きく、その点では進学の影響を全面的に受けない小学校で、より実態に即した動きをつくっていこうとする動きが強まった。中学校でも、高等学校が、いってみれば単独選抜されています、地域に一つしかないような地域、たとえば丹後だとか、あるいは与謝だとか、中丹だとか。その地域ではかなり進んでおったけど山城とか乙訓で遅れていた。それは、やはり大阪への進学問題がありました。乙訓は阪急沿線ですし、大阪の影響をもろに受けている部分があります。滋賀とかも。その辺では数量化の問題は多分、学校の実態でした。ですから、基本的な学習要素をずっとあげて、そしてそれをテスト化する。そして八〇点以上を合格にするとか、テスト問題については、授業の基本的なものをきちんと押さえたテストを用意して、それの八〇点以上を合格ラインとするといった到達度評価の考え方をなかなか出し切れなかった。そのあたりについて、府教委は早く指針を出せという要求も再三あったが、なかなか出し切れなかった。

第三回

二〇〇〇年一〇月二八日　長野県立大学にて

「長帳」の作成過程

通信簿論争と評価改善の動き

――一九七五年二月に府教委は『研究討議のための資料　到達度評価への改善を進めるために』（「長帳」）を刊行・配布しました。この資料がどのような過程を経て作成されたのかをお話し下さい。教師や子どもの実態をどのように把握されていたのか。その場合に指導主事はどのような役割を果したのか。この二点に焦点をあてて下さるようお願いします。

ご存知の通り今回、中教審答申で絶対評価を前面に出して到達度評価の構想を打ち出しております。京都府教育委員会（府教委）が「長帳」を現場の教員に提案したのが一九七五年ですから、もう四半世紀を超えました。私としては到達度評価はこのまま鬼子で終わるのではないかと思っていましたが、やっとこれに近いかたちが文部省から出されました。これからいよいよ実践に移されたときどうなるかという問題はありますが、こう現れてきたということで、私自身、今年の大会でヒアリングしていただけることをたいへん意義深く感じているところです。

さて、「長帳」作成段階の教師や子どもの実態については、佐々木元禧さん編集の『到達度評価――その考え方と進め方』（明治図書、一九七九年）の「四　京都府における『到達度評価への改善』の経過」に私自身が書いていますす。再度整理する形で申し上げることにします。評価改善の取り組みが当時どのように行われていたかというと、それ以前の段階では、はっきり申しまして、学校現場あるいは教育委員会現場で五段階相対評価をなぶる《ママ》ということは一種タブーであるという流れがありました。いろいろ問題がありながら、そのことに手をつけることがタブー視されていたわけです。その状況を打ち破ったのが、ご存知の通り一九六九年の通知表（通信簿）論争です。引き続いて一九七一年に指導要録の改訂があり、その際に文部省から通信簿の自由化の通達が出ます。これを契機に全国各地・各学校において通信簿改善を中心とした評価改善の取り組みが進められました。

ではその当時の京都府で全国に先駆けて評価改善の取り組みが進められていたかというと、決してそうではありません。一九七一年段階の京都府における通信簿の様式についていいますと、五段階相対評価のものが約四〇％、三段階が二五％、二段階が一五％という状況で、評価のあり方がだんだん多様化しているという実態はありました。しかし、依然として五段階相対評価が通信簿においても根強く残っていました。それが、一九七二年、一九七三年と経過するなかで三段階評価の通信簿が中心となるというように大きく変わってきます。一九七三年には三段階評価の通信簿が六〇％を占めます。それについで多いのが二段階評価で三〇％です。このようにいわゆる五段階相対評価がほぼなくなっていくという状況が一九七三年段階の京都府にありました。一方、一括評価方式もだんだん姿を消して、通信簿に関しては大部分が観点別評価ないし指導事項別評価の様式に変わってきました。

戦後の動き――わかる授業づくりのための教育評価から五段階相対評価へ

では、それまで評価問題について京都府に何の考えもなかったのかというと、そうではありません。じつは、この公開ヒアリングの前に内藤久夫先生から資料を添えたお便りをいただきました。そこにびっくりすることが出ていました。戦後の学校教育の形が変わるときに教員免許法の改正があり、それにかかわって各府県は伝達講習をしました。それは新教育の伝達講習であったわけですが、当時京都教育大学教授であり関西の教育心理学の重鎮、かつその草分けであった四方実一《じつぃち》先生が講師をされました。その四方先生の特別講座のなかに教育評価に関する講座というのが設けられていました。内藤先生がお送り下さった資料によりますと、その講座の内容は、要するに、新しい学校教育では教育評価は授業と結びついた評価をやらなくてはならない、子どもが学力をつけていく、わかっていくその過程と結びつけて評価をやらなきゃだめだ、これからの評価はそうあるべきだ、というものだったようです。戦後の新しい教育を開いていくところで、四方先生はこういっておられます。新教育の教育評価はこのような形で出発すべきであるということを提起しておられます。つまり、戦後教育の出発点にこのような評価観があったわけです。

にもかかわらず五段階相対評価に変わっていくのは、一つにはコア・カリキュラムを中心とした戦後教育が韜晦していく流れによります。それに加えて道徳教育が特設化される昭和三〇年代初頭に指導要録の拘束性が出てくること、それから競争の教育がだんだん激しくなっていくその流れにもよります。こうした流れのなかで五段階相対評価が学校の教育評価の絶対的な形として定着してきたわけです。私も現場にいたときに何度も指導主事から五段階相対評価の学習をさせられた記憶があります。しかし実際には、新教育はそれから出発したのではありません。指導と結びついた、授業と結びついた評価こそが教育評価のあり方だということを新教育では提言していたということが、内藤先生の送って下さった資料からわかりました。

ところで、四方理論は一方で統計学を背景にもつ統計処理を中心とした評価法です。ですから、誤答分析を中心とした統計処理という形で現場に取り入れられていき、そのために実際には授業の改善になかなかつながっていかなかったのでしょう。その一方で五段階相対評価が強く推し進められましたから、そのなかで姿を消していったという経過です。

評価基準がないままの評価改善の問題点

このように五段階相対評価が絶対的なものであったということを一応おさえたうえで、これが京都府で到達度評価に変わっていく時点のことをさらに詳しく説明します。

まず、京都府における通信簿改善が観点別評価、指導事項別評価へと大きく変わっていき、三段階評価を中心に多様化していくという実態がありました。この動きは到達度評価への改善の芽生えではありましたが、現実に到達度評価が志向されていたかというと、そうとはいえませんでした。通信簿改善についても、じつは問題点があったのです。

一つは、一九六九年の山城地方小学校教務主任連絡会における持ちより抽出調査で明らかになりました。通知表における評価基準の問題と評価の実態についての調査でしたが、三段階評価の場合についてこのような結果でした。三段階評価がこの当時六〇%を占めていましたが、評価のしかたは大方のところ、よくできる・できる・がんばろう、あるいは◎○△で表すというものでした。よくできるという評定を通信簿で出す割合は、その調査によりますと、四五人学級で「よくできる」や◎と評定されている子どもの数は平均すると一〇・三人（二二・九%）です。これに対して「がんばろう」や△をつけられる子どもの数は平均して三・四人（七・六%）です。さらに詳細に分析しますと、一番たくさん「よくできる」をつける先生は四五人中一五人につけており、「がんばろう」は〇人でした。つまり、三〇人が「できる」で、一五人が「よくできる」です。これに対して、「よくできる」を一番少なくつけた先生は四五人中「よくできる」九人（二〇％）、「がんばろう」三人（六・六％）です。このように大きな格差がみられたのです。これがそのときの持ちより調査の結果です。

これに似た調査はたくさんあります。発表された調査ですと、一九六八年に東大阪市の教育研究所がまとめた「学力を高めるための基礎研究」というものがあります。それから大阪府教育委員会が出した「中学校における教育評価の実証的研究」という資料のなかにもほぼ同じような調査結果が出ています。

このような調査結果が語っているのは評価基準の客観性についてです。つまり、五段階相対評価は崩れてきたけれども、評価基準が必ずしも固まっていないということです。何を基準にして「よくできる」をつけ、何を基準にして「がんばろう」をつけるのかというその基準が、まだ事実としても実践としても固まってきていなかったわけです。そういう状況のなかで評価改善を進めることは非常に困難です。そういう阻害要因が実際に現場にありました。

ところで、一九七一年に大阪府教育研究所が出した資料についてですが、大阪府はこの時点で教育評価についてかなり先進的な研究をやっていました。大阪府でこれだけの研究をしながら、大阪府教育委員会はあの時点で評価改善に取り組むことはできませんでした。大阪府教育委員会は三段階評価への改善を取り組んだのですが、これは文部省の指導を受けました。これだけの実証研究をたくさんやりながらなかなか固め切れなかったのは大阪府の事情によりますが、一九七一年の『大阪府教育研究所報』第五三号の「教育評価の問題点――指導要録についての実態調査」と題した調査報告に、京都府の先ほど申し上げた傾向とほぼ同じような結果が出ています。そういう現場の状況だったということを、まずは押さえていただきたい。

研究討議のためのたたき台として作成した「長帳」

もう一つ申し上げたいのは、そういう状況のなかで、全体的には、現場は到達度評価への志向というよりは、年度末総括評価をどのようにしたらいいかという動向にあったということです。このことは先ほどの佐々木さん編集の本にも書きましたし、中内敏夫著作集第一巻の「月報」にも書きました。それについては、年度末総括評価方式を志向していくのが一番妥当ではないかと私も考えておりました。

このことは、じつはいまだに引っかかっています。年度末総括評価方式を起点にして到達度評価への改善を進めた方が、よりいっそう具体的・実践的ではなかったかという思いが今もあるのです。なぜかといいますと、年度末総括評価方式、つまり年度末にそれぞれの当該学年教科についているであろう学力、つけるべき学力、つくはずである学力、それを標準テスト化して把握するという方法は決して無理な方法ではないからです。京都府にあっては、京都府立・京都市立高等学校の入学選抜は単独方式ではなく同一テストで行います。つまり、全体で同じ選抜試験をやるわけですから、中学校修了段階でつけるべき学力というのが、高等学校入試問題のなかではっきり、しかも客観的・具体的にたくさん蓄積されています。ですから、それをもとにして逆にそれぞれの各教科・各学年段階においてつけるべき学力を明確にする方法はあったわけです。

到達度評価に対する議論が一般的になっていろいろな形で展開されていくなかで「長帳」が京都府のつくった到達度評価の典型だとみられがちになりました。しかし、そうではありません。「長帳」は、あくまでも討議のための資料、たたき台です。その当時の実践を集めた方向づけのための資料であって、これからまさに到達度評価へ向かっていくその出発点にあるもので、試案ではありません。試案はそのあとに実践のなかからつくり出されていくものだと考えていました。そうしてつくり出されたものとして、京都府の到達度評価がほぼこの形で固まったのではないかと思われるのは、一九八二年に京都府総合教育センターがまとめた『小学校の指導計画』という冊子です。これが、京都府が到達度評価をほぼ試案化までもってきた形のものです。じつはこの冊子は、水川隆夫先生が京都府総合教育センターの第一分野の主任研究指導員をしておられたときのもので、水川先生が総括をしてまとめられました。水川先生はこれをまとめて京都女子大学に着任しましたから、これは水川先生の教育センターでの最後の仕事になりました。それはともかく、これが、京都府がめざしてきた到達度評価のほぼ完結に近いもの、試案に近いものです。

そういうわけですので、「長帳」を出した段階においては意識は多様にありましたが、まだまだ未成熟でした。そういうことを、第一にご報告しておきます。

二番目にお話ししたいのは、先生方が苦しみ悩みきっていたということです。東井義雄先生が『「通信簿」の改造』（明治図書、一九六七年）に、現場の先生方の悩みを端的に書いておられます。東井先生のあの思いは現場のどの先生ももっていたものです。それから親の思いについてですが、各学校が学期末ごとに行います地域懇談会などでは毎度、子どもの通信簿に関する意見、がんばったのにその努力が現れていないという意見、評価によって子どもの間に分裂が起こってくることについての意見、通信簿や評価というのは親が責任を負わなければならないものなのかという意見等々、多様に出てきました。そういうことは京都府の育友会（ＰＴＡ）連絡協議会誌、あるいは各学校が出している育友会連絡会誌などにいくつも載せられています。子どもの意識は、まさに親の意見の裏返しで、努力が評価されない通信簿ということが子どもの実感としてあります。それが子どもの挫折感や劣等感といったものを多様につくり出していった事実があり、だから先生方は悩みきっていたのです。こういうことはたくさんの資料に出てきます。

教育専門職としての指導主事

続いて、そのなかで指導主事はどういう役割を果たしたかについてですが、当時を振り返ってみますと、まず、指導主事の法的な位置に対する私どもの思い、認識があります。第一回のヒアリングでも申しましたが、教育課程の編成権の問題、文部省が出す基準の問題と現場、つまり学校長が責任として行う教育課程の編成権とのかかわりのなかで、都道府県教育委員会は各学校が行う振興や助成に寄与するという役割を持っています。これが教育委員会の本質的な役割で、これとの関連で指導主事の役割も決まってきます。

そういう指導主事の法的な役割をどのように私が理解していたかということを申しますと、第一に地方教育行政法に、教育委員会事務局には指導主事、事務局員、技術職員、その他必要な職員をおく、とあります。ここに指導主事をあえてあげてあるのは、指導主事は専門職だからです。つまり指導主事は、教育行政における教育指導に関する指導・助言を行う専門職なのです。他の事務職員や技術職員とは違って専門職であり、だから教育委員会事務局には指導主事を絶対におかなければならないのです。これが戦後教育行政の基本的なあり方です。教育委員会の教育行政が指導・助言行政に徹していくのは、指導主事を専門職としておくことを法的に位置づけていることによるわけです。

この指導主事の役割は、学校における教育課程・学習指導その他学校教育に関する専門的事項に関する事務を担当することです。しかも、指導主事は教育に関する執権を持っていて、学校の教育課程、学習指導その他学校教育に関する専門的事項についての教養と経験が必要であるとうたわれています。教養だけではだめで経験を持っていなければならないのです。さらに指導主事は公立学校の教員をもってあてることができる、となっています。つまり、行政専門職ではなくて、教育にかかわる教育専門職であるわけです。これが指導主事の位置の法的な特色です。

そのことをきちんと日常の指導行政のなかで反映させていくというのが京都府教育委員会の基本的な立場でした。今は変わってきていますが、当時の京都府教育委員会の指導主事はすべて充《あ》て指導主事でした。行政指導主事は一人もおりません。全員が充て指導主事、つまり教育職指導主事です。ですから、指導主事兼高等学校係長とか、指導主事兼高等学校主幹とか、あるいは指導主事兼義務教育課長補佐といった行政職を兼務してはいましたが、すべて充て指導主事、教員でした。したがって、指導主事は行政のなかで指導主事室というのを持っておりました。つまり教育の指導・助言行政を司っていく専門職としての部屋をもっていたわけです。学校教育課、保健体育課というのと対等の立場で指導主事室がありました。これが当時の京都府教育委員会の状況です。

この指導主事のあり方については、文部行政のトップの方の解説があります。それから初中局（初等中等教育局）で指導行政を担当されていた武田一郎さんの『指導主事の職能』（学芸図書、一九五七年）にも、文部省の解説のなかで、指導主事はあくまで指導・助言に徹するということが強く書いてあります。そして、指導主事の役割は大きく三つだといっています。一つは教員に対する指導・助言。教員の教育活動を司る教育組織活動に関する指導・助言です。二つ目は校長に対する指導・助言。三つ目は指揮・命令の禁止。この三点を解説のなかで強くうたっています。

一つ目の教員に対する指導・助言について、解説のなかでは、本来的に指導主事のもつ役割は教育実践にかかわる助言機能だと書いてあります。なのにどうして指導・助言なのかといいますと、指導は助言機能が的確に働いたときにはじめて適切な指導が行われたということになるからです。つまり、先生方が実践していることについて指導主事や教育の専門的立場から助言する、そのことによって先生方は自主的に自分の教育活動の充実・改善を図っていくという、こういう関係のなかで指導主事の役割があったわけです。指導主事の本来的役割は指導よりも助言であり、助言を適切に行うことによって指導効果を発揮することなのです。こういうことに徹しないとだめだということを文部省の方が解説で言っています。

二つ目の校長に対する指導・助言についてですが、まず、校長には二つの職務があります。一つは学校の管理、もう一つは教職員に対する指導と助言です。こうした校長の職能は、じつは指導主事の役割と関連があります。たとえば、あなたに学級担任を命じますと校長が言ってはじまった学級担任が教育活動を組織して運営する、その仕事に対して校長が助言し、指導主事はその教育活動の円滑な組織者としての校長に助言する、と解説しています。そういうわけで指導主事の役割はあくまでも指導・助言であって、指揮・命令・監督ではありません。指揮・命令・監督をするということは、じつは行政による教育内容の統制につながってくるわけで、このことは絶対に避けなければならないと、解説書にあります。京都府教育委員会の指導主事の立場は、まさにその立場なのです。

参考資料、研究討議のための資料としての「長帳」

「長帳」の「まえがき」を大八木正治教育長が書いています。そこにはいくつかポイントがみられます。まず「従前の評価の内容や方法とは、かなり異なったものでありますので、一定の共通的な理解をもって、これを研究し、実施することができるよう、資料の作成等必要な措置」が現場に求められていたのでこの資料を出します、とあります。これがこの資料の性格づけです。続いて「このため、このたび、各学校等における研究、討議のための資料として」これを「作成し、提供することにいたしました」とあります。そして、評価改善は「特に、わかる授業を進めるとともに、組織的に研究し、実施していくことが極めて大切です」、「到達度評価を的確に、充実して実施していくためには、科学的で、組織的な研究の成果が必要であります。この観点から（中略）京都府全体のものとして検討し、まとめあげ、相互の参考にすることが今日的な課題でありますす」、だからこの資料を出したというわけです。「評価基準や学力の到達態様を表す内容の設定に当たっては（中略）教科指導の現状にてらして考察するとき」なかなか科学的で実践的なものにはならない、「改変しきれない実態もあります。そのため、この資料は、京都府下における、実践にもとづく成果を取り入れて」つくります、とあります。さらに「今後、改善し、創造、発展させるべき方向を示すという段階での参考例示」ですとあります。この資料の性格はこういうもので、まだ完成されていないものだということをご理解ください。最後の方に「この意味から、この資料をけい機として、教育評価についての組織的な討論がいっそう深められ、実践と検証が積み重ねられて、科学性の高い評価の内容が、一日も早く」現場の実践を通してつくられることを、とくに切望しています、と書いてあります。

ここにみられますように、評価改善への指導主事の役割は、現場が組織的な研究実践を起こすことに助言していくことで、その立場で取り組みを進めました。したがって評価検討委員会は、学識経験者数名を除いてすべて現場の実践者で構成しました。それというのも、実践をもとにして、実践を進めるなかで評価改善の具体化を図っていこうとしたからです。そのことで、教育専門職としての役割を果たしていこうとしたわけです。

「長帳」はあくまでも参考資料、研究討議のための資料だということを確認しておきたいです。到達度評価への改善の具体的な姿は実践を通し、つまり実践から出て実践へというのが基本の立場であるということです。

「長帳」が現場に広がっていった経緯

教科教育研究者の関与は重要

――続いて「長帳」を現場に浸透させる方法・手続きをどのように構成されたのかをお聞きしたいです。まず、各界の反応はどのようなものだったのかという点からお話し下さい。

反応はどうだったかという点からいいますと、現場は京都府教育委員会がはじめて本腰を上げたという反応を示してくれました。それまで京都府教育委員会はいろんな意見を言ってきたけれども、はじめて本腰を上げて取り組む姿勢をみせてくれた、現場と一体になってやるんだという姿勢をはじめて、この到達度評価への改善でみせてくれた、と。これが府下各学校・各研究会の典型的な反応でした。だからこそ、ほぼ全府下で取り組める方向ができたんだと思います。

ところで、国立教育研究所の教科教育研究部長の木原健太郎さんが『教科教育の本質』という冊子のなかで、かつては各大学の教育学部の先生が現場へ入ってカリキュラリゼーションのあり方について徹底的に共同研究を進めたという経過があった、しかし昭和三〇年代の終わりごろからそれがなくなってきた、このことはたいへん残念なことだと書いています。私も、到達度評価を実践的に研究していく、その学問研究の立場から考えて、大学の先生がこれに関与していたのはものすごく大事であったと思います。

京都府教育委員会が『研究討議資料第Ⅰ集』（「長帳」）を出したとき、先ほど申しました四方実一先生の流れをくむ京都教育大学の先生が、スーパーダイエーの人事部について二番目においでになりました。そして京都府教育委員会が進める到達度評価とはどういうものかということで私どもと討議をいたしました。最後に、京都府教育委員会が進めようとする評価改善は学校における評価としては誤りだ、間違っていると言って帰られました。どうしてそういうことになったのかと思い返してみますと、京都教育大学には一つの流れがあり、統計処理を軸にした評価研究が母体にあります。それと離れて授業過程にかかわって評価改善を起こそうということは本来の学校教育の評価法ではないという立場でそうとらえたのだと思います。

今思い返しますと、京都教育大学が京都府教育委員会の進めた到達度評価への改善を積極的にとらえてくれなかったこと、共同研究してくれなかったことについて、まことに残念だという思いがあります。各地における実践現場の評価改善、授業改善に、少なくとも各県にある教育大学の教科研究を専門とする先生方には踏み込んでほしいものです。このことはこのたび文部省が進める動向ともかかわるわけですが、現場は実践研究していこうとしているのですから、それに学問研究していくという立場でかかわっていただきたいという気持ちが強くあります。

「長帳」を歓迎した現場の教師たち

当時、府下小中学校の現場は府教委の提案に非常に積極的に対応してくれました。歓迎するといったら変ですが、いっしょにやっていけるものがみえたということで喜んでくれたわけです。しかし、結局、大学や教育学研究あるいは教科教育法研究の側からは特定の先生方を除いてはほとんど関心が寄せられませんでした。それは非常に残念なことです。教育現場が直面している問題に対して、各地にある教育大学の学問サイドからもっと積極的に反応していただきたいという思いが今もあります。

続いて父母や子どもの反応ですが、これは通信簿の改善が具体化されていくとき先生方との交流のなかで起こってきました。しかし父母サイドにはなかなか入っていきませんでした。それには当時の状況も関係しています。一方では、子どものがんばりがみえてくるということで到達度評価への改善を歓迎するのですが、他方で何番かという序列を求める傾向が少なくはありませんでした。しかし、子どもには、観点別評価なり指導事項別評価なりが具体化していくなかで自分のやったことがみえてくる。しかもそれが回復指導とか百点運動とかに結びついてくるわけですので、この改善は生きていったといえます。

――スーパーダイエーはどういう観点から注目してきたのですか。

従来の五段階型相対評価は、企業としてのダイエーのノルマ、つまり個々の社員の達成度を測っていくのに役に立たない、むしろ一人ひとりに目標値をつけてそれの達成度をつけるほうがはるかに大きいということで関心を寄せてきました。しかし、私どもが、この改善は授業過程と一体になった評価改善だということを説明しました段階で、これは使えないと、帰りました。まあ、企業は敏感に反応しました。

――特定の方を除いては教育学者も注目しなかったということですが、最初に注目した教育学者は具体的にどういう方だったのですか。

直接的には評価改善にいそしんでおられた方です。最初におみえになったのは中央大学の村越邦男先生です。続いて東京大学の堀尾輝久先生が大学院生をつれてこられました。堀尾ゼミの学生は全員二度みえました。直接おいではなりませんでしたが、都立大学の坂元忠芳先生からの問い合わせがありました。それからお茶の水女子大学の中内敏夫先生。その後、京都府教育研究所が到達度評価のシリーズを出していきます。それが出てからはいろんな先生方が関連してきます。

京都府小学校教育研究会と同中学校教育研究会の役割

――「長帳」を現場に浸透させる手続きとして京都府小学校教育研究会（小教研あるいは府小研）と同中学校教育研究会（中教研あるいは府中研）を使うという発想は、どのようなところから得られたのでしょうか。また、地域による違いはどういうものだったのでしょうか。

小教研は京都府の小学校を組織する研究会です。同様に中教研は京都府の中学校全体を組織する研究会です。これらはともすれば官製研というい方で片付けられがちです。しかし、私の方はそういうふうには理解しておりません。文部省が毎年研究テーマを各教科各領域について出して、各小中学校、高等学校で研究を進めているわけですが、この文部教研のテーマそのものを、しかも文部省の補助金をもらって研究しているのであれば官製研といってもいいと思います。しかし、現場というものは決してそういうものではありません。京都府小学校教育研究会というのは京都府小学校教育研究会としての独自のテーマをもちますし、その各教科部は京都府のそれぞれの時点における課題をテーマにして研究を進めます。それがたまたま文部省の出すテーマと一致する場合もあるし、一致しない場合もあります。そういうわけで、小教研も中教研もそれぞれ主体性をもって研究実践にあたっていたという事情がありますす。小教研あるいは府小研だから官製研だというい方には、私はなじめません。

各地域にそれぞれ各地域の小教研、中教研があります。京都府の場合は北から丹後、与謝など七局ありまして、それぞれに教育研究会があります。それから郡市ごとにも教育研究会があります。それらを積み上げていきますと、郡市教研が母体にあって、その上に各教育局の組織した地方研・地域研があって、さらにその上に京都府レベルの研究会があるという構造になるわけです。各地域教研はそれぞれ独自にテーマをもって年度ごとに研究を進めていきます。そこには実践が中心になる学校もあれば、共同研究をしていく学校があったりもします。ですから、とくに教科教育を中心に京都府全体をまとめあげる研究会は京都府小学校教育研究会と京都府中学校教育研究会になるわけです。

ただ、これら小教研、中教研には、全体的な教育研究と地域ごとの教育研究の層、あるいは考え方の違いがあって、なかなか一致できないところがありました。つまり、府の教研と各地域教研がいっしょになって動いていくというのは、全体的にいえばなかなか難しい面がありました。しかし、到達度評価に関しては、府教委は本腰をあげたという反応が現場にあったと先ほど申しましたように、各地域教研も各種教育研究会もすべてが、この評価問題は解決したいというのが、当時の当面の課題でした。しかも、府教委提案（「長帳」）は、教育問題を解決していくうえでキーになる部分を改めていく課題を出したわけです。ですから、その点で各地域教研も府小研も一体化してくるということです。府小研、地域教研、郡市教研の他に、教科領域別の研究会があります。たとえば作文教育研究会、あるいは僻地教育研究会、障害児教育研究会といった領域別の研究会です。これらも評価改善は大きな課題としていましたから一致してきました。全体をまとめる軸に府小研があり、そこに各種の研究会が結合してきたという流れです。

府教委と校長会、地方教委との連絡

――各種の民間教育研究団体のお話がありましたが、校長会や教員組合の動きと評価改善との結びつきはどうでしたか。

前々回から申し上げてきたことですが、到達度評価への改善は府教委が起こした改善というよりは、現場からの課題提起を受けて府教委が模索し、出した改善であります。一番のきっかけは、丹後・宮津の与謝教育研究会で三重評価をどうするのかというテーマを与えられたことです。通信簿と指導要録と、それから高等学校へ進学するときの内申書と、この三つの評価の評価法は違うじゃないか、これを府教委はどうするのかというわけです。この当時、文部省の指導要録改訂にかかわる通知文において、府教委は、普通程度の学力を3とするが、どの程度の学力をもって3

とするかについては実践を通してしっかりと固めてほしいと指導しているわけですが、そう指導しながら府教委は何もしないじゃないかとも指摘されました。この与謝教研に代表される問題提起は、京都府下の各現場から出てきましたし、そういう状況のなかから到達度評価への改善が起こってきていますので、府教委はそれを受けて、それでは普通程度の学力をこういう考え方でとらえていきましょう、したがって評価法はこういうふうにしたらどうでしょうかという提示を、「長帳」を通して行ったわけです。ですから現場の方はそれを受ける体制が整っておりまして、府教委の出す姿勢を待っているという状況でした。こういうなかでの改善の取り組みでした。

校長会につきましては、この「長帳」を一九七五年二月に出しましたが、その直後に京都府下小学校校長会で研修会を持ちました。年度があけて五月には年度当初の校長会で、この「長帳」の趣旨説明まで全部やりました。年度末には校長会サイドから、それに対しての発表が行われました。それから地方教育委員会には指導要録の様式の取り扱いについて決定する権限がありますので、市町村教育委員会についても同様の趣旨説明、解説、市町村教育委員会に主体的に取り組んでいただくという助言、そういうことは一九七五年の二月から一九七六年の秋にかけて三回程度実施しました。京都府市町村教育委員会連絡協議会の研修会も持ちました。そういうふうにして相互理解を図っていったという経過でした。

「長帳」以後に出された府教委の『研究討議資料』

――府教委が発行した『研究討議資料』について質問します。第Ⅲ集までは確実に出たようですが、この第Ⅲ集については現物をまだ見ておりません。お持ちの方がおられましたらみせていただけますと助かります。第Ⅰ集については詳しくお聞きすることができました。第Ⅱ集、第Ⅲ集の作成過程とそれらへの現場の反応などをお聞きしたいです。

第Ⅰ集は「長帳」です。第Ⅱ集が二年次の一九七六年一〇月に出された『到達度評価への改善の第2年次の実践研究を進めるために』です。第Ⅲ集は年度末総括評価のあり方を内容として出しました。第Ⅳ集は私が現場に出てからのことで、引継ぎはしたのですが、詳細を把握していません。

前にも申しましたが、日本教育学会で到達度評価への改善について発表したときに、教育心理学の立場の方から数量化に関する問題提起をいただきました。数量化をどうするかということは、「長帳」（第Ⅰ集）の末尾のところで、あの段階で考えられることを提示してますが、あれをもっと実践の実態に即して改善していかねばならないという内容の問題提起でした。数量化について二年次、三年次にかけてプロジェクトとして改善検討を進めていきました。結論として数量化はしない方向で考えました。しかし、現場は数量化を求めているという事情がありますので、その整合性をどうつくっていくのかということが第Ⅳ集の課題でした。そこで数量化に向けての試案づくりをしたわけですが、第Ⅳ集は、私の記憶ですが、資料化する作業をおおよそ終わった段階のところで未刊になっています。つまり出ていません。数量化のこういう方式はあるんじゃないかということを研究していたのですが。

実践研究の経緯

なお、府教委が出したのはあくまで研究討議のための資料で、到達度評価の基準をどう具体化していくかはそれぞれの現場の実践を市町村教育委員会がどうまとめていくのかにかかわってくるわけです。現場の実践が一番大事です。しかもそれを京都府に一定程度共通したものにしていくということで、このレベルのものをまとめあげていくためには府教委が研究討議資料を出す。それに対して現場は実践にもとづいて考え方をもっていく。府教委はその現場からの課題提起に対してまた資料を出す。こういうような手順・手続きを経てつくりあげてきたということを、資料を通して確認していくことにします。

まず「長帳」の「まえがき」に京都府の教育長が提起したことが書いてあります。『小学校の到達度評価』（一九七七年三月）は、「長帳」――『研究討議資料第Ⅰ集』とも言ってますが――をもとにして小学校教育研究会が府下小学校の共通レベルの実践をどうまとめたかを示すものです。この本の「序」を読んでみます。「去る昭和五〇年二月に、京都府教育委員会から『研究討議資料第Ⅰ集　到達度評価への改善を進めるために』が出された（中略）これを契機として、府内のそれぞれの学校現場や郡市を単位とする地域研究会等において、その取り組みかたはさまざまではあったが、積極的な研究と実践が進められ、各種の研究会において、貴重な実践報告が行われるようになった。／昭和五一年度にはいって、各教科研究部でも到達度評価に関する研究を重要課題として年間計画に取り上げるようになり、府内全域にわたって研究体制はしだいに整って来た。こうした情勢のもとに、京都府小学校教育研究会としても、昭和五一年度当初の理事会や部長合同会議において、本年度の事業として到達度評価に関する研究成果を集約して『到達度評価実践資料集（仮称）』を編集刊行することを決議し」云々とあります。つまり、このようにしてこの本をつくったわけです。研究討議資料を出す、各地の実践をまとめて府小研が固めていく、またそれに対する課題提起を受けて府が研究討議資料を出す、それをまた実践現場が実践の実態をもとにして固めていく、こういう手順をたどってきています。そういう相互関係にあったということを、この文章からお読みいただきたいです。

もう一つ『京都府小学校における到達度評価の実践と研究、その到達点と課題』（一九八〇年二月）の「まえがき」、これは当時京都府小学校教育研究会の会長であった上原弘一先生の文章ですが、これもごらんいただくとその経緯が良くわかります。六行目から読んでみます。「京都府教育委員会は、昭和五〇年二月に『研究討議資料第Ⅰ集　到達度評価への改善を進めるために』を提示され、さらに昭和五一年一〇月には『研究討議資料第Ⅱ集』、昭和五三年三月には『研究討議資料第Ⅲ集』を逐次提出され、これらの提起をうけて、府内各学校における到達度評価の実践研究が着実に展開されてまいりました。また、京都府教育研究所は現場実践と結んで『到達度評価研究シリーズ』を相ついで刊行され、現場の実践研究の指針として生かされてきました」。「京都府小学校教育研究会は、昭和五二年六月に『小学校の到達度評価――わかる授業の実践・実践収録第Ⅰ集』を発刊し、到達度評価の基本的な考え方と方法を中心にまとめ、研究推進のためにひとつの役割を果たすことができました。／研究の年月の浅さから、授業実践と結びついた内容に十分及ぶことができませんでしたので、この度、本研究会の組織的取り組みによって府内の先生がたの尊い研究を集約し、ここに第Ⅱ集を刊行することができました。本書は、ここ数年、府内のすべての学校がその総力をあげて取り組んできました研究をよりどころにして、わかる授業の全体構造を明らかにする科学的な実践研究の成果を広く集め、どこの学校においても、どの先生も、それぞれの日常の授業に生かすことができる参考資料となることを願って編集されております。さらに、このことを基にして、各教科における新しい教育課程編成のための基礎資料として活用され、わかる授業づくりの取り組みがいっそう具体的に進められ展望がひらかれることを期待しています。／本書の内容は、全府内の学校現場の実践を基礎にして、郡市単位の研究会、さらに府段階の各教科研究会で、その成果を相互に交流し、すぐれた実践に学ぶ討議と集約をくり返すなかで、多くのすぐれた実践を科学的に検証したものとなるよう最大限の努力が払われています」。そして授業構造の例、重点事項、授業過程の整理をして、ここに提供するものだとしています。

この説明にありますように、研究討議資料提供と実践集約の相互関係のなかで積みあげられて、最終的なものは、京都府総合教育センターが出した『小学校各教科の年間指導計画』（一九八二年）です。これに集約されていくようにまとめられていったわけです。

到達度評価実践の進展

小学区制とのかかわり

——あと二点ほどお聞きしたいです。一つは、小学区制や総合制男女共学といった高校三原則のなかでも、到達度評価が広がるにあたっては、とくに小学区制の果たした役割は大きかったと思うのですが、その辺のかかわりについてです。

まさにその通りです。京都では客観性・科学性・妥当性と申しますが、指導に相互に生かされていくことをきわめて大事にしています。それはわかる授業の実践研究とあい結ぶものですので、小学区制が大きな意味をもっていたことは事実です。また、到達度評価への改善研究が着実に進んでいったのは、じつは小学区制の基盤があったところです。逆に非常に苦しかったのは総合選抜の地域でした。総合選抜地域というのは、京都市、山城地方、丹波、亀岡、船井といった京都市を中心にした近辺の地域です。当時は亀岡まで、とくに山城地方、乙訓地方は苦しかった。それは次のような理由によります。小学区制——地域制とも言ってました——をとっていた地域は一高等学校を基盤にして中学校群、小学校群がありますので共通に単位化することができました。評価基準を共通化することもできますし、教科書についてもほぼ同じような解釈がなされています。これに対して総合選抜地域では、はっきり言って評価基準が選抜基準になるわけです。いくつもの高等学校がまたがり、そこの相互関係で共通化していくというのは非常に難しいところがあります。そのうえ乙訓、京都市を含めた山城地方は大阪の影響があります。大阪の選抜実態や私学の影響がきわめて大きくなります。こういうところで各教科の基準づくりといっても難しく、中学校の到達度評価への改善がなかなか進みにいということがありました。最後まで一番しんどかったのは京都市です。京都市は政令指定都市です。したがって京都市教育委員会が京都府教育委員会と同等の権限をもっておりますので、独自の教育行政を行います。これと共通理解を図るのは非常に難しかったですが、二年遅れで京都市も到達度評価への改善を検討しました。

反発のあった地域

――最後の質問です。各地で実践を進め、それを指導するうえで出遭った困難とか反対意見とか、そういったものがもしもありましたらお話し下さい。

先ほど申しましたように、現場は非常に歓迎しました。検討委員会の先生方には時間をこえて、労力をこえて、夜を徹して苦心していただきまして、府下全体で取り組みが進められました。

しかし、なかなか進まなかった、つまり進むのが困難であった地域は、郡部では山城地方、とくにその中心になったのが現在の京田辺市、当時の田辺町です。ここは教育行政そのものが文部省の指導行政、というよりも文部省の指導書の解説、もっといえば教科書の指導書を着実にやっていくという教育行政でありましたので、ここからの一定の批判・反発はありました。

端的な言い方をしますと、京都府教育委員会が今回改善を図る到達度評価は、絶対評価なのか相対評価なのか、文部省が指導する五段階相対評価にかなうものなのか、というご指摘がありました。これに対して、京都府教育委員会の会長は、こう応じました。絶対評価か相対評価かではなく学力の到達度を表わす到達度評価で、これを相対的に利用するか絶対的に利用するかは授業のしかたの問題です。あくまでも到達度評価なのです。今度文部省が到達度評価を取り入れた評価と言っていますが、これもどう扱うかの問題になります。その端的な現われは認定評価です。認定評価という評価があるのかという疑いすらあります。八〇点を五として七九点は近いから五のなかに入れましょう、という論法でいけば、七八点も近いし、無限大になっていきます。認定評価とは何か、認定評価の基準とはいったい何なのか、ということが問題になるわけです。到達度評価は絶対評価です。あくまでつけたい学力を基準にした絶対評価です。それを教育現場の実践においてどう生かしていくかは、京都府教育委員会が教育行政として、わかる授業の実践や先ほど申しました研究実践の進展に向けてどう努力していくかにかかわります。と、このような答弁でした。これついての大きな判断はありませんでした。

文部省関係者とのかかわり

――ありがとうございました。時間の都合によりこれにて私たちからの質問を終えて、フロアーからのご質問を受けようと思います。何かございますでしょうか。

――文部省から京都に来た人があったようにも聞いているのですが、その辺についてお話し下さい（天野正輝氏）。

文部省の人が京都府においでになったことはありません。私の方が文部省に説明に行ったことはあります。二回まいりました。一回目は課長、教科長に会いました。二回目のときは審議官、小学校課長、中学校課長、私学官、教科長さんなど十何名の方がおそろいでした。

文部省から是正指導あるいは指導がなかったかとよく聞かれますが、京都府教育委員会は法令規則に反したことは一切していません。ことごとく法令規則を押さえて実施に踏み切りました。教育課程編成についても恣意的に行ったということは一切ありません。あくまで教材である教科書をどう重点化するのか、それに関して必要な補助教材をどう用意するのか、そして現場の実践的な編成をどうつくっていくのかという筋で進めてきました。ですから文部省からご指導いただくということは何もありませんでした。むしろ文部省の方のお示しになっていることがらを現場実践のなかでどのように有効に機能させていくかがポイントでした。その点についてもお叱りの指導を受けたということはありません。

二回目の文部省訪問のときには、文部省も現在の評価法についての問題を感じているので研究を進める、じつは教育評価の問題は全国に及ぶものなので、京都府だけが突出して進めるんじゃなくて文部省とも交流して進めてほしいというお話はいただきました。しかし、ここをこう直しなさいとかこうしなさいとかいうような指導は受けたことはありません。三段階評価にしたわけではありませんし、あくまで文部省の設定する普通程度とするというのを公に責任をもつ教育としてどう具体化しようとか、それを授業実践のなかでどのように実践していこうとするかに柱をおいたものでした。

――これにて三回にわたった公開ヒアリングを終わります。遠藤先生、ありがとうございました。

終　章

豊かな子ども、教師、学校へ

小林千枝子

評価流行りの時代である。小中高の学校は地域の人々の学校評価を受け、大学は評価を専門とする機構の評価を受け、その結果を公表する。公表の方法としては、多くの場合、ホームページが利用される。これによって学校の教育の透明性が保たれるというのだろうか。ホームページに示すということは不特定多数の人々に評価結果を示すことである。評価結果にどれだけ客観性や妥当性があるのかは、ここでは問われない。結果を公表さえすれば、説明責任を果たしたことになると考えられている。ここでの評価は、何のための評価なのか。各学校が、説明責任に耐えるだけの教育をしようと、日々の教育実践に精出すということもあるかもしれない。もしも利点があるとしたら、それだけだろう。

学校における評価は基本的に教育評価であるべきである。ここでの評価は、教師たちの授業をはじめとする教育実践の、あるいは学校の教育実践全体の評価である。そして何のための評価かといえば、子どもや青年のよりよい発達と自立を促すためであり、そのための自分たちの教育の現状把握としての評価となる。だから、教育評価は、基本的に、目前の子どもや青年たちのためのものである。そうであるなら、不特定多数に公表する必要が、はたしてあるのか。

情報社会化は世界的な趨勢であり、この動きを止めることはできないだろう。しかし、ここに落とし穴がありはしないか。学校によっては、学級通信をホームページ上に載せている。不特定多数が読むとなれば、教師とて人間だから、ついつい当たり障りのない良い面だけを記すことになるのが常ではないか。

到達度評価の実践研究が京都府をはじめとして各地で盛んに取り組まれたのは、インターネットが普及する前の、一九七〇年代後半から一九八〇年代にかけてである。今日のように評価流行りではなかった。実践研究に取り組むなかで、多忙ながらも教師たちは輝いた。到達度評価は、教材を介して目前の子どもたちの発達と自立を促すものであり、したがって、教師の仕事は、教えるべき目標内容を確実に子どもたちに伝えることである。そのために教材づくりや教材解釈といった教材研究が不可欠となる。その成果を示すのは中心的には授業である。これは、教師だからこそできることである。到達度評価はこの、教師ゆえにすべきこと、教師ゆえにできることを明示したのである。

到達度評価で輝く教師たちがその後、大勢を保てなかった事情については、何よりも学校間のつなぎである入学試験が徹底した選抜方式で貫かれていたことが大きかった。二〇一〇年を迎えてから、この選抜方式が見直されて資格試験方式の入学試験が模索されるようになってきた。改めて、到達度評価を見直し、これに入門することを勧めたい。

早くも一九八〇年代半ばに、到達度評価が誤った道に進む場合があることを、今日でいう特別支援教育の専門家である田中昌人が示唆していた。少し長いが引用しておきたい(1)。

一九六〇年代に私が精神薄弱施設にいた際、そこもふくめて幾つもの施設で、社会的適応をめざす熱心さのあまり、目標と手段をとりちがえた到達目標の実践がおこなわれがちであり、そのために教育が反対物に転化していくありさまをみてきました。通常の学校教育において、今日、仮に、あたえられたものだけを獲得するため到達目標の実践が行われることによって、反対物へ転化するなどのことがおきないように願わずにはいられません。そのためにも民主主義教育への攻撃にたいする、単なる対抗論理としてだけではなく、到達度評価活動のやむにやまれぬ内在的発展の必然的結果として、真の民主的・科学的な教育内容と教育制度に関する教育改革案が十分な討議のもとで提示されることを願ってやみません。既存教科の単元を無視することなく、民主的改良措置をすすめるものとして、新しい教科の創造をふくむ教育実践の蓄積が求められます。

私たちは、子どものことを考えれば考えるほど、たとえば中学生であれば希望する高校に進学できるようにさせてやりたいと考えるだろう。進学するには入学試験を通過しなければならない。選抜方式の入学試験を乗り越えるには、合格のための試験勉強が必要になる。本来、入学試験は手段のはずだった。それなのに、いつしか、入学試験通過が目的となって、中学生活や高校生活に伴うはずの、人間としての大きな発達の方を忘れてしまう。

この罠にはまらないためにはどうしたらいいのか。田中昌人が指摘するように民主的・科学的な教育内容と教育制度に関する教育改革案を深く広く討議していくことは大切な要件である。そしてもう一つ、子どもの、地域を含む生活への着眼も、子どもの内言は生活のなかで培われてきたことを土台としていることから、重要である。

筆者たちは、到達度評価は生活綴方を源流とするという中内敏夫の見解に即して、筆者たちなりにその正当性と妥当性を追究してきた。日本の教師たちが蓄積してきた伝統を踏まえた教育評価を探ることを課題としてきた。そうしてこそ、地に足の着いた教育実践研究、そして教育学の構築に連なるのではないか。その際、生活綴方、あるいは生活綴方ふうの書かせる作業は、子どもの内言指導の方法としてとくに留意したいところである。

註

（1）田中昌人「教育評価の発達的基礎を求めて」全国到達度評価研究会編『到達度評価』第五号、明治図書、一九八五年。

あとがき

小林と平岡の二人が到達度評価実践史研究会を立ち上げて、その第一回研究会を行ったのは二〇〇九年五月三〇日だった。第Ⅲ部のはじめに言及したように、一九九八年に「教育評価」行政史研究がはじまり、その過程で遠藤光男への公開ヒアリングが行われた。公開ではなかったが、京都府教育研究所長を務めた佐々木元禧へのヒアリングも行われた。ボイスレコーダーはまだ一般化しておらず、いずれのヒアリングもテープの劣化が危惧される。遠藤光男ヒアリングのテープおこしを今回できたのは幸いだった。佐々木元禧ヒアリングのテープおこしも計画したのだが、実現できず残念である。

到達度評価実践史研究会は、いつのまにか立ち消えになった「教育評価」行政史研究の成果をふりかえりながら行われてきた。この研究会は二〇一五年九月七日に三七回目を迎えて、本書の内容をめぐる最終的な打ち合わせを行った。三七回目を迎えるまでには、中内敏夫宅に赴いて研究会を行うこともあった。なお、同じく昭和堂から出版された遠藤光男・天野正輝編『到達度評価の理論と実践』（二〇〇二年）は「教育評価」行政史研究グループの研究成果である。本書は同書の続編に位置づくものととらえている。

教育方法や教育評価についての他の研究書と本書との違いは、本書が歴史的視点を内在させているところにあるだろう。ここにいう歴史とは何年に何があったといった年表ふうの歴史ではない。私たちの親たち、その親たち、多くの先輩教師たちが生活なり仕事なりの過程で工夫し、模索し、蓄積してきたさまざまな生きる知恵、教育に関して言えば、より多くの子どもがより深くわかるようにと開発されてきたさまざまな教育の技術や手立てとその理論である。政治状況の変化の陰で多くの良心的な教師たちがつくりあげてきた宝が教育社会に蓄積されてきたであろう。本書にいう歴史は、そうした私たちの生活や仕事を助けたり考えさせたりしてくれるものを少し古い時代にも探ってみることである。

本書は大学の教職課程あるいは教育学科の教育方法論や教育評価論等の講義テキストとしても使えるようにと考えて編集した。教育学を志す学生や教員志望の学生はもとより、多くの学校教師たちに本書を読んでほしい。そしてともに考えよう。子どもたちを、教師たちを、学校を豊かにする教育評価とはどのようなものかを。本書は到達度評価の考え方の基本を述べているが、それを教育実践のうえで形にしていくのは読者一人ひとりである。教育実践家としての力をつけていこう。納得できぬまま誰かの、あるいは何かの言うなりになるのではなく、自ら考え、子どもたちとともに実践を積み上げていく自立的な教師になろう。本書がそうしたことの手がかりになることを願ってやまない。

本書出版の契機になったのは二〇一四年一一月二九日の教育目標・評価学会第二五回大会における課題研究発表「教育評価再考——豊かな子ども、教師、学校へ」を小林と平岡で担当したことだった。この発表に向けて私たちはこれまでの研究論文をもとに同名の冊子（B５判、一七四頁）を作成し、ここに三回分の公開ヒアリング記録も収録した。本書はこの冊子に大幅な加除筆を施して、また中内敏夫の「序章」も組み入れてまとめたものである。

本書での研究には教育目標・評価学会より共同研究費の助成を受けた。小林は日本学術振興会により科学研究費助成（課題番号二三五三一〇二〇）を受けて進めた研究も組み入れた。小林はまた出版に際して、作新学院大学教育開発経費の助成を受けた。関係諸機関に感謝する。最後に、本書各章の初出論文の掲載誌などをあげておく。

序　章　：書きおろし

第Ⅰ部　第一章：書きおろし
第二章：全国到達度評価研究会教科外教育分科会『教科外活動と到達度評価』第一五号、二〇一四年。
第三章：全国到達度評価研究会『今日からはじめる楽しい授業づくり』第三号、二〇一四年。
第四章：「生活教育論争における〈教育目標・評定尺度〉問題」『上田女子短期大学児童文化研究所所報』第二七号、二〇〇五年、および『教育目標・評価学会紀要』第二五号、二〇一五年。
第五章：『教科外活動と到達度評価』第一四号、二〇一三年、および『今日からはじめる楽しい授業づくり』第二号、二〇一三年。
第Ⅱ部　第一、二章：「京都府における新しい教育評価行政（二）綴喜地域」『首都機能と地域』一橋大学社会学部、一九九一年。
第三章：『教科外活動と到達度評価』第一五号、二〇一四年。
第四章：作新学院大学・作新学院大学女子短期大学部『教職実践センター紀要』第二号、二〇一五年。
第五章：『教育目標・評価学会紀要』第二五号、二〇一五年。
第Ⅲ部第一回のみ：『教育目標・評価学会紀要』第九号、一九九九年。
終　章　：小林千枝子・平岡さつき『教育評価再考——豊かな子ども、教師、学校へ』二〇一四年。

本書刊行までには昭和堂の鈴木了市編集部長と神戸真理子氏に並々ならぬお世話になった。とりわけ神戸氏には全体を丁寧に精査し、表現上の整合性にも気を配っていただいた。記して感謝する。

二〇一六年二月二日

著　者

▩執筆者紹介

小林千枝子（こばやし・ちえこ）

＊第Ⅰ部第一、二、五章、第Ⅱ部第四、五章、第Ⅲ部、終章

1955年生まれ。栃木県出身。博士（社会科学・お茶の水女子大学）。教育学・教育史専攻。現在、作新学院大学人間文化学部教授。著書に、『教育科学の誕生』（共著、大月書店、1997年）、『教育と自治の心性史』（単著、藤原書店、1997年）、『青年の社会的自立と教育』（共編著、大月書店、2011年）、『戦後日本の地域と教育』（単著、学術出版会、2014年）ほか。

平岡さつき（ひらおか・さつき）

＊第Ⅰ部第三、四章、第Ⅱ部第一〜三章、第Ⅲ部

1957年生まれ。群馬県出身。一橋大学大学院社会学研究科博士後期課程単位取得退学。教育学・教育史専攻。現在、共愛学園前橋国際大学国際社会学部教授。著書に、『小砂丘忠義教育論集』（共編、南の風社、1993年）、『人間形成論の視野』（共著、大月書店、2004年）、『学校と学区の地域教育史』（共著、川島書店、2005年）、『「評価の時代」を読み解く（上）』（共著、日本標準、2010年）ほか。

中内敏夫（なかうち・としお）

＊序章

1930年高知県生まれ。教育学博士（東京大学）。教育学・教育史専攻。一橋大学名誉教授。著書に、『中内敏夫著作集』全8巻（藤原書店、1998〜2001年）、『教育評論の奨め』（国土社、2005年）、『生活訓練論第一歩［付］教育学概論草稿』（日本標準、2008年）、『綴ると解くの弁証法』（渓水社、2012年）ほか。

到達度評価入門――子どもの思考を深める教育方法の開拓へ

2016年3月15日　初版第1刷発行

著　者　小林千枝子
平岡さつき
中内敏夫
発行者　杉田啓三

〒606-8224　京都市左京区北白川京大農学部前
発行所　株式会社昭和堂
振込口座　01060-5-9347
TEL(075)706-8818／FAX(075)706-8878
ホームページ　http://www.showado-kyoto.jp

印刷　中村印刷
装丁　［TUNE］常松靖史

ISBN 978-4-8122-1528-9
＊落丁本・乱丁本はお取り替え致します
Printed in Japan

川野司 著

教師のためのケースメソッドで学ぶ実践力

Ａ５判・２４０頁・本体２３００円＋税

教育の現場で遭遇するであろう具体的なケースを想定し、実践的な教職トレーニング。リアルな体験が不足しがちな現代学生にとって、現場にでるためには欠かせない能力を養う。

川野司 著

実践！ 学校教育入門
――小中学校の教育を考える

Ａ５判・２２４頁・本体２２００円＋税

教職課程の学生のための、学校現場の実態を踏まえた簡潔でわかりやすい教科書。学校の実態を教師の立場で考え、学校の実務や実践的指導力がつく視点で記述した。

広瀬俊雄 監修

「感激」の教育
――楽器作りと合奏の実践

Ａ５判・２５６頁・本体２４００円＋税

シュタイナー教育研究の第一人者である監修者が、それを超える教育に日本で出会った。「バンドーラ」という楽器を小学生自らが作り上げ、演奏する。一人二人ではなく、クラスの全員である。日本の教育現場を根本から変える可能性を開く。